L'enfant en colère

www.quebecloisirs.com

UNE ÉDITION DU CLUB QUÉBEC LOISIRS INC.
© Avec l'autorisation des Éditions de L'Homme
© 2001, Dr. Tim Murphy
© 2002, Les Éditions de l'Homme
Dépôt légal — Bibliothèque nationale du Québec, 2002
ISBN 2-89430-539-7
(publié précédemment sous ISBN 2-7619-1708-1)

Imprimé au Canada

Tim Murphy
avec la collaboration de Loriann Hoff Oberlin

L'enfant en colère

*Traduit de l'américain
par Marie-Luce Constant*

Toutes les anecdotes relatées dans cet ouvrage contiennent un fond de vérité. Elles ont été adaptées de récits des parents et des enfants qui m'ont consulté, ou s'inspirent de conférences et d'ateliers ou d'émissions de radio et de télévision auxquelles j'ai participé. Cependant, les noms utilisés ici sont fictifs afin de protéger l'anonymat de tous les patients et de leur famille. J'ai également modifié le nom des lieux et les histoires, toujours pour la même raison. Dans certains cas, j'ai réuni en un personnage les caractéristiques de deux ou trois autres, afin de ne pas fournir d'indices sur l'identité de ces personnes et pour rendre mon raisonnement le plus clair possible. Toute ressemblance entre les anecdotes et les personnes décrites, vivantes ou non, relève de la pure coïncidence.

Avant-propos

Il est difficile de déterminer le moment exact où se produit le changement. Votre enfant, habituellement serein, est simplement porté à une crise de colère occasionnelle. Et puis, un jour, vous constatez qu'un nuage noir semble coincé au-dessus de sa tête. Les petits problèmes relationnels, les querelles domestiques mineures dégénèrent en graves conflits, qui blessent et épuisent les combattants. Votre enfant, autrefois facile à lire, est devenu plus que capricieux. Vous ne parvenez jamais à prévoir à quel moment le prochain orage éclatera. Malheureusement, les efforts surhumains que vous accomplissez pour endiguer ces déchaînements – ou les éviter à tout prix – se répercutent sans doute sur vos relations avec les autres membres de la famille, avec votre cercle d'amis et l'école de votre enfant.

Si vous avez un enfant dont la colère et la rage prennent la famille en otage, vous embarrassent en public, vous intimident ou effraient les autres par des menaces de violence ou des commentaires agressifs, vous saurez exactement de quoi je parle. Qu'il s'agisse des caprices d'un bambin ou des injures d'un adolescent, de refus silencieux ou de crises violentes, quelle que soit la forme qu'elle revête, cette colère détruit nos enfants et notre famille. Et elle est en train de prendre les proportions d'une épidémie.

Vous savez probablement à quel point il est difficile de convaincre les amis et la famille que votre enfant – âgé de 4 ou 14 ans – terrorise la maisonnée. Et pourtant, c'est vrai. La colère, surtout si elle semble impossible à endiguer, est l'une des situations les plus difficiles auxquelles doivent faire face les parents. Naturellement, la plupart des enfants s'énervent de temps à autre, mais tôt ou tard, ils se calment et la vie reprend son cours. Ce n'est pas un «caprice» occasionnel qui fait de votre rejeton un «enfant en colère». Cependant, si elle n'est pas contenue, la colère perpétuelle est l'indice que quelque chose ne tourne pas rond chez votre enfant. Il faut absolument cerner le problème... et vite.

Cela veut-il dire que le bambin colérique d'aujourd'hui fera un jour les manchettes des journaux? Non, absolument pas. Mais les parents doivent savoir qu'à moins que le cours de la colère ne soit renversé, un enfant en colère deviendra un adulte en colère, enfermé dans un cercle vicieux de violence active et d'agressivité passive. Il n'est jamais trop tôt pour commencer à aider votre enfant à maîtriser sa colère. Les stratégies qui suivent sont justement conçues pour vous aider.

Ce livre est né de l'exercice de ma profession, psychologue pour enfants. Pendant plus de vingt ans, j'ai aidé des enfants à comprendre leur colère, j'ai travaillé avec eux et avec leur famille. J'ai eu l'occasion de constater qu'il était réellement possible de renverser la tendance. Dans ce livre, j'explique ce que j'ai compris au cours de toutes ces années. En effet, peut-être connaissez-vous un ou deux enfants en colère. Mais songez que j'en ai eu des centaines en face de moi. La plupart d'entre eux sont charmants et intelligents, leurs perspectives d'avenir sont brillantes. Mais ils se trouvent à un tournant de leur vie et, souvent, il est urgent de les aider à emprunter le bon chemin avant qu'ils ne s'égarent.

J'étais à court de livres à recommander à mes patients. Aucun ne me satisfaisait vraiment. Certains conseils étaient désuets. D'autres ne s'adressaient qu'aux enfants les plus violents. D'autres encore étaient trop théoriques et manquaient de conseils pratiques. Beaucoup d'ouvrages et d'auteurs sont encore en faveur des vieilles méthodes de gestion de la colère

– hurler ou donner des coups de poing dans un coussin, tout en visualisant la personne responsable de la colère. Mais en tant que parent, laisseriez-vous votre enfant s'amuser avec des allumettes et de l'essence pour satisfaire sa curiosité à propos du feu? Dans ce cas, pourquoi autoriseriez-vous cet enfant à entrer dans une colère noire simplement pour se défouler?

L'enfant qui extériorise sa colère en injuriant les autres, en fracassant ses jouets ou en reportant sa rage sur autrui éprouve un sentiment trompeur: «Puisque je me sens mieux lorsque je me laisse aller, c'est probablement la bonne solution.» Il confond le soulagement avec la résolution du problème. Ce ne sont pas là de bonnes méthodes pour résoudre la colère, car elles reposent sur l'idée que se défouler, injurier les autres, perdre son calme ne pose aucun problème à partir du moment où nous sommes en colère. Pourtant, il n'est jamais acceptable de se défouler sur les autres ou de les attaquer. La colère peut être une réaction normale, dans certaines circonstances, la méchanceté, jamais. Si vous resserrez le lien entre la colère et la violence, il est probable que l'enfant attaquera dès la prochaine occasion.

En 1999, le Dr Brad J. Bushman, professeur de psychologie à Iowa State University, a dirigé une étude sur l'extériorisation de l'agressivité[1]. Avec ses collègues, il a décrit ce genre de comportement comme néfaste. En termes simples, ceux des sujets de l'étude à qui l'on avait expliqué qu'en tapant sur des objets – en l'occurrence un ballon de boxe – on pouvait extérioriser efficacement sa colère, se sont montrés par la suite plus violents envers leurs rivaux. C'est une question d'agression déplacée, parfois orientée vers une tierce personne, totalement innocente.

Le défoulement, par conséquent, n'est pas la solution que je souhaite offrir aux parents, aux enseignants, aux thérapeutes, soit quiconque souhaite

---

1. Bushman, B. J., Baumeister, R. F. et Stack, A. D. «Catharsis, aggression, and persuasive influence: Self-fulfilling or self-defeating prophecies?». *Journal of Personality and Social Psychology*, 76 (3), 1999, p. 367-376.

apprendre aux enfants que la colère n'est pas forcément un mode de vie. Ce dont ils ont besoin, c'est de stratégies faciles à mettre en œuvre, pour résoudre tous les conflits, petits et grands, de la vie quotidienne. Je vous expliquerai comment jouer franc-jeu lorsqu'une querelle jaillit, comment discipliner l'enfant de manière à ne pas endommager son amour-propre. Vous trouverez ici des méthodes utiles pour surmonter la résistance de l'enfant face aux corvées et aux responsabilités quotidiennes, sans susciter son ressentiment, ainsi que des idées pour atténuer les effets d'un divorce sur les enfants pris entre deux feux. Ces stratégies, assorties de l'affection d'un parent, permettront d'éteindre la rage de l'enfant et d'éliminer la menace constante d'une résurgence.

J'ai écrit ce livre pour offrir aux parents et autres intéressés une démarche plus exhaustive, bien que pratique. Vous comprendrez mieux votre enfant. Vous cernerez plus facilement votre propre rôle, qui consiste à l'aider à maîtriser ses flambées de colère. Si vous avez besoin d'une aide supplémentaire, n'hésitez pas à consulter le médecin de votre enfant. Ce livre vous aidera à formuler les questions que vous vous poserez et que vous poserez au médecin : La situation a-t-elle dégénéré au point que j'aie besoin d'aide ? S'agit-il de quelque chose de plus grave qu'une phase de mauvaise humeur ? Que faire pour aider l'enfant à changer ? Y a-t-il de l'espoir ?

Le changement véritable exige un long travail. Il faut commencer par comprendre la genèse de la colère de l'enfant et les aspects précis par lesquels elle se manifeste. Naturellement, il n'existe pas une stratégie unique, applicable à toutes les familles, à tous les garçons et à toutes les filles.

Dans certains cas, les parents devront commencer par examiner de près leur propre relation avec la colère. J'aimerais me montrer plus diplomate, mais c'est impossible. Imaginez que vous allez consulter un médecin de temps à autre, pour lui décrire certains symptômes. Si vous découvrez au bout de quelques mois que vos souffrances sont causées par quelque chose que vous faites ou que vous ne faites pas, n'en voudrez-vous pas au médecin de ne pas vous l'avoir dit à la première consultation ? Je crois fermement que la majorité des parents ne veulent que le bien de leurs enfants et sont prêts à tout pour leur assurer un avenir sans nuages, même si cela signifie qu'ils doivent modifier leur propre comportement.

En tant que sénateur, j'ai eu l'occasion d'examiner de près toute une gamme de problèmes sociaux qui touchent les enfants comme les adultes, non seulement dans ma circonscription, mais aussi à l'échelle du pays. On réclame perpétuellement la mise en place d'une solution législative à tous les malheurs de la société. Certes, je suis persuadé que, dans beaucoup de cas, le gouvernement a un rôle à jouer. Mais la véritable solution, c'est le renforcement des liens familiaux. La solution, c'est à la maison qu'il faut la mettre en œuvre. Au lieu de promulguer des lois sur ce qu'il faut faire des enfants une fois qu'ils ont commis un délit, je préférerais que nous essayions de résoudre ces problèmes à la base, de sorte que nul enfant, nulle famille, nulle collectivité ne soit victime des conséquences de la colère.

Lorsque la société se révèle incapable d'endiguer la colère à la source, la violence jaillit. J'espère que ce livre vous permettra d'adopter de nouvelles stratégies. Vous aurez besoin d'entraînement, d'assiduité dans vos efforts, de persistance et, bien sûr, de temps. Faites preuve de patience. Il y a beaucoup d'espoir. Si votre enfant persiste dans sa colère, si vous-même ou votre famille vivez dans une colère permanente, consultez un psychothérapeute. Ce livre vous donnera des idées intéressantes, certes, mais rien ne remplacera l'intervention d'un professionnel.

Je ne prétends pas ici donner toutes les réponses. Je suis loin d'être le parent parfait. Qui peut se targuer de l'être ? Je crois, cependant, qu'ensemble, nous pourrons freiner l'hystérie des manchettes de journaux et remonter aux sources de la colère. Peut-être la tâche vous paraît-elle insurmontable, mais si nous découvrons l'origine de la colère, nous aurons accompli un grand pas vers sa résolution.

Première partie
COMPRENDRE LA COLÈRE

■

CHAPITRE PREMIER

QUAND LA COLÈRE
DEVIENT-ELLE EXCESSIVE ?
Reconnaître un enfant en colère

Nous en avons tous vu : le bambin capricieux dont les crises de colère apparemment sans cause épuisent les parents qui s'efforcent désespérément de le calmer, la fillette qui ne veut jamais prêter ses jouets, qui refuse la compagnie des autres enfants ou des étrangers, l'adolescent maussade qui considère la moindre petite demande comme la première salve d'une guerre d'injures, la brute malheureuse dont le tempérament soupe au lait et les réactions violentes en font un solitaire, craint, dépourvu d'amis ou de relations. La plupart de ces enfants vivent dans des maisons confortables, choyés par des parents affectueux et attentifs. Et pourtant, pour une raison inexplicable, ils estiment que tout ce qui leur arrive est injuste. Ils commencent la journée dans la mauvaise humeur ; la moindre déception, la moindre contrariété les fait exploser. Ce sont des enfants qui vivent dans la rage, une rage dont ni l'origine ni la cause ne sont apparentes.

Si vous êtes parent, vous saurez ce que c'est que d'être poussé à la limite de votre patience par les actes d'un enfant ou son insolence. Tous, nous sommes passés par là, à la fin d'une journée pénible. Nous nous demandons si négocier la paix dans le monde ne serait pas plus facile que d'inciter nos enfants à débarrasser la table ou à finir leurs devoirs. Et la plupart du temps, nous sommes simplement déconcertés par la violence et la fréquence de ces explosions. D'où peut bien venir toute cette colère, toute cette hostilité ? Est-il normal que mon enfant soit si facilement provoqué, si agressif, si insolent ? Qu'il s'enflamme si facilement pour pas grand-chose, parfois pour rien du tout ?

Malheureusement, non. Un enfant heureux, à l'amour-propre intact, devrait avoir une conception optimiste du monde qui l'entoure. Il aura plutôt tendance à compatir aux problèmes d'autrui et à essayer d'utiliser ses propres capacités pour s'extirper de situations agaçantes. Par conséquent, si les enseignants de votre enfant, sa gardienne ou vous-même êtes trop souvent en butte à sa rage, il y a de quoi s'inquiéter.

La colère en soi n'est pas une émotion aussi démoniaque qu'on a bien voulu nous le faire croire. Il est normal que les enfants réagissent par la colère aux injustices, exactement comme le font les adultes. Mais bien que la colère puisse se justifier dans certains cas, la méchanceté ne se justifie jamais. Un enfant en colère tend à réagir aux déceptions de la vie quotidienne de manière tout à fait injustifiable et rend malheureux son entourage.

Un comportement agressif ou méchant peut avoir maintes causes. L'enfant se sent peut-être exaspéré, solitaire, débordé, blessé. La colère provient peut-être de problèmes familiaux (divorce, alcoolisme, décès dans la famille, etc.), scolaires (difficultés d'apprentissage, résultats insuffisants) ou intérieurs (dépression, par exemple). La colère peut aussi être une réaction au stress qui accable une famille surmenée. C'est parfois simplement le moyen, pour l'enfant, d'obtenir ce qu'il veut.

Chaque parent s'est trouvé un jour ou l'autre face à un enfant en colère. C'est une réaction courante aux problèmes de la vie. Mais la manière dont le parent réagit face à cette colère est parfois à l'origine du tempérament futur de l'enfant : confiant et agréable ou peu sûr de lui et maussade. En enrayant l'explosion de colère avant qu'elle ne devienne une réaction automatique à toute contrariété ou friction, le parent préservera l'harmonie dans la maison. Sinon, le milieu familial s'imprégnera de tension et d'animosité.

Peut-être croyez-vous (ou espérez-vous) que la colère de votre enfant n'est qu'une phase de sa croissance, qui disparaîtra avec le temps. Je me vois contraint de vous détromper. D'après mon expérience, la colère s'aggrave avec le temps. Si le problème n'est pas réglé, il peut dégénérer en violence. C'est une force corrosive au sein d'une famille, car elle nuit non seulement à l'enfant, mais encore à tout son entourage. C'est pourquoi il faut absolument reconnaître la colère le plus tôt possible et poser immédiatement les jalons du changement.

Les parents qui viennent me consulter se demandent souvent comment savoir si le comportement colérique de leur enfant est d'une intensité normale ou si, au contraire, il est inquiétant. Je leur demande de répondre aux questions suivantes :

En tant que parent :
- Avez-vous l'impression que c'est uniquement lorsque vous le grondez et le menacez que votre enfant se montre docile et que vous parvenez à faire régner la paix dans la maison?
- Redoutez-vous les réactions de votre enfant lorsque vous le corrigez?
- Manquez-vous de confiance dans votre capacité de désamorcer les caprices de votre enfant ou les tirades de votre adolescent?
- Votre enfant vous menace-t-il lorsque vous ne faites pas ses quatre volontés?
- Avez-vous souvent l'impression de recoller les pots cassés après les crises de colère de votre enfant?
- Êtes-vous épuisé par les luttes quotidiennes que vous menez contre votre enfant pour l'obliger à faire ses devoirs, à se coucher à une heure raisonnable et à effectuer les travaux domestiques que vous lui avez confiés?

- Vous sentez-vous intimidé par votre enfant, au point d'éviter une inter-action qui, vous le savez, sera désagréable?
- Sentez-vous, chez votre enfant, une colère sous-jacente provoquée par la situation familiale (difficultés conjugales, alcoolisme, toxicomanie, rage, violence familiale, dépression)?

Maintenant, essayez de vous mettre dans la peau de votre enfant pour répondre aux questions suivantes:

- L'enfant provoque-t-il intentionnellement des conflits qui aboutissent à des scènes déplaisantes?
- Ignore-t-il les requêtes ou les règlements afin de faire enrager les adultes auxquels il a affaire dans sa vie quotidienne?
- Provoque-t-il ses camarades, ses frères et sœurs ou d'autres jeunes?
- Refuse-t-il d'assumer la responsabilité de ses crises de colère, préférant blâmer les autres?
- A-t-il tendance à regimber ou à se plaindre des conséquences de sa rage ou de la situation désastreuse dans laquelle sa colère l'a en-traîné?
- A-t-il des difficultés à comprendre ses propres émotions, à plus forte rai-son celles des autres?
- Passe-t-il systématiquement à l'attaque lorsqu'il fait face à la moindre contrariété?
- Semble-t-il inconscient de sa propre colère?
- Tient-il les autres à distance, en leur lançant des piques, en adoptant un comportement agressif, en se montrant insolent ou en se retirant dans sa coquille?
- Utilise-t-il la colère pour manipuler les autres et parvenir à ses fins?
- Poursuit-il une querelle au-delà de l'issue normale?
- Est-il porté aux généralisations négatives du genre «ce sont tous des abrutis», «tous mes profs me détestent» ou «je ne suis bon à rien»?

- A-t-il du mal à résoudre ses problèmes autrement que par l'intimidation, les menaces et les crises de colère ?
- Est-il capable d'amabilité, lorsque cela peut lui permettre de parvenir à ses fins ?
- S'intéresse-t-il trop à la violence, dans la musique, à la télévision, dans les jeux vidéo ou les jeux informatiques ?

Si vous avez répondu par l'affirmative à certaines de ces questions, si vous vous sentez découragé par l'ampleur de la détresse et de la colère de votre enfant, sachez que les pages qui suivent peuvent vous apporter de l'espoir. Le nuage noir qui semble coincé au-dessus de votre famille n'est absolument pas le fruit de votre imagination. Il est très pénible de vivre dans l'entourage d'un enfant qui manifeste une colère aussi forte, que vous soyez parent, gardienne, frère ou sœur, ou condisciple de cet enfant. Heureusement, il sera possible de désamorcer les réactions acquises d'un enfant en colère, une fois que vous les aurez comprises. Alors, vous les remplacerez par un comportement plus constructif, plus agréable, qui sera utile à votre enfant tout au long de sa vie. Je ne vous promets pas que le changement se produira du jour au lendemain, ni qu'il sera facile… qu'il s'agisse de vous ou de votre enfant. Ce que je puis vous promettre, en revanche, c'est que l'atmosphère familiale s'allégera et que votre enfant deviendra plus facile à vivre. Vos efforts n'auront pas été vains.

Quand la colère dépasse-t-elle les bornes ?

Pour commencer, vous devrez comprendre la colère de votre enfant afin de savoir exactement contre quoi vous luttez. C'est ce qui vous permettra de prendre des mesures efficaces. Ce ne sont pas tous les enfants colériques qui sont «en colère». La première étape consiste à distinguer la différence entre les deux.

Rachel en voulait souvent à son fils de 10 ans, Michel, du dédain, voire du mépris qu'il lui manifestait. Elle déclarait craindre qu'un jour, la violence verbale ne dégénère en violence physique. Elle ne pouvait prévoir le moment où l'enfant sortirait de ses gonds. Elle ne pouvait deviner jusqu'où iraient ses menaces et ses insultes. La situation dégénéra au point que Rachel appréhendait le moment où elle entendait arriver l'autobus scolaire, tous les après-midis. Chaque fois qu'il s'arrêtait devant la maison, le cœur de la malheureuse se mettait à battre furieusement tandis qu'un mal de tête terrible s'emparait d'elle.

Pourtant, Michel savait se montrer affectueux, aimable et charmant, surtout avec les étrangers. Étant donné qu'il semblait tout à fait capable de maîtriser sa colère, Rachel espérait qu'un jour, son comportement vis-à-vis d'elle changerait, du moins si elle faisait son possible pour lui faire plaisir et éviter de le contrarier. Malheureusement, c'était le contraire qui se produisait. Ces derniers temps, Michel l'avait menacée de la frapper et avait été jusqu'à lui dire qu'il avait eu un rêve, dans lequel il la tuait. Chez elle, Rachel marchait sur des œufs, évitant de bouger le petit doigt de peur de déclencher l'ire de son fils.

Claire, en revanche, était une enfant très intelligente, qui semblait heureuse la majeure partie du temps. Tant ses enseignants que ses grands-parents l'adoraient. Mais chaque fois que ses parents avaient des invités, elle adoptait un comportement dédaigneux, refusant de regarder les gens en face ou de répondre aux questions. Si les invités lui apportaient un cadeau, elle le jetait dans un coin avec mépris. Bien qu'elle n'eût que 5 ans, son attitude était insultante et embarrassait terriblement ses parents. Claire était également égoïste. Elle obligeait les autres enfants à la regarder jouer avec ses poupées plutôt que de les leur prêter. Mais lorsqu'ils s'éloignaient au bout d'un moment, elle se mettait en colère. À table, elle se comportait comme un enfant beaucoup plus jeune, crachait et lançait sa nourriture dans tous les coins, dès que sa mère, mortifiée, essayait de la réprimander.

Les enfants en colère, tels que Michel ou Claire, intimident ou embarrassent leurs parents et prennent toute la maisonnée en otage. La vie des uns n'est qu'une succession de caprices et de querelles, tandis que les autres passent leur temps à lancer des pointes et à émettre des remarques sarcastiques à ceux qui les entourent. Certains critiquent tout et sont difficiles à satisfaire. Les menaces, verbales ou physiques, sont courantes. Il leur arrive souvent de les mettre à exécution ou de se faire mal. Un enfant en colère attaque parfois son entourage en émettant des remarques méchantes à ses amis ou parents, ainsi qu'aux étrangers. Lorsque le comportement agressif est dirigé vers l'enfant lui-même, il se manifeste sous forme de sentiment de culpabilité, de honte ou de dépression. Dans le pire des cas, il peut aller jusqu'au suicide, si l'enfant s'est éloigné de tous ceux qui l'entourent.

Il arrive aussi que les enfants manifestent leur colère par l'inertie. Ils ne réagissent même pas lorsqu'on leur demande de ranger leur chambre ou de faire leurs devoirs. Les sautes d'humeur sont fréquentes, allant des crises de colère à la contrition. Mais lorsqu'ils explosent, le spectacle peut être si terrifiant que les parents sont incapables de réagir comme il le faudrait.

Les enfants en colère sont passés maîtres en l'art de la manipulation. Ils savent utiliser leur rage comme un instrument de précision, pour tenir les parents à distance ou parvenir à leurs fins. Tel un caméléon, l'enfant ne révélera sa colère qu'à un groupe choisi d'individus. Les étrangers, qui ne voient qu'un enfant angélique, ont bien du mal à croire que la petite Marie est le monstre décrit par ses parents. Les enseignants sont souvent étonnés d'apprendre que leur élève modèle se comporte comme un diable à la maison.

Le trait commun à toutes ces familles, c'est que la vie avec un enfant en colère les épuise. Lorsque les parents sont débordés par la colère de l'enfant, lorsque cette colère semble être devenue un mode de vie, l'enfant a dépassé les bornes de la simple irritation. C'est un enfant en colère.

En ce qui me concerne, j'assume des responsabilités au sénat qui m'éloignent souvent de chez moi et de ma fille. Elle sait que je passe mes matinées, mes après-midis et mes soirées à aider les autres. Je peux difficilement la blâmer lorsqu'elle m'en veut parce que je ne suis pas à la maison pour l'aider à faire ses devoirs. J'essaie, dans la mesure de mes moyens, d'être présent, pour éviter que dans quelques années, elle me rejette au motif que je n'étais pas à ses côtés lorsqu'elle avait besoin de moi. Je vis dans un conflit perpétuel de priorités. Je dois me rappeler constamment que ce que je dis et ce que je fais sont les leçons que je transmets à mon enfant.

Notre comportement dépend pour une large part du temps dont nous disposons. En outre, il est coloré par la manière dont nous gérons notre colère. C'est pourquoi les parents les plus extrovertis doivent maîtriser leur envie de hurler. Au sein de ce genre de maisonnée, chacun aura bientôt besoin d'un appareil auditif si l'on ne rompt pas le cercle vicieux. Étant donné que les enfants recherchent la sécurité et la stabilité auprès des parents, voir Papa et Maman se comporter comme chiens et chats n'est pas précisément rassurant. C'est même terrifiant. Les enfants copient les adultes. Ils nous imitent, exactement comme ils imitent leurs compagnons de jeu.

Dans le même ordre d'idées, la famille qui souffre en silence gagnerait à communiquer ses sentiments par voie d'une discussion ouverte, sincère. Sinon, elle risque de tomber dans le piège de l'agressivité passive. Au sein d'une maisonnée où certains vivent constamment dans une colère silencieuse, les autres ne comprennent même pas la raison d'être de cette colère, qui ne fait que bouillonner sous la surface.

Nouvelle définition de la colère

Il est évident que la manière dont nous exprimons notre colère ou réagissons à la colère des autres est à l'origine de graves problèmes. Par conséquent, nous devrons repartir à zéro, redécouvrir la nature exacte de la colère et inventer les outils nécessaires pour résoudre la difficulté. C'est pourquoi j'ai formulé une nouvelle définition de ce mot, pourtant vieux comme le monde.

D'après le dictionnaire *Le Nouveau Petit Robert*, la colère se définit comme la manifestation par l'agressivité d'un violent mécontentement. Avec tout le respect dû au *Robert*, j'aimerais refondre cette définition de manière à en faire le point de départ de la stratégie qui nous permettra de désamorcer et de maîtriser la colère. Voici ma définition : *Réaction puissante, déclenchée par une émotion négative, qui aboutit à un comportement agressif d'intensité variable et pas toujours appropriée.* Les clés du décodage de la colère sont enchâssées dans cette définition. Essayons d'en analyser chaque élément :

1. LA COLÈRE EST PUISSANTE

En effet, la colère est une émotion puissante, intense. Elle prend possession de l'enfant en colère, tout autant que de ses victimes. Un enfant généralement posé se comportera de manière irrationnelle lorsqu'il se trouvera aux prises avec la colère. Un enfant habituellement gentil deviendra cruel. Lorsqu'on la laisse dégénérer, la colère finit par priver l'enfant de toute pensée ou sentiment positif ou rationnel.

La réaction engendrée par la colère est tout aussi puissante que la colère même. Un parent aura l'impression que pour se faire entendre de son enfant, il n'a d'autre solution que de hurler encore plus fort que lui, de combattre le feu par le feu. L'enfant finit par obéir, tous deux sont convaincus que la colère est véritablement la solution. Mais, comme toute forme de pouvoir, il faut l'exercer constamment pour qu'elle demeure efficace. Les parents hurlent de plus en plus, car les enfants n'entendent plus les reproches prononcés à voix normale. Inversement, les enfants estiment que c'est uniquement lorsque Maman hurle qu'il faut prendre ses menaces au sérieux. En outre, tout enfant en colère apprend vite que s'il a envie de quelque chose, il n'a qu'à hurler pour l'obtenir. C'est un cercle vicieux, qui transforme le domicile familial en champ de bataille, ou pire.

Inversement, la colère peut intimider les parents qui éviteront alors de contrarier l'enfant, de peur de susciter les scènes affreuses dont leur progéniture est friande pour parvenir à ses fins. Il est malheureusement peu probable que cette attitude estompe la colère chez l'enfant.

2. LA COLÈRE EST DÉCLENCHÉE PAR UNE ÉMOTION PRÉCISE

La colère n'est pas une émotion pure. Elle n'existe pas dans l'absolu. Elle est déclenchée par toute une gamme d'émotions négatives : douleur, exaspération, solitude, ennui, peur, rejet, jalousie, déception, embarras, dépression, humiliation, pour n'en nommer que quelques-unes. Il est plus facile de comprendre et de traiter ces émotions que la colère qu'elles engendrent. Comme nous le verrons, il est extrêmement rare qu'un enfant en colère soit conscient de l'une ou l'autre de ces émotions. Sa réaction aux sentiments négatifs est à la fois trop rapide et trop extrême pour lui permettre de voir qu'elle a un déclencheur. L'enfant se vautre immédiatement dans sa colère, aveugle à la déception ou à l'exaspération qui en est la cause. La puissance de sa réaction l'aveugle à tout ce qui n'est pas sa colère et, souvent, il refuse d'admettre l'existence des émotions sous-jacentes.

En apprenant à reconnaître ces sentiments, vous aiderez l'enfant à se maîtriser. Lorsque les parents savent ce qui a déclenché la colère des enfants, ils parviennent à la tuer dans l'œuf. Ainsi, ils peuvent réagir de manière plus appropriée aux problèmes de l'enfant.

3. LA COLÈRE EST UNE AGRESSION

Contrairement à la dépression ou à la haine, la colère est une émotion active, qui vise invariablement quelque chose ou quelqu'un, parfois l'enfant lui-même. En effet, un enfant en colère ne demeure pas passif. Il contre-attaque. La réaction revêt en général la forme de menaces, d'insultes ou de violence physique. Mais lorsque la colère est tournée vers l'intérieur, elle se manifeste par la dépression, l'échec scolaire, un comportement téméraire ou dangereux.

4. L'INTENSITÉ DE LA COLÈRE EST VARIABLE

La colère englobe un large éventail de réactions. L'enfant peut taper du pied, froncer les sourcils, lancer son jouet contre le mur, hurler («je ne t'aime plus!»), proférer des menaces, renverser son pupitre, briser des vitres, mettre le feu à la maison, attaquer sa famille, ses amis ou ses enseignants. La colère peut aussi se manifester par le refus silencieux de ranger ses jouets ou par l'insolence et le sarcasme qui contiennent des messages cachés. L'intensité de la colère se répercute, naturellement, sur l'objet de cette colère. Mais l'enfant lui-même, qui manque encore de maturité, en subit aussi le contrecoup et risque d'être effrayé par le caractère excessif de sa propre réaction.

L'une des chansons de Fred Rogers, humoriste favori de Pittsburgh, commence ainsi : «Que faire de la colère lorsqu'on est si en colère qu'on a envie de mordre?» Ni les enfants ni les adolescents ne sont encore assez mûrs pour résoudre eux-mêmes leurs problèmes. L'émotion qu'un enfant ressent lorsqu'il ne s'est pas qualifié pour l'équipe de basket-ball ou lorsqu'il est rejeté par une personne qu'il adore est d'une intensité excessive pour son âge. Cette intensité le terrifie et il croit devoir la combattre par une réaction tout aussi intense.

5. LA COLÈRE N'EST PAS TOUJOURS APPROPRIÉE

Dans certaines circonstances, la colère semble normale et appropriée. Dans d'autres, elle est absurde et infantile. Un entraîneur de basket-ball contrarié par un rappel de l'arbitre quelques secondes avant la fin du match ressentira certainement de la colère, dont personne ne lui tiendra rigueur dans la mesure où il se maîtrise. En revanche, un enfant de 4 ans qui lance le contenu de son assiette à travers la cuisine parce qu'on ne l'a pas autorisé à regarder la télévision en mangeant ne suscitera que la désapprobation chez les adultes.

Étant donné que l'on confond souvent la colère avec d'autres sentiments, il est possible qu'elle ne soit pas adaptée à la situation. Par exemple, un adolescent se montrera irritable envers ses parents parce que sa petite amie l'a laissé tomber. Bien que nous puissions compatir à son chagrin, sa réaction n'est pas appropriée. Lorsqu'un enfant se met en colère lorsque sa sœur brise intentionnellement l'un de ses jouets, nous pouvons comprendre sa réaction. En revanche, si le même petit garçon casse son jouet avant de se retourner contre sa sœur, il est évident que sa colère est mal dirigée.

À certains moments, c'est la puissance de la réaction qui révèle que cette colère ne se justifie pas. Est-il normal qu'un élève qui vient de rater un examen déchire sa copie en mille morceaux qu'il jette ensuite à la figure de son institutrice? Doit-on excuser une adolescente qui hurle des injures à son petit frère de 10 ans, parce que ce dernier vient, accidentellement, de l'embarrasser face à un jeune homme? Ce n'est pas parce que nous comprenons l'origine de la crise de colère que nous devons l'accepter. Il faut que les enfants apprennent à maîtriser leurs réactions.

Pour juger si la colère est ou non appropriée, évaluez l'intensité de la réaction et voyez contre qui elle est dirigée. Si l'enfant a échoué à son examen, à qui la faute? A-t-il étudié? L'un des parents ou l'institutrice lui a-t-il fait subir des pressions exagérées? Quelle que soit la réponse, il n'est jamais approprié pour un enfant de manquer de respect à un adulte. Souvenez-vous: la colère peut parfois se justifier, la méchanceté, jamais. À chaque réaction de colère face à une situation délicate correspond une ligne qui sépare l'acceptable de l'inacceptable. En sachant où tirer cette ligne, les parents apprennent à l'enfant à cerner les limites du bon comportement et à se discipliner en conséquence.

Toute colère n'est pas nocive

La colère peut être utile lorsqu'elle nous incite à prendre les mesures appropriées pour estomper la douleur. La fillette qui est suffisamment irritée pour ordonner à ses condisciples de cesser de la taquiner, le jeune garçon qui finit par se dresser contre la brute de la classe, voilà des exemples d'une colère justifiée. Autre exemple de ce qui pourrait susciter une colère justifiée : un parent qui manque régulièrement les manifestations scolaires auxquelles participe l'enfant, en dépit de promesses répétées. Qui ne serait pas en colère? Mais la colère non justifiée est toujours nocive et ne fait qu'aggraver le problème.

La colère est une réaction normale chez un enfant qui a conscience d'injustices répétées. «Pourquoi en as-tu eu et pas moi?» est une question suscitée par la jalousie fraternelle. La colère peut aussi traduire l'exaspération d'un enfant qui n'obtient pas les résultats voulus, en dépit de ses efforts. Nous avons tous vu l'élève qui s'énerve parce que ses devoirs sont trop difficiles ou parce qu'il est déçu d'avoir perdu un match important. Dans ces circonstances, la colère reflète le désir de l'enfant de mieux faire. Par conséquent, c'est peut-être sa manière de se motiver. Mais même dans ce cas, la colère peut franchir les limites de l'acceptable et devenir blessante. Par exemple, si elle conduit l'enfant à reprocher ses échecs aux autres («l'entraîneur et le reste de l'équipe sont tous des imbéciles!») ou à se blâmer («À quoi bon… Je suis probablement trop bête pour réussir…»), elle devient carrément destructrice.

Après le décès d'un membre de la famille, d'un ami ou d'un animal familier, voire à la suite d'autres pertes telles que la rupture d'une relation ou l'éloignement d'un ami, une réaction de colère encourage parfois le mécanisme de guérison. Elle signifie que l'enfant n'a pas encore accepté la perte. Il a donc besoin d'appui et d'affection afin de pouvoir reprendre le cours de son existence. Mais un enfant en colère est rarement conscient de ses émotions. Sa colère est un indice, car elle signifie qu'il a besoin d'aide, non seulement pour la comprendre, mais encore pour guérir de son deuil. Dans ces circonstances, la colère peut être productive, car elle rappelle au parent (qui vit peut-être le même deuil ou la même souffrance) que l'enfant a besoin de lui.

La colère peut aussi servir à franchir une étape qui pourrait paraître insurmontable. On raconte que Nelson Mandela, lorsqu'il s'était retrouvé en liberté après vingt-sept ans de prison, avait été contraint de maîtriser la terrible colère qu'il ressentait contre les geôliers qui avaient dominé sa vie pendant tout ce temps. Puis il avait eu une intuition. Il s'était dit que s'il demeurait en colère, cela signifiait que les geôliers continueraient de dominer sa vie. En se débarrassant de cette colère, il retrouverait véritablement la liberté.

Voici un autre exemple de colère productive. Pendant plusieurs mois, après un accident d'automobile qui l'avait paralysé des jambes, un jeune garçon de 8 ans vivait dans un état de colère perpétuelle. Il en voulait au monde entier. Ses parents aussi étaient en colère de ce qui lui arrivait et des changements majeurs que l'invalidité de l'enfant imposait à leur mode de vie. Mais avec le temps, après avoir beaucoup réfléchi et discuté, ils ont fini par comprendre que la colère ne changerait rien à la situation. Ils ont appris à ne plus comparer leur situation avec ce qu'ils avaient perdu pour toujours. Au contraire, ils se sont élevés à la hauteur du défi qu'ils allaient être obligés de relever. Ils ont compris qu'avoir une famille était plus important que tout ce qu'ils avaient perdu. Ils se sont efforcés de reprendre le dessus, non en dépit de leur perte, mais plutôt à cause d'elle. Le handicap de leur enfant a servi de catalyseur à la croissance de leur foi l'un dans l'autre et de leur amour mutuel.

Naturellement, puisque nous en sommes à déterminer si la colère se justifie ou non, il serait bon de rappeler qu'elle peut avoir des causes biologiques ou médicales. Par exemple, les traumatismes crâniens et les problèmes neurologiques peuvent se manifester par la colère et la rage. Les sautes d'humeur accompagnent les fluctuations de la teneur en sucre du sang chez les enfants diabétiques. Les médicaments peuvent provoquer l'irascibilité et la colère. Jusqu'aux allergies, qui sapent l'énergie des enfants et les rendent incapables de régler les problèmes avec calme et sérénité. Il est donc important de montrer votre enfant à un pédiatre ou à votre médecin de famille si vous soupçonnez que son comportement colérique a une cause médicale.

Les parents ou les enseignants qui subodorent la présence d'un trouble chronique de l'humeur liront le chapitre 5, dans lequel nous parlons en détail de la dépression infantile. Les enfants qui souffrent du trouble déficitaire de l'attention présentent généralement des sautes d'humeur et ont du mal à maîtriser leur colère. Quoi qu'il en soit, tout enfant en colère doit absolument être examiné par un médecin.

Aux origines du problème

Pour répondre à la colère d'un enfant, nous devons commencer par rechercher ses origines. Étant donné la multiplicité des causes, il n'existe pas de réponse unique. Exactement comme le diagnostic d'une maladie indique le remède nécessaire, en sachant d'où vient la colère, un parent pourra la désamorcer plus facilement. Mais il est souvent difficile de dégager la raison du comportement taciturne d'un enfant. La colère est-elle une réaction à un événement récent qui l'a perturbé ? Est-ce un simple caprice, parce qu'il n'a pas obtenu le jouet qu'il convoitait ? Est-il agacé et blessé par les taquineries de ses condisciples ? Est-il triste ou déprimé parce qu'un ami a déménagé ? Votre couple est-il en difficultés ? Attendez-vous trop des résultats scolaires de l'enfant? Êtes-vous porté à critiquer injustement ces résultats? Un parent ou autre être cher à l'enfant est-il subitement décédé? L'enfant trouve-t-il le travail scolaire trop difficile? Les réponses à ces questions vous mettront sur la voie de l'attitude à adopter pour aider votre enfant à maîtriser sa colère.

Réagir par la colère lorsque la famille traverse des moments difficiles est compréhensible. Au demeurant, on peut dire que la colère de l'enfant est le baromètre qui sert à prédire la gravité des tempêtes au sein de la famille. La douleur peut provoquer un cri de colère chez un enfant qui recherche la protection et la sécurité. Mais, si elle n'est pas maîtrisée, la colère risque de dégénérer. Même si elle a ses origines dans des problèmes familiaux, elle peut croître jusqu'au moment où la rage même devient la cause de la destruction de la famille.

La colère d'un enfant qui ne sait comment la gérer finira par le ronger et lui porter gravement préjudice sous forme de tension, d'insomnie, de manque d'appétit et de maux de tête. Elle peut endommager toutes les relations qui lui sont chères et limiter ses perspectives de bonheur et de succès futur.

N'attendez pas que votre enfant vous donne un coup de poing, se blesse lui-même ou attaque ses amis avant de prendre des mesures. Il est beaucoup plus facile d'éteindre la petite flamme qui a surgi dans la poêle à frire que le brasier qui engouffre toute une maison. Sachez également que la colère sous des formes plus subtiles doit aussi être maîtrisée.

Cela n'est pas facile et exigera, chez tous deux, une introspection parfois embarrassante. Mais une fois que vous aurez compris que rien ne vous oblige à vivre au sein d'une maisonnée en colère, ces changements vous paraîtront bien moins intimidants.

CHAPITRE DEUX

LES QUATRE PHASES DE LA COLÈRE

Lorsque les enfants explosent, même les adultes peuvent se sentir intimidés et débordés par la violence et la profondeur de leurs émotions. Nous éprouvons aussi un sentiment d'impuissance. Mais heureusement, ce n'est qu'un sentiment et non la réalité. Chaque crise de colère suit une progression prévisible en quatre phases, de l'accumulation à l'explosion. Vous serez soulagé d'apprendre qu'à chaque étape, vous aurez la possibilité de désamorcer la colère une fois que vous saurez la reconnaître.

Prenez un enfant maussade, dont la colère mijote intérieurement tout l'après-midi pour culminer en une bataille rangée dès que son frère ou sa sœur a l'audace de se moquer de lui. Les deux enfants s'injurient à tour de rôle jusqu'à ce que l'un se jette sur l'autre. À une autre occasion, la colère frappera avec la rapidité de l'éclair, apparemment sans la moindre provocation. Ce n'est pas toujours un événement momentané, mais un long cheminement qui a commencé des jours, des mois, des années avant l'explosion. Les rivalités fraternelles se poursuivent parfois jusqu'à l'adolescence, voire l'âge adulte. Il est possible qu'elles aient leurs origines très tôt, lorsque le bambin a eu l'impression que son frère ou sa sœur étaient le «chouchou» de Papa ou Maman. Des souvenirs de ce genre peuvent déformer le jugement au point qu'en un instant de colère, l'enfant se souvient de ces lointaines blessures et ce sont elles qui le poussent à l'attaque, plutôt que le grief du moment.

Par exemple, songez à une adolescente apparemment bien dans sa peau qui, sans prévenir, vous saute littéralement au visage lorsque vous lui demandez comment s'est passée sa journée. Ce que vous percevez comme une crise de colère est probablement la culmination d'un cheminement qui a commencé ailleurs.

Chaque crise de colère suit quatre étapes précises : l'accumulation, l'étincelle, l'explosion et la retombée. Si vous apprenez à les repérer chez votre enfant, vous pourrez prendre les mesures appropriées, au bon moment. Sinon, vous manquerez l'occasion d'empêcher l'explosion ou vous ne ferez qu'aggraver la situation en intervenant avec trop de force ou, au contraire, trop faiblement.

Phase un : l'accumulation

L'accumulation représente les assises sur lesquelles reposera la colère. Elle est constituée de souvenirs de conflits non résolus, d'une incapacité de résoudre les problèmes et des tensions qui accompagnent tous les stades de développement de l'enfant. Des heures, des jours, jusqu'à des mois de tension peuvent s'accumuler jusqu'à ce que la colère explose.

Sur le plan imagé, l'accumulation consiste à empiler des bâtons de dyna-mite, chacun représentant un souvenir douloureux : méchantes taquineries, perte d'un match, rejet, exclusion, etc. La fatigue, la faim, la maladie et autres tensions physiques peuvent raccourcir les mèches des bâtons de dynamite. Les problèmes émotionnels – manque d'amour-propre, défaitisme, soucis précis – auront le même effet.

Tous, nous abordons certaines situations avec notre histoire qui a façonné notre conception du monde. Ce vécu influence aussi nos actes. Un enfant acceptera de bon gré sa défaite au soccer, tandis qu'un autre tancera vertement ses camarades. En classe, une petite fille réagira par un simple soupir de contrariété, si quelqu'un cogne sa chaise, tandis qu'une autre élève explosera. Nos réactions face au présent sont influencées par notre passé. Chaque fois que le stress s'accumule chez un enfant en colère, le moment de l'explosion se rapproche. Les expériences, les attitudes apprises, les réactions passées et les tensions physiques s'accumulent pendant cette phase. Si ces quatre facteurs provoquent la colère de l'enfant, vous devrez vous préparer à une conflagration lorsque l'explosif prendra feu.

Naturellement, chacun réagit différemment, enfant ou adulte, surtout à ce stade. Charles était justement l'une de ces bombes à retardement. Depuis longtemps, il se comportait comme si le monde entier était prêt à lui tomber dessus, à moins qu'il n'attaque le premier. Il échouait à tout ce qu'il essayait, car il abandonnait avant d'avoir accompli l'effort nécessaire. Il n'avait jamais appris à résoudre un problème sans se battre. Il n'avait jamais songé à décrire ses sentiments. Ses parents étaient des gens de nature réservée, qui ne consacraient guère de temps à encourager leur fils. Dès sa troisième année d'école, Charles avait la réputation, selon ses parents, d'avoir un caractère soupe au lait. La tension des années de conflits s'était accumulée en lui et explosait régulièrement, car aucune solution ne semblait à sa portée.

Chez Émilie, en revanche, l'accumulation ne dépassait jamais un certain stade. En dépit des contrariétés à l'école et du divorce de ses parents, elle était très bavarde et ses parents l'encourageaient à parler. Lorsqu'elle avait un problème, elle le confiait à ses parents ou à ses amis. Bien que les parents fussent séparés, ils faisaient leur possible pour régler leurs différends à l'amiable et rassurer souvent leur fille. Émilie faisait des crises de colère, mais l'accumulation étant limitée, elles étaient généralement faciles à maîtriser.

Les parents peuvent gérer la colère de l'enfant au stade de l'accumulation en évitant ou en retirant la source de la douleur, en résolvant le problème, en orientant l'enfant vers une solution raisonnable avant que les problèmes et le sentiment d'exaspération ne prennent des proportions dangereuses. À ce stade, par conséquent, votre but est de *prévenir* l'explosion. Étant donné que plusieurs facteurs contribuent à l'accumulation, vous devrez appliquer plusieurs stratégies pour empêcher les explosions de se multiplier.

- **Évitez les situations qui provoquent des contrariétés inutiles.** Ne laissez pas les enfants se coucher tard, si vous savez qu'ils n'auront pas la possibilité de rattraper le sommeil perdu dès le lendemain. Pourquoi l'obliger à manger des épinards alors que voilà huit ans qu'il vous répète qu'il ne les aime pas? N'achetez pas un animal familier à votre fille si elle n'est pas assez mûre pour en assumer la responsabilité. Si votre bambin a faim, donnez-lui une petite collation. Si elle déteste les longues expéditions dans les magasins, raccourcissez-les.

- **Soyez au courant des difficultés normales que tous les enfants connaissent aux différents stades de leur développement, afin de pouvoir guider le vôtre.** À chaque âge ses problèmes. En sachant exactement ce que traverse votre enfant, vous pourrez l'aider. Les bambins mangent plus lentement que les enfants plus âgés. Avant que votre fils de 9 ans soit capable d'accomplir seul une tâche quelconque, vous devrez lui expliquer une ou deux fois comment s'y prendre. Et une adolescente de 13 ans, en dépit de ses protestations d'indépendance, a encore besoin de se retrouver de temps à autre dans les bras maternels.

- **Apprenez à connaître votre enfant.** Connaissez-vous ses amis? Leurs familles? À qui communique-t-elle sur Internet? À quoi consacre-t-il ses moments de loisir? Mange-t-elle correctement? Ne manque-t-il pas de sommeil? Trouve-t-il l'école difficile? En répondant à ces questions, vous apprendrez à résoudre très tôt les problèmes éventuels.

- **Incitez l'enfant à se confier afin de résoudre ses problèmes.** Utilisez les stratégies décrites au chapitre 7 pour l'aider à dégager les problèmes et trouver des solutions. Démontrez l'efficacité de ces stratégies en les mettant en pratique au sein de la famille. Expliquez aux enfants comment vous avez vous-même résolu vos problèmes lorsque vous étiez enfant.

- **Suscitez une atmosphère de respect et d'affection dans la maison.** Donnez l'exemple : faites comprendre, en établissant des normes de comportement, que vous attendez des membres de la famille qu'ils respectent les droits les uns des autres.

- **Ne rabaissez jamais, au grand jamais, un enfant.** S'il ne sait pas faire ses devoirs, montrez-lui. En le traitant d'imbécile ou de fainéant, vous ne ferez qu'attiser sa colère, piétiner son amour-propre, lui apprendre à vous traiter aussi durement que vous le traitez.

- **La discipline doit être conséquente et équitable.** Cela s'applique aux méthodes décrites au chapitre 8. Mais vous devez également comprendre que dans certaines situations, il n'est pas nécessaire de discipliner l'enfant.

- **Choisissez vos batailles.** Certains comportements doivent être corrigés et punis immédiatement. Mais dans d'autres cas, il est préférable de répondre d'abord aux besoins physiques ou émotionnels de l'enfant plutôt que de le punir. Un enfant irritable dans un centre commercial n'a peut-être besoin que de quelques instants de repos et d'une collation. Alors seulement, il saura apprécier les plaisirs de la sortie.

- **Dans le doute, suivez la règle d'or.** Traitez votre enfant avec le respect que vous aimeriez que l'on vous accorde.

- **Resserrez les liens familiaux.** Organisez des activités en famille, goûtez la compagnie de vos enfants et de votre conjoint, entretenez les liens avec le reste de la famille et les amis. Les parents dont l'horaire de travail est surchargé ou qui sont divorcés devraient prêter une attention particulière à ce conseil.

- **Entretenez les valeurs positives au sein de la famille.** Choisissez des livres et des films qui encouragent la confiance en soi, un comportement sain et un bon développement moral. Limitez le temps passé devant le téléviseur ou à écouter de la musique. Évitez les thèmes insultants ou violents, propagez des valeurs positives. C'est à vous qu'il incombe de choisir les valeurs auxquelles vos enfants seront exposés et de les leur enseigner.

- **Prenez vos propres besoins en considération.** Nous vivons tous des tensions et des déceptions. Empêchez l'accumulation, ne vous défoulez pas sur votre enfant. Souvenez-vous qu'il n'est ni votre psychothérapeute ni votre tête de Turc. Ne vous défoulez pas sur lui de vos contrariétés professionnelles, de votre enfance malheureuse ou de votre mariage raté. Ne demandez pas à votre enfant de prendre parti dans votre querelle contre votre conjoint ou votre supérieur. Si vous avez besoin d'aide, adressez-vous à vos amis, à des adultes auxquels vous faites confiance ou à un psychothérapeute. En ignorant vos problèmes ou en les reportant sur votre enfant, vous ne ferez que renforcer les assises de la colère de l'enfant lorsqu'il vous voit ployer sous ces sentiments négatifs. Tout cela contribue à l'accumulation de la colère.

Phase deux : l'étincelle

L'étincelle est l'action ou la pensée qui déclenche la crise de colère. Elle peut être petite ou grosse. Il peut s'agir d'une pensée, d'un sentiment de l'enfant ou d'un geste de quelqu'un d'autre. Les enfants répondent différemment aux étincelles en puissance. Certains réagissent par un sentiment de rage et d'autres d'apathie.

Ce sont les éléments de l'accumulation qui détermineront la réaction à une étincelle particulière. Par exemple, une étincelle déclenchera une colère modérée, orientée de manière sélective vers un ami avec lequel l'enfant s'entend habituellement bien. Ainsi, deux gamins de 6 ans se regarderont en chiens de faïence un moment, puis, quelques instants plus tard, seront prêts à rejouer ensemble. En revanche, l'étincelle pourrait déclencher une crise majeure entre un parent et un enfant qui ont derrière eux une longue histoire d'antagonisme mutuel. S'ils se querellent sans cesse à propos de l'utilisation du téléphone, il est possible que la simple sonnerie, pendant le dîner, déclenche une dispute. Une enfant excédée des critiques qu'elle subit quant à sa manière de s'habiller pourra fort bien exploser en réponse à une innocente question de son père : «Ce sont de nouvelles chaussures?»

Pensez aux étincelles qui déclenchent les guerres nucléaires dans votre famille. En voici quelques-unes des plus courantes : «Range ta chambre!», «Va te coucher!», «Éteins le téléviseur!», «Finis ton assiette!», «Tu ne vas tout de même pas te mettre ça sur le dos!», «Je ne t'achèterai pas cela aujourd'hui!». Toutes les étincelles ne proviennent pas de la maison : un enfant auquel son meilleur ami tourne soudain le dos, ou qui subit des taquineries ; parfois le simple fait de se cogner un orteil ou d'être pris en flagrant délit de transgression d'un règlement suffit à mettre le feu aux poudres.

Toutefois, il est important de comprendre que ce n'est pas forcément un événement externe qui déclenche la crise de colère. Les pensées peuvent aussi le faire, prenant les parents par surprise, car ils ont l'impression que l'enfant n'a aucune raison de déclencher les hostilités. La jeune Adèle, âgée de 16 ans, a appelé sa mère pour lui annoncer qu'elle était sur le chemin du retour. Pendant les dix minutes de trajet, son humeur s'est assombrie. Dès son arrivée, elle s'est mise à hurler, se plaignant de ce que sa mère, éberluée, lui servait à dîner, affirmant qu'elle ne resterait pas une minute de plus dans cette maison. Une autre mère se souvient du jour où son fils de 5 ans, Benjamin, jouait tranquillement sur le canapé, tandis que son petit frère de 3 ans était paisiblement installé à l'autre extrémité de la pièce, avec un livre. Soudain, Benjamin était descendu du canapé, avait traversé la pièce et donné un coup de poing à son cadet. «Que s'est-t-il passé?» m'a demandé la mère. «Qu'aurais-je donc dû faire?»

Chacun de ces deux enfants a probablement examiné mentalement la liste des griefs qui le tarabustaient depuis quelque temps. Adèle était peut-être irritée à l'idée de devoir quitter son amie trop tôt ; ou peut-être s'est-elle souvenue brusquement d'une remarque embarrassante que sa mère avait émise il y avait bien longtemps. Quant à Ben, peut-être s'est-il souvenu que son frère lui avait pris son jouet la veille. La simple rumination du problème a suffi pour déclencher une crise de colère.

Il suffit d'un mauvais souvenir pour mettre le feu aux poudres : l'injustice d'un professeur, la rupture avec une petite amie. Parfois, l'enfant ressasse ses échecs. Il n'est même pas nécessaire que ces pensées portent sur des événements réels, car l'imagination de l'enfant suffit à créer des problèmes là où il n'y en a pas. Les capacités de raisonnement d'un enfant ne sont pas assez développées pour lui permettre de parvenir à une conclusion logique. Il déforme la réalité, recueillant un souvenir par ci, un autre par là, avant de les relier et hop ! Il a réussi à créer une nouvelle réalité, dans laquelle il joue le rôle de la malheureuse victime. En l'occurrence, il incombe au parent de mettre en relief le raisonnement fautif, avec calme, sans porter de jugement défavorable, afin d'éteindre l'étincelle.

Il est difficile d'ignorer l'événement qui déclenche une crise, car il suscite en général des paroles et des actes violents. Pourtant, nous devons éviter de confondre l'étincelle avec le problème de fond. Sinon, nous risquons de banaliser la colère de l'enfant et, ainsi, de passer totalement à côté de la solution. Songez à l'enfant qui se met à hurler lorsqu'on lui annonce qu'il est temps d'aller au lit. Sa réaction nous semble disproportionnée à la situation, certes, mais quelle accumulation de petits faits a précédé l'étincelle ? Est-il mécontent d'être traité en bébé ? A-t-il omis des devoirs qui risquent de lui valoir d'être réprimandé par son institutrice ? Obtient-il en général de rester debout une heure de plus s'il fait un caprice au moment du coucher ? Est-il fatigué de s'être couché plus tard la veille ? Regardez plus loin que le moment même et vous finirez souvent par comprendre comment éteindre l'étincelle.

Au stade de l'accumulation, votre but était de prévenir le problème. Mais au stade de l'étincelle, c'est de le *désamorcer*. Dès que la mèche a pris feu, vous avez sur les bras une situation qui exige votre attention immédiate. Vous n'avez que quelques instants pour agir, avant que la flamme n'atteigne le bâton de dynamite. Mais attention, il est possible que votre intervention (ou votre inertie) aggrave la situation au lieu de la désamorcer.

Une mère m'a confié un jour que les crises de sa fillette de 4 ans éveillaient ses pires instincts : « Elle hurle les menaces et les insultes les plus terribles », m'a-t-elle expliqué. Bien qu'il soit ridicule de s'offusquer des remarques d'une gamine de 4 ans, il est difficile d'ignorer les injures délibérément blessantes, même si elles émanent d'une enfant. Pour couronner le tout, la mère entrait dans une colère encore plus violente que celle de sa fille, hurlant en retour, allant jusqu'à gifler l'enfant. Ensuite, elle se retirait dans sa chambre en sanglotant, sachant parfaitement qu'elle avait perdu les pédales. Elle ne réagissait qu'au comportement momentané de l'enfant, sans essayer de cerner des solutions de longue haleine. L'enfant finissait par penser qu'il valait mieux attaquer avant que sa mère ne l'attaque.

Pendant les séances de psychothérapie, j'ai expliqué à la mère les quatre phases de la colère. Elle a appris à se maîtriser lorsque la colère de l'enfant parvenait au stade de l'étincelle. Elle a appris à s'éloigner lorsque la situation devenait trop problématique, quitte à revenir plus tard pour essayer de résoudre le problème sous-jacent, en ignorant l'événement ponctuel qui avait mis le feu aux poudres. Il ne s'agissait pas de tourner le dos au problème, mais de choisir un moment plus approprié pour l'examiner de près.

Apprenez à reconnaître les déclencheurs de la colère de votre enfant et agissez rapidement pour désamorcer la situation, avant que le caprice se transforme en une crise de rage en bonne et due forme. Voici quelques stratégies :

- **Restez calme.** C'est à vous de donner le ton lorsque les enfants commencent à perdre leur calme. Si vous perdez le vôtre, ce sera comme si vous jetiez de l'huile sur le feu. En maîtrisant vos émotions, vous apprendrez à réfléchir plus clairement.

- **Écoutez, simplement.** Il est possible d'enrayer une querelle en écoutant tout simplement ce que l'enfant a à dire. Peut-être son grief est-il justifié. Peut-être existe-t-il une solution toute faite? Peut-être souhaite-t-il tout bonnement se confier. En écoutant avec compassion, vous lui faites savoir que vous voulez résoudre le problème sans agressivité. Si c'est la colère qui lui permet d'attirer votre attention, soyez assuré qu'il l'utilisera régulièrement. Mais en l'écoutant, vous démontrerez que le calme est tout aussi efficace. Dans le cas d'une dispute entre enfants, séparez-les de manière à écouter calmement chacun d'eux.

- **Changez-vous les idées.** Comptez jusqu'à dix, allez faire une promenade, séparez les enfants. Prenez les mesures nécessaires pour vous changer les idées (et permettre aux enfants de vous imiter). Il est possible qu'un bref moment de calme soit tout ce dont vous avez besoin pour prendre la situation en main. En revanche, si vous devez écouter un enfant qui s'efforce calmement d'expliquer son problème, n'adoptez pas cette stratégie. C'est uniquement si vous êtes trop énervé pour agir de manière posée que vous devriez lui faire comprendre que vous avez besoin de quelques minutes de silence. Ensuite, revenez vers l'enfant. Souvenez-vous que vous donnez l'exemple d'une personne capable de garder son calme même lorsqu'elle commence à être en colère.

- **Incitez les enfants à réfléchir.** Une phrase très simple, du genre «réfléchis un peu à ce que tu es en train de faire» peut accomplir des miracles. Nous sommes souvent inconscients de nos réactions lorsque la colère nous aveugle. En rappelant aux enfants l'importance de prendre un certain recul, nous les incitons à réfléchir sur leur propre comportement, sur l'impression qu'ils produisent chez les autres, et à déterminer si ce comportement leur permettra vraiment de parvenir à leurs fins.

- **Mettez le doigt sur le sentiment exact.** Comme vous le verrez au chapitre suivant, les enfants en colère luttent pour comprendre ce qui se passe en eux. Ils ont tendance à interpréter tout sentiment négatif comme de la colère, ce qui risque de les inciter à passer automatiquement à l'attaque. En donnant un nom au sentiment dominant qu'il éprouve à ce moment précis, vous réorientez sa réponse émotionnelle. Peut-être s'ennuie-t-il, se sent-il seul, a-t-il faim. En éclairant ces sentiments vous provoquerez une réaction entièrement différente. Ne dites pas : «Écoute, ce n'est pas parce que tu t'ennuies, qu'il faut me chercher querelle», mais plutôt : «Peut-être que tu t'ennuies, parce qu'il pleut et que tu ne peux pas aller jouer dehors. Moi aussi, je suis déçue, mais essayons de penser à quelque chose d'autre à faire à la maison.»

- **Assurez-vous qu'il n'y a pas eu quiproquo.** Exprimez-vous clairement, sans équivoque. Thomas, âgé de 12 ans, avait prévu de retrouver ses amis. Lorsqu'il a entendu sa mère dire qu'elle avait l'intention d'aller faire des courses, il en a automatiquement déduit qu'il serait obligé de rester à la maison pour garder son petit frère. Il s'est mis à déplorer amèrement ses responsabilités familiales, d'après lui tout à fait injustes. Lorsque sa mère a vu qu'il commençait à s'énerver, elle l'a rapidement rassuré : Elle n'avait pas l'intention de le contraindre à renoncer à sa sortie, c'est pourquoi elle avait réservé une gardienne. Ainsi, elle a pu désamorcer immédiatement la situation. Si vous ne savez pas exactement ce qui a causé une explosion de colère, posez la question. Évitez toutefois de prendre un ton accusateur, du genre : «Oh, là là ! Quelle mouche t'a encore piqué ?» Dites plutôt : «Attends une minute. Tu me parais soudain contrarié. Si tu pouvais me dire ce qui ne va pas, je pourrais peut-être t'aider.»

- **Distrayez l'attention.** Imaginez que votre bambin, épuisé par les courses au supermarché, soit à bout de patience. Lorsqu'il commence à s'énerver, distrayez son attention. Parlez de son activité favorite ou inventez un jeu. Rappelez-lui quelque chose d'agréable, qu'il doit faire un peu plus tard. Peut-être ne gagnerez-vous que quelques minutes, mais cela vous suffira pour passer à la caisse et prendre le chemin du retour.

- **Rappelez-leur les règles de la maison.** Lorsque l'explosion est imminente, il est souvent possible d'éteindre la mèche en rappelant les règles de la maison. Restez calme, précis et neutre. Évitez toute menace ou commentaire péjoratif. Ne dites pas : «Si tu ne cesses pas ce caprice immédiatement, tu n'iras pas au cinéma avec nous cet après-midi», mais plutôt : «Détends-toi et reprends ton calme. Tu sais que si tu ne fais pas tes devoirs, tu n'auras pas la permission d'aller en excursion avec ton école demain. Mais j'aimerais bien que tu y ailles. Par conséquent, calmons-nous et discutons de la situation.»

- **Réunissez immédiatement la famille.** Si vous avez le temps, s'il faut que le problème soit réglé une fois pour toutes, réunissez la famille. Plutôt que de laisser éclater la guerre entre un frère ou une sœur, par exemple, asseyez-vous tranquillement et aidez les enfants à résoudre leur différend avant que la colère ne les emporte. Si vous ne pouvez pas vous réunir immédiatement, fixez une heure et respectez-la.

- **Faites-les rire.** Rien de tel que l'humour pour désamorcer la colère. Une remarque amusante, sur un ton léger, peut faire rire l'adolescent le plus irascible. Toutefois, ne vous moquez pas d'une situation que l'enfant considère comme extrêmement sérieuse. Les commentaires sarcastiques, qui rabaissent l'enfant, ne feront qu'aggraver le problème. Mais l'humour bon enfant est parfois très efficace et le sourire est souvent contagieux.

- **Maîtrisez la situation.** Il est des étincelles que vous ne pourrez pas éviter. Toutefois, rien ne vous empêche d'orienter leur parcours. Avez-vous de mauvaises nouvelles pour les enfants? Devez-vous les discipliner? Parlez-leur en privé, à un moment où tout le monde a encore la tête froide.

Faites preuve de compassion et de douceur lorsque vous annoncez de mauvaises nouvelles. Si vous devez les discipliner, soyez gentil, mais ferme. Évitez : « Ton bulletin scolaire est absolument minable. J'en ai assez de t'entendre te plaindre de l'école, par conséquent tu ne mérites pas que j'invite tes amis pour fêter ton anniversaire. » Dites plutôt : « Il y a quelques semaines, nous avons convenu que je n'organiserais de fête pour ton anniversaire que si ton bulletin était bon. Je suis navrée d'avoir à te l'apprendre, mais étant donné que tes notes sont très basses, il n'y aura pas de fête. Tu connais les règles. »

Phase trois : l'explosion

La troisième phase de la colère est celle qui demeure gravée en nous. C'est à ce moment-là que se produit tout le déballage et que la méchanceté, l'agressivité et, parfois, la violence se manifestent. Une explosion au sens littéral du terme. Les blessures sont profondes et les dommages matériels peuvent être considérables. C'est à ce stade que la plupart des parents perdent leur calme et que tous les efforts d'apaisement se soldent par un échec fracassant.

L'explosion peut revêtir maintes formes facilement reconnaissables : vociférations et insultes, certes, mais aussi violence physique, telle que menaces, gifles, coups de poing et de pied. Parfois, elle se manifeste par la destruction matérielle : vitres cassées, devoirs déchirés, vêtements déchiquetés, jouets fracassés. Elle peut avoir lieu à la maison, comme en public, par exemple, sous forme de caprice au magasin. Les enfants saccagent leur chambre ou s'en prennent aux parents en brisant un objet favori de ces derniers.

À d'autres reprises, l'explosion revêt la forme d'une attaque passive. L'enfant refuse de ranger ses vêtements, ou renverse quelque chose « accidentellement » un soir que les parents ont des invités. Il pourra également manifester sa colère en volant de l'argent ou des objets précieux.

J'ai soigné des enfants qui avaient enterré les trousseaux de clés de leurs parents, crevé les pneus de leur voiture, sali leurs vêtements exprès pour s'asseoir ensuite sur un canapé ou des fauteuils tout neufs, allumé des feux ou «oublié» au magasin le sac de vêtements que leur mère venait d'acheter. D'autres refusaient simplement de faire quoi que ce soit à la maison ou ignoraient leurs parents. D'autres encore manifestaient leur colère à l'égard de leurs enseignants en refusant d'étudier, en jouant aux imbéciles pendant le cours, en commettant des actes de vandalisme à l'école, en abandonnant les livres de la bibliothèque sous la pluie ou en perturbant un cours par leurs pitreries.

Les disputes sont des manifestations extrêmement courantes de l'explosion. Elles peuvent être silencieuses ou bruyantes, intenses ou modérées, brèves ou prolongées. Ce n'est pas pour trouver une solution qu'un enfant va chercher querelle, mais pour faire mal à son adversaire.

Même si vous avez fait votre possible pour prévenir les conflits inutiles à l'étape de l'accumulation ou pour désamorcer l'étincelle, certaines explosions sont inéluctables. Ce que vous pourriez faire, cependant, c'est mettre un peu d'ordre dans le chaos. Le rôle du parent, à ce moment-là, ressemble un peu à celui de la brigade des explosifs. Lorsque les membres de la brigade arrivent sur les lieux, ils ont deux objectifs : désamorcer la bombe, si possible, ou réduire les dommages au minimum. Ainsi, imaginons que vous n'ayez pas pu désamorcer la colère au stade de l'étincelle. Votre but maintenant, c'est de circonscrire l'explosion, de maîtriser au maximum la colère de l'enfant (et la vôtre) avant que quelqu'un ne soit blessé dans la conflagration.

À l'étape de l'explosion, il est facile de se laisser emporter par la rage. La colère monte en vous, vous mourez d'envie de contre-attaquer par des menaces et des punitions. L'enfant, à son tour, est pris dans le tourbillon de sa propre rage, qu'il risque d'utiliser pour parvenir à ses fins. Votre but consiste justement à empêcher cette issue. Gardez la tête froide et essayez d'appliquer les stratégies suivantes :

- **Prenez des respirations profondes et lentes.** Parlez d'une voix calme, bien maîtrisée, mais directe. Évitez les cris, les pleurs et les grincements de dents. Vous voulez contenir l'explosion, non gagner la bataille. Gardez cet objectif en vue et ne vous laissez pas entraîner dans un débat.

- **Ne négociez pas avec un enfant qui menace.** Les enfants manipulateurs, qui utilisent la colère pour obtenir ce qu'ils désirent, ont tendance à vouloir négocier par la menace : «Tu ferais bien de me laisser sortir, sinon…», ou «Ne te fatigues pas à cacher les clés de la voiture. Je saurai bien les trouver et partir avec!» Négocier est parfaitement louable lorsque l'enfant est calme. Mais en plein milieu d'une explosion, tout ce qu'il a dans la tête, c'est la manipulation et l'intimidation. Dites-lui que vous voulez bien discuter du problème, mais dans le calme. Si vous avez fixé une règle raisonnable, n'abdiquez pas. Abandonnez la discussion afin de la reprendre lorsque vous aurez tous les deux retrouvé votre calme.

- **Laissez l'enfant subir les conséquences naturelles de son comportement.** S'il décide d'exploser, laissez-le faire. Il sera embarrassé de son comportement en public, surtout s'il est seul à causer tout ce fracas. Chez certains enfants, cela suffit. Si votre enfant a compris que vous vous précipitez immanquablement à la rescousse au lieu de le laisser affronter les conséquences de sa colère, il en profitera. Le moment est peut-être venu pour vous de laisser la situation suivre son cours. En outre, s'il se met en colère lorsque vous essayez de le protéger des conséquences de ses actes, vous pourriez tout simplement le laisser se débrouiller. Si vous avez coutume de consacrer chaque soirée à des scènes pénibles pour obliger votre fille à faire ses devoirs et éviter les mauvaises notes, tentez une expérience : laissez-la s'amuser comme elle l'entend et, le lendemain, accepter sa mauvaise note et la réprimande du professeur.

- **Rappelez les règles de discipline.** N'utilisez cette stratégie que si vous êtes certain qu'elle ne jettera pas d'huile sur le feu. Par exemple, en rappelant à votre fille que si elle continue de vous dire des méchancetés, ses heures de télévision seront raccourcies, peut-être reprendrez-vous la situation en main.

- **Montrez du respect.** N'insultez, ne ridiculisez, ne harcelez, ne frappez jamais votre enfant si vous êtes en colère. Si vous manifestez vous-même de la méchanceté, le ton montera et vous donnerez un piètre exemple à votre enfant. Vous attiserez sa colère et l'encouragerez à associer colère et attaque.

- **Soyez raisonnable.** Évitez les menaces absurdes qui risquent de déclencher d'autres explosions et convaincre l'enfant que vous avez perdu les pédales et que vous vous montrez injuste à son égard. Ne dites pas : « C'est la goutte qui a fait déborder le vase. Tu n'auras plus le droit de sortir le soir jusqu'à l'année prochaine. » Essayez plutôt : « Tu dois encore ranger tes vêtements avant de pouvoir aller au match. »

- **Écoutez.** L'enfant est peut-être exaspéré simplement parce qu'on ne l'écoute jamais. S'il hurle : « Pourquoi est-ce que tu n'écoutes jamais un mot de ce que je dis ? » peut-être feriez-vous bien de prêter l'oreille. Allez faire une promenade pour décompresser. Il est préférable de battre en retraite pour reprendre des forces que de continuer à s'injurier mutuellement. Si vous avez perdu votre calme, dites à l'enfant que vous avez besoin d'un moment pour le retrouver, éloignez-vous et livrez-vous à une activité relaxante. Mais attention, n'omettez pas de remettre la question sur le tapis une fois que vous aurez repris votre calme.

- **Séparez les combattants.** Si vous avez affaire à des frères et sœurs qui se battent, séparez-les et envoyez-les dans leur chambre. Débarrassez-vous également des autres membres de la famille, afin d'éviter qu'ils ne soient entraînés dans le conflit, que ce soit à titre de victimes ou de coupables. Lorsque je reçois des familles en colère à mon cabinet, je suis souvent obligé de m'entretenir séparément avec chacun des membres.

- **Donnez un nom à l'émotion dominante.** Une fois que l'explosion a eu lieu, vous comprendrez probablement mieux ce que ressent votre enfant. S'il vit une expérience douloureuse, ne lui dérobez pas le droit de souffrir. Parfois, il suffit de quelques mots de compassion ou de compréhension pour empêcher la conflagration. Ne dites pas : « Tu es en colère parce que personne ne veut jouer avec toi », mais plutôt : « J'en suis navrée pour toi. Tu dois avoir beaucoup de peine. »

- **Évitez d'être pris dans le cercle vicieux des querelles interminables.** Les familles, notamment celles qui sont portées à se quereller, ont coutume de se rabattre sur des techniques éprouvées : déballer tout le linge sale, lancer des flèches empoisonnées, présumer savoir ce que l'autre pense ou ressent. Autres pièges : dresser Maman contre Papa ou jouer au martyr. Aucune de ces stratégies n'est propice à une résolution équitable du conflit. Nous les étudierons, ainsi que d'autres, au chapitre 7.

Phase quatre : la retombée

Bien que l'explosion soit la phase la plus bruyante de la colère, c'est la retombée qui vous permettra sans doute de résoudre le conflit. Malheureusement, c'est aussi la phase la plus négligée.

On appelle « retombée » le moment où parents et enfants sont enfin capables de regarder le problème en face, ainsi que tous les griefs que l'explosion a fait émerger. Que vous veniez de traverser une petite escarmouche ou une bataille meurtrière, vous devrez panser des blessures en tout genre. C'est le moment ou jamais. Il est presque inévitable qu'une petite crise dégénère en explosion majeure si la cause profonde n'est pas traitée. C'est de là que partira l'accumulation qui aboutira à la prochaine explosion.

Vous devriez admettre que les plus petits problèmes peuvent nous enseigner d'importantes leçons. Avec le temps, j'ai fini par reconnaître un type particulier d'explosion de colère que j'appelle une « microtornade », c'est-à-dire, pour utiliser le langage de la météorologie, une tempête soudaine, très localisée mais très puissante, qui s'accompagne de bourrasques de vent et de pluie battante. Bien que brèves, ces petites tornades peuvent déraciner des arbres et faire chavirer des bateaux. Cela décrit aussi très bien les explosions brèves mais intenses de colère, qui retombent parfois aussi vite qu'elles ont éclaté. Elles sont déclenchées par de petits problèmes insignifiants, que vous seriez porté à ignorer, mais il est important que les parents demeurent aux aguets afin de prévoir l'arrivée de ces microtornades. La méthode qu'ils utiliseront pour les désamorcer leur sera très utile lorsqu'il s'agira de faire face à des conflits plus graves.

Le jeune Abel, âgé de 5 ans, jouait avec des modules de construction sur le plancher de mon cabinet. Il avait le projet très ambitieux d'ériger une tour et son exaspération montait de seconde en seconde (accumulation). Étant donné qu'il ne posait pas correctement les modules les uns sur les autres, tout l'échafaudage a fini par s'effondrer (étincelle). À ce moment-là, Abel a donné un coup de pied dans ses modules et poussé un hurlement (explosion). Mais quelques instants plus tard, il avait recommencé à jouer (retombée). Dans le cas de colères qui rentrent dans l'ordre presque instantanément, certains parents pourraient très bien ignorer un tel épisode. Toutefois, ces microtornades étaient devenues extrêmement fréquentes et c'est pour cette raison que les parents d'Abel avaient fini par prendre la décision de me consulter. Nous avons conclu que l'occasion était idéale pour apprendre à Abel à résoudre ses propres problèmes. Je ne voulais pas laisser passer ce moment. Si j'attendais une véritable explosion, l'intensité de sa colère risquait de l'empêcher de parler.

Tout d'abord, j'ai donné à l'émotion un nom qu'Abel et moi comprenions tous les deux. Si je lui avais simplement demandé : « Pourquoi es-tu en colère ? », j'aurais été contraint de parler de sa colère et il se serait senti obligé de la justifier. Nous n'y aurions rien gagné. Je lui ai dit : « Comme c'est exaspérant de voir tous tes modules tomber ! » Il a acquiescé puis m'a demandé si je pouvais lui montrer comment bâtir une tour qui ne s'effondrerait pas. J'ai accepté et, tout en travaillant, je lui ai expliqué qu'il était parfois difficile d'empiler des modules. Intentionnellement, j'ai laissé tout tomber à quelques reprises, de manière à démontrer une réaction plus positive que la sienne à la chute de la tour. «Oh, là, là! Ça ne marche pas. Peut-être devrions-nous nous y prendre autrement.» Nous avons essayé plusieurs techniques différentes. Je lui ai également expliqué avec calme que j'avais été attristé lorsque je l'avais vu donner des coups de pied dans mes modules. J'avais craint qu'il ne casse mes jouets et, ensuite, qu'il ne se blesse. J'ai donc ajouté : «Je vais t'expliquer une règle de la maison. Je veux bien te laisser utiliser mes jouets, mais si tu leur donnes encore des coups de pied, je les rangerai.» Enfin, j'ai réorienté son état d'esprit vers une humeur plus positive en lui affirmant que j'avais pris plaisir à jouer avec lui.

Durant cette brève retombée, j'ai transmis plusieurs messages à Abel. Il a appris (1) à donner un autre nom à son émotion : «colère» est devenue «exaspération», (2) à résoudre un problème, (3) à comprendre mes propres sentiments, (4) ce que j'attendais de lui (la règle) et (5) ce qui se passerait s'il transgressait cette règle (conséquence).

Si les explosions de votre enfant ressemblent davantage à d'interminables ouragans, peut-être cet exemple vous paraît-il trivial. Mais souvenez-vous qu'il est plus facile d'apprendre à maîtriser la colère sur une petite échelle que de s'attaquer directement aux gros conflits. Naturellement, les parents ont tendance à mettre l'accent sur les problèmes profonds qui, toutefois, sont parfois trop chargés d'émotion pour permettre une discussion dans le calme. Si votre enfant est en colère, commencez par les problèmes mineurs et appuyez-vous sur votre succès pour vous attaquer aux plus gros.

À ce stade, vous devriez examiner l'origine profonde du problème et les conséquences de l'explosion. C'est pourquoi, à l'étape de la retombée, votre but est de résoudre le problème.

– **N'ignorez pas le problème.** Ce n'est pas parce que l'explosion est terminée que le problème est résolu. S'il est assez gros pour avoir suscité une explosion, il est assez gros pour justifier votre intervention. Sinon, la question reviendra régulièrement sur le tapis. C'est à vous, le parent, qu'il incombe de prendre les devants pour résoudre le problème. Si vous laissez passer cet épisode, vous transmettrez le message que la colère n'a pas d'importance. Mais si vous êtes désemparé, si l'explosion a été particulièrement violente, allez chercher de l'aide. Parlez-en avec une personne objective, qui a été formée pour traiter les comportements problématiques chez les enfants.

- **Ouvrez le dialogue.** Les enfants en colère évitent de parler de leurs problèmes. Mais que cela ne vous empêche pas d'entamer la discussion afin de mieux comprendre l'explosion. Imaginez que vous ayez enregistré toute la scène sur une vidéocassette. Il s'agit maintenant de repasser l'enregistrement. Pour commencer, installez-vous tranquillement quelque part pour reproduire sur papier la scène, le plus exactement possible. Inscrivez tout ce que vous avez dit, tout ce que l'enfant a dit. Qu'est-ce qui a contribué à l'explosion ? Étiez-vous pressé ? La crise s'est-elle déroulée devant un auditoire ? Avez-vous laissé échapper une insulte ? Vous êtes-vous senti atteint par quelque chose que l'enfant a fait ? Avez-vous eu envie de contre-attaquer ? En inscrivant fidèlement les faits, vous découvrirez plus facilement ce qui a contribué à la colère, la sienne comme la vôtre. Comment réagiriez-vous si c'était à refaire ? Ensuite, reprenez la discussion avec l'enfant. N'attisez pas la querelle en lançant de nouvelles accusations, menaces ou insultes. En revenant en arrière, vous prenez du recul, vous examinez la situation d'un œil objectif. Vous dites, en somme : «Qu'est-ce qui ne va pas ? Comment aurions-nous pu agir pour résoudre le problème ?»

- **Si le moment est propice au dialogue, profitez-en.** Aussi mineur que l'incident vous paraisse, même si vous avez envie de le passer sous silence, profitez du moment pour revenir en arrière, ouvrir le dialogue, disséquer la scène, avec calme et sans trop vous attarder, avec l'enfant.

- **Organisez une réunion familiale pour résoudre le problème.** N'oubliez pas de le faire si vous avez promis d'en reparler une fois que tout le monde aura retrouvé son calme. Même si la situation ne se reproduit plus jamais, vous aurez trouvé la stratégie à adopter pour résoudre d'autres problèmes. (Voir au chapitre 7, les règles applicables aux réunions familiales.)

- **Assurez le suivi de la discipline.** Même si vous croyez avoir résolu le problème qui a suscité la crise de colère, vous devrez assurer le suivi. Souvenez-vous, la colère peut se justifier, la méchanceté, jamais. Si votre enfant a fait preuve de méchanceté, il faudra peut-être le discipliner. Parallèlement, si c'est vous qui avez agi méchamment, vous devrez examiner la situation avec l'enfant. Par exemple, si selon l'une des règles de la maison quiconque dit une méchanceté doit acquitter une amende, ouvrez votre portefeuille. En revanche, si vous avez imposé à l'enfant une punition stupide ou absurde parce que vous étiez en colère, réfléchissez-y. Vous ne gagnerez rien en assurant le suivi d'une menace ridicule, du genre : « Je vais mettre tous tes jouets à la poubelle. » Si vous avez commis une erreur, reconnaissez-le, rétractez-vous et repartez à zéro. Voilà un autre message important à transmettre aux enfants : leur parent est assez mûr pour admettre ses propres erreurs.

- **Continuez d'aimer votre enfant.** Après une explosion, surtout si elle a été violente, vous pourriez être tenté de lui retirer votre affection. Ne cédez pas à la tentation. C'est votre amour qui fournira l'énergie nécessaire pour régler le problème. Il vous incite à aider votre enfant. La colère, le sentiment de culpabilité et la rancune ne vous donneront pas l'énergie dont vous avez besoin pour remplir votre rôle de parent. Il est difficile de prendre dans ses bras un enfant qui, une heure auparavant, vous a agoni d'injures, mais l'affection est capitale. L'énergie qu'elle engendre continuera de réchauffer votre enfant longtemps après que la chaleur de la colère se sera dissipée.

- **Entraînez-vous à réagir correctement.** Le calme entre les tempêtes est l'occasion idéale de vous entraîner en vue du prochain conflit.

Après une explosion, nous repassons souvent dans notre esprit les mauvais moments. De cette façon, la colère continue de percoler en nous. Pourtant, nous le savons, elle est mauvaise conseillère. Au contraire, entraînez-vous à utiliser de meilleures stratégies. Prévoyez ce que vous pourriez dire ou faire.

- **Faites vos excuses.** Si vous avez dit ou fait quelque chose de mal, c'est le moment de vous en excuser. Cela vaut également pour votre enfant. Souvenez-vous, cependant, que les excuses ne résolvent pas tout. Il faudra continuer de discuter du problème afin de le résoudre.

- **Pardonnez.** La rancune nous fait plus de mal que de bien. En refusant de pardonner, vous laissez votre colère mijoter à feu doux, prête à exploser à la moindre provocation. Je ne veux pas dire par là qu'il faut tout oublier. Au contraire, une «amnésie» délibérée porterait préjudice à votre stratégie de parent, qui doit demeurer conséquente, ciblée et résolue. Souvenez-vous des paroles et des actes de l'enfant, ainsi que des vôtres. N'oubliez pas que votre but est d'aider l'enfant à mûrir et à maîtriser ses émotions. En décidant d'oublier, vous laissez les problèmes dégénérer. Souvenez-vous des bons et des mauvais moments, afin d'agir le plus efficacement possible la prochaine fois. Pardonnez, mais n'oubliez pas.

- **Réfléchissez à deux fois.** Il arrive que sous le coup de la colère, les parents cèdent aux pressions de l'enfant dans l'espoir de le calmer. «Bon, très bien, je t'achèterai un jouet si tu cesses de hurler» ou : «D'accord, d'accord, tu peux prendre la voiture…» Malheureusement, cette méthode récompense la colère. Réfléchissez donc à deux fois avant de réagir. Certains parents sont convaincus qu'une fois la promesse faite, ils sont obligés de la respecter sous peine de déclencher une nouvelle explosion. Utilisez votre jugement pour prendre la décision la plus logique, pendant le retour au calme. Mais si vous cédez au chantage, considérez votre geste comme une expérience d'apprentissage. Ainsi, la prochaine fois, vous aurez appris à tenir bon.

Synthèse des quatre phases de la colère

PHASE DE LA COLÈRE	CAUSES	VOTRE BUT	MESURES SUGGÉRÉES
1. L'accumulation	• expériences apprises • réactions passées • stress physique • problèmes d'amour-propre • attitudes non réalistes • capacités d'adaptation insuffisantes	Prévenir une explosion	• répondre aux besoins immédiats de l'enfant (somme, collation) • éviter toute exaspération inutile • comprendre le développement et les besoins de l'enfant • parler calmement • lui apprendre à résoudre les problèmes
2. L'étincelle	• antagonisme mutuel • vision/pensée déplaisante • détonateurs : « range ta chambre, mange tes légumes », etc. • influences extérieures/ déboires • raisonnement immature	Désamorcer le problème	• chercher l'origine du problème • se calmer et écouter • reconnaître l'émotion • proposer une diversion, une autre activité, faire rire • rappeler les règles de la maisonnée
3. L'explosion	• vociférations • insultes • injures • violence physique (coups de pied ou de poing) • attaque subtile (refus silencieux, disparition dans une cachette, dommages aux biens matériels)	Contenir l'explosion et réduire les dégâts subséquents au minimum	• rester calme • ne pas négocier • ne pas menacer • rappeler la discipline • retrouver le calme • séparer les protagonistes

Synthèse des quatre phases de la colère (suite)			
PHASE DE LA COLÈRE	CAUSES	VOTRE BUT	MESURES SUGGÉRÉES
4. La retombée	• Amplitude de l'explosion • Votre degré de calme • La maîtrise de vos émotions • L'expression de vos sentiments : pardon, excuses, renouvellement de l'affection.	• Résoudre le problème • Acquérir des stratégies qui permettront de prévenir les explosions futures	• Discuter de ce qui s'est passé • Utiliser les moments de calme pour résoudre le problème • Gérer les microtornades • Réunir la famille • Assurer le suivi par la discipline

CHAPITRE TROIS

DIX CARACTÉRISTIQUES
DE L'ENFANT EN COLÈRE

Les enfants en pleine croissance doivent chaque jour surmonter une nouvelle épreuve : apprendre à marcher, à frapper une balle et ainsi de suite. Chaque âge regorge de situations propres à susciter un sentiment de satisfaction ou, au contraire, à déclencher la colère. La vie devient difficile et les enfants réagissent comme ils le peuvent. Le bébé a faim, le bambin convoite ardemment tous les jouets qu'il voit, la préadolescente est ostracisée par ses contemporaines et l'exaspération qui en résulte est prévisible. Il nous incombe donc de prévoir les problèmes et d'offrir à l'enfant des réactions convenables.

La personnalité unique de chaque enfant ajoute une nouvelle dimension. L'un sera irritable tandis que l'autre sera plus tolérant. Une forte activité, un tempérament impulsif, un seuil de tolérance très bas conduiront cet enfant à réagir au conflit de manière très différente de celui qui a été doté d'un caractère plus patient, plus serein. Ces deux ingrédients – les qualités avec lesquelles l'enfant naît et son expérience ultérieure – s'influencent l'un l'autre pendant des années.

Pour apprendre à vous comporter face à un enfant en colère, vous devrez commencer par comprendre le mode de pensée de cet enfant. Même si vous vous sentez perdu au départ, il est crucial que vous parveniez à comprendre certaines des caractéristiques de cet enfant en colère. Dans ce chapitre, vous apprendrez pourquoi les enfants sont si irascibles et pourquoi leur colère perdure.

La plupart des enfants sont capables de s'extraire sans dommage de situations difficiles. Ils s'énervent brièvement lorsqu'ils essuient un revers, mais cela ne les empêche pas de poursuivre leur chemin. Toutefois, chez un enfant en colère, un mécanisme entre en branle qui entretient le conflit. L'enfant est capable de faire preuve de douceur et de charme, tant qu'il n'est pas contrarié, mais il sait transformer une simple escarmouche en une guerre qui se poursuivra bien après que les parents auront commencé à agiter le drapeau blanc. Cette attitude incite les parents et les enseignants à réagir. L'enfant est rapidement convaincu que le monde est fait de compliments ou de plaintes. Il commence à façonner ses propres impressions des gens en fonction de ces expériences. Il transfère ses pensées et ses attentes dans toutes les nouvelles situations. Par conséquent, s'il s'attend à des critiques, soit il changera son comportement, soit il contre-attaquera, d'une manière qui paraît totalement dépourvue de sens à tout observateur. Notre but ici est d'aider ces enfants à changer. Mais pour cela, nous devons d'abord comprendre pourquoi ils sont ainsi.

Les caractéristiques de l'enfant en colère

Après avoir traité des centaines d'enfants, j'ai fini par cerner 10 caractéristiques qui déforment la vision du monde de l'enfant et sa façon de réagir face à l'adversité. Cette liste explique pourquoi la vie avec un enfant en colère est si exaspérante. Chaque caractéristique est présente, à des degrés divers, dans chaque enfant. Après avoir analysé chacune d'elle, les parents me disent souvent : «Enfin, je comprends comment pense mon enfant. Je sais maintenant pourquoi il est difficile de le faire changer !»

LES DIX CARACTÉRISTIQUES DE L'ENFANT EN COLÈRE

1. Il est l'artisan de son propre malheur.
2. Il est incapable d'analyser les problèmes.
3. Il juge les autres responsables de ses propres revers.
4. Il transforme les sentiments négatifs en rage.
5. Il se montre incapable de comprendre les autres.
6. Il préfère attaquer les autres plutôt que de résoudre ses problèmes.
7. Il utilise la colère pour accroître son pouvoir.
8. Il se livre à un dialogue intérieur destructeur.
9. Il confond colère et amour-propre.
10. Il peut être charmant quand il veut.

1. L'ENFANT EN COLÈRE EST L'ARTISAN DE SON PROPRE MALHEUR

Avez-vous déjà entendu votre enfant se lamenter : «Je n'y peux rien… Je me porte malheur» ? Il a probablement raison. Les enfants en colère sont véritablement à l'origine de leur malheur. Ils créent des situations qui, immanquablement, susciteront la colère des adultes. Il est bien rare qu'ils encouragent des situations dont l'issue sera agréable. Mais ils sont inconscients de cela. Dans certains cas, ils se plongent intentionnellement dans un terrible pétrin.

En outre, les enfants en colère voient des problèmes là où il n'y en a pas. Il leur arrive d'allumer leur propre détonateur ou de ne rien faire pour éteindre celui qui brûle déjà. L'une ou l'autre de ces attitudes risque de déboucher sur une bagarre.

Souvent, ces enfants professent l'ignorance et la surprise lorsque la situation devient problématique. Un père m'a raconté qu'il regardait un soir la télévision en compagnie de son fils de 9 ans, Patrick. Au bout d'un moment, l'enfant s'est levé pour s'approcher de son petit frère qui jouait tranquillement sur le tapis, Daniel, âgé de 2 ans.

– Mais qu'est-ce que tu as ici ? a demandé Patrick, en saisissant le jouet que Daniel tenait à la main. Le cadet a essayé à plusieurs reprises de récupérer son bien, que Patrick tenait hors de sa portée. Au bout d'un moment, Daniel s'est mis à hurler, ce qui a incité le père à réprimander Patrick.

– Tu fais ça simplement pour me casser les pieds ! a hurlé le père. Tu n'es pas capable de me laisser me reposer tranquille.

– Moi ? Mais je ne fais que jouer ? a répliqué Patrick. C'est Daniel qui fait un caprice.

– Tu sais très bien ce que tu as fait. Maintenant, tu vas…

Le père s'est interrompu lorsqu'il a vu Patrick commencé à rouler des yeux.

– Ça suffit ! Lève-toi et file dans ta chambre !

– Mais qu'est-ce que j'ai fait ? Tu en as toujours après moi ! a grommelé Patrick tout en montant bruyamment l'escalier. De toute façon, je n'avais pas envie de passer la soirée avec toi.

Parfois, les enfants causent activement les problèmes. À d'autres moments, ils les causent en ne faisant rien. Mais cette passivité peut être tout aussi provocatrice. Grégoire, âgé de 17 ans, a décidé qu'il cesserait une fois pour toutes de parler à ses professeurs, étant donné que cela aboutissait habituellement à une dispute. Malheureusement, il a oublié d'informer lesdits professeurs de sa résolution. L'un d'eux s'est plaint de son impolitesse et, en un tournemain, Grégoire était de retour dans le bureau de la directrice… sans avoir dit un mot.

Les enfants comme Patrick ou Grégoire se retrouvent généralement en pleine mêlée, même s'ils ont l'impression qu'ils évitent les problèmes. Lorsque nos attentes influent sur nos actes, elles aboutissent généralement à l'issue espérée. C'est ce qu'on appelle l'effet Pygmalion. Mais il est possible de les réorienter. Si nous sommes persuadés qu'un travail sérieux et tenace portera fruit, en dépit des échecs et des erreurs, c'est probablement ce qui arrivera. Il suffit d'ajuster nos attentes. En outre, elles influent aussi sur la manière dont les autres réagissent face à nous. En tant qu'adultes, nous savons tous que les employés se comportent d'une certaine façon lorsque leur supérieur les juge incompétents et d'une tout autre façon lorsqu'on leur fait confiance.

Il est rare que les enfants en colère saisissent véritablement leur rôle au sein du conflit, même lorsqu'ils en sont très évidemment la cause directe. Peut-être vont-ils rationaliser leur réaction. Mais ils ne comprendront pas pourquoi leurs doléances ou leur attitude de durs ont déclenché des disputes. Par exemple, les enfants de la même famille utilisent les attentes pour entretenir des bagarres durant des semaines, des mois et des années. Ils semblent incapables d'oublier, utilisant d'anciens événements pour justifier leurs actes.

– Pourquoi as-tu pris le bonbon de ta sœur ? a demandé une mère à sa fillette de 7 ans.
– Parce qu'elle a pris le mien.
– Ah bon ? Mais quand donc ?
– À Halloween.
– Mais il y a six mois de cela ! s'est exclamée la mère.
– Et puis après ? Elle l'a pris, c'est tout. Pourquoi est-ce que tu prends toujours parti pour elle ?

Les adultes jouent parfois un rôle dans cet effet Pygmalion. D'après les recherches, il semble que les attentes d'un enseignant exercent une puissante influence sur la personnalité et la croissance intellectuelle de l'enfant. Les enseignants qui jugent un enfant intellectuellement doué lui accorderont parfois plus d'attention qu'aux autres, ce qui motivera l'élève à apprendre. Inversement, lorsque l'enseignant considère l'enfant comme un fauteur de troubles, il demeure sur ses gardes et les défauts de l'enfant lui apparaissent au grand jour. Ses attentes amplifient sa perception. Si les camarades, les parents et les enseignants s'attendent à voir de la colère, la moindre grimace de l'enfant les incitera à dire : «Tu vois, tu ne peux pas t'empêcher d'être un trouble-fête.» À ce moment-là, ils devront s'attendre une réplique type : «Ce n'est pas juste. Les autres s'en tirent. Pourquoi est-ce toujours moi qui paye?» Et la bataille continue.

Pour comprendre les enfants en colère, souvenons-nous qu'ils sont particulièrement doués pour la provocation. Nous devons nous assurer qu'ils ne sont pas enfermés dans leur propre effet Pygmalion. Lorsque l'adulte et l'enfant se préparent au combat, il est bien difficile de rompre le cercle vicieux. Ce sont les parents et les enseignants qui peuvent interrompre ce cycle d'attentes en résolvant chaque problème comme s'il s'agissait d'un événement unique. Évitez de faire naître un sentiment de culpabilité simplement dû à la réputation que l'enfant sait avoir. Les règles, que ce soit à la maison ou en classe, doivent être les mêmes pour chaque enfant. Si votre enfant doit être discipliné, ne le punissez que pour la transgression du moment. Mettez l'accent sur l'équité, ne lui gardez pas rancune. Offrez-lui la possibilité de changer et affirmez-lui que ce changement fait partie de vos attentes à son égard. Le plus important est d'éviter les étiquettes négatives qui transmettent à l'enfant le message que le changement est impossible.

Expliquez plutôt que vous disciplinez l'enfant parce que vous savez qu'il est réellement capable de changer. En mettant l'accent sur l'aide que vous pouvez lui apporter, vous créerez un climat plus positif, plus propice au changement. Évitez les insultes ou les phrases méprisantes du type : «Je ne sais pas pourquoi je me donne tout ce mal» ou : «De toute façon, tu ne m'écoutes jamais.» Une observation telle que : «Je sais que tu peux changer et je vais t'aider à le faire» suffit à rompre le cercle vicieux et à réorienter l'enfant dans une direction positive. Apprenez aux enfants à éviter les généralisations excessives. Les parents peuvent aussi donner le bon exemple lorsqu'ils font part aux enfants de leurs propres attentes : «Je suis en train de me battre contre ce problème, au travail, mais je sais qu'en persévérant, je trouverai une solution.»

2. L'ENFANT EN COLÈRE EST INCAPABLE D'ANALYSER LES PROBLÈMES

L'un des principaux facteurs d'accumulation de la colère, chez l'enfant, est représenté par l'incompréhension des problèmes qui se posent à lui. Pour aggraver encore la situation, l'enfant résiste à tous les efforts que l'on peut faire pour l'aider à se calmer et à réfléchir posément. Cette lacune a trois conséquences désastreuses. Tout d'abord, l'enfant se refuse à parler de sa colère, avant ou après l'explosion, ce qui l'empêche d'apprendre par l'expérience. Ensuite, cette lacune l'empêche d'apprendre à résoudre logiquement son problème. Enfin, les enfants en colère utilisent un type de raisonnement défectueux, que je qualifie de «réflexion par l'émotion», qui déforme le sens et l'importance de ces émotions.

Refus de parler de la situation

Avez-vous déjà entendu un enfant en colère s'exclamer : «Ne me parle pas. Je ne sais pas ce qui s'est passé» ou : «Je ne veux pas en parler»?

Le père de Thierry savait que son fils avait perdu la plupart de ses amis parce qu'il se montrait impoli et méchant à leur égard. Papa était persuadé qu'en incitant l'enfant à en parler, Thierry finirait par comprendre pourquoi son comportement éloignait les autres. Mais, à chaque tentative du père,

Thierry interrompait la conversation : «Il n'y a rien à discuter. Ce sont tous des minables et des idiots.»

Pourquoi ne voulait-il pas discuter? Pour beaucoup de ces enfants, parler signifie reconnaître leur rôle dans une situation douloureuse. Étant donné qu'ils blâment les autres, ils trouvent plus facile de s'en tenir à leur version simpliste du problème. Les enfants comme Thierry ne savent pas comment réfléchir à leur situation et sont mal à l'aise à l'idée de répondre aux questions qui révèlent leurs points faibles. Plutôt que de se sentir inférieurs, ils résistent à toute tentative de les faire parler. Malheureusement, cette tactique les empêche de tirer profit de leurs erreurs. Lorsque le problème reparaît, une fois les griefs accumulés de nouveau, ils ne savent que faire. Le cycle se poursuit. Ce cycle a plusieurs phases : (1) pendant l'accumulation, l'enfant ne parvient pas à résoudre les problèmes, ce qui accroît son sentiment d'échec et son exaspération ; (2) l'étincelle aboutit à l'explosion, pendant laquelle il s'en prend aux personnes qu'il juge responsable de ses déboires ; (3) la rage de l'enfant éloigne les autres (ce qui fait disparaître la source du problème et persuade l'enfant que les autres sont à blâmer) ; (4) il est incapable de réfléchir à la situation et, de ce fait, évite d'en parler ; (5) étant donné que le problème n'a pas été résolu, il s'ajoute à l'accumulation qui aboutira à la prochaine explosion.

Comment aider l'enfant

Vous pouvez aider votre enfant à comprendre qu'il est fructueux de discuter des problèmes sur un ton calme et positif. Un père a trouvé préférable de ne pas parler directement des événements qui ont suscité la colère de l'enfant, car cela ne faisait que déclencher de nouvelles crises. Au contraire, il a abordé le sujet favori de l'enfant, le football, et s'en est servi comme analogie. Il a expliqué que les joueurs se préparent aux matches en apprenant à prévoir les réactions de l'équipe adverse. Les entraîneurs et les recruteurs regardent les vidéos des matches précédents pour déterminer le jeu des autres équipes afin de pouvoir lire plus facilement les stratégies de défense et d'attaque de leurs adversaires. Par conséquent, lorsque le père prévoyait qu'une situation allait se révéler problématique pour son fils, il encourageait l'enfant à penser comme un entraîneur et à préparer le match. Ainsi, il a réussi à vaincre la répugnance que l'enfant éprouvait à parler. Autrement dit, il a habilement utilisé les points forts de l'enfant pour l'aider à surmonter les faiblesses.

Faiblesse du raisonnement

Si vous demandez à un enfant en colère de revenir en arrière, vous constaterez probablement qu'il est soudain devenu amnésique. Les enfants peuvent vous expliquer en long et en large ce que leur antagoniste a fait pour provoquer la situation, mais n'ont aucune idée de leur propre contribution. C'est une réaction en partie naturelle. Lorsque nous sommes en colère, nous sommes aveugles à ce qui se passe à ce moment précis (c'est pourquoi on dit que la rage est aveugle). Nous ne voyons plus rien, notre attention est concentrée sur la défense et l'attaque, à l'exclusion de tout le reste. Cette cécité temporaire explique pourquoi tant d'enfants ne se souviennent plus, ensuite, des détails de la dispute. Ils affirment : « Mais je n'ai jamais dit ça ! » Et lorsqu'ils se souviennent de quelques détails, ils imputent souvent aux parents des actes ou des paroles imaginaires, et réécrivent toute l'histoire de la querelle, de manière à justifier leur propre comportement.

Ils ont également tendance à amplifier les détails qui étayent leur point de vue. Si certains détails ne leur conviennent pas, ils les oublient. Pour un enfant en colère, l'analyse d'une crise n'est pas censée recueillir de nouvelles informations. Ils préfèrent revenir à la case départ, à l'idée qui a déclenché la colère. Ce raisonnement circulaire n'est pas logique, sauf dans l'esprit de l'enfant, qui a modifié l'histoire de la querelle pour l'accommoder à sa propre conclusion : «Ce n'est pas ma faute.» Lorsque les parents entendent la version de l'enfant, ils se grattent le front avec perplexité, en se demandant si c'est bien de la même querelle qu'il s'agit.

Je me souviens d'une séance avec un garçonnet de 10 ans, Stéphane, dont le visage était parcouru d'une balafre de sept à huit centimètres de long. Lorsque je lui ai demandé ce qui lui était arrivé, il m'a répondu : «C'est mon frère qui m'a griffé.»

Je lui ai demandé pourquoi. «C'est une mauviette, a-t-il répondu. Il se laisse pousser les ongles comme les filles.»

– Mais pourquoi t'a-t-il griffé? ai-je insisté.
– Parce que c'est une mauviette.
– Mais qu'as-tu fait juste avant qu'il ne te griffe?
– Rien. C'est une mauviette.

Sans abdiquer, j'ai décidé d'aborder le problème sous un autre angle.

– Que s'est-il passé, juste avant qu'il ne te griffe?
– Eh bien, avec mon copain, on se moquait de lui, parce que c'est une mauviette. Il le mérite.

Distinguez-vous le raisonnement circulaire? Stéphane ne reconnaît pas qu'il a provoqué son frère. Il justifie son comportement par son opinion péjorative à son égard. En prenant du recul, nous voyons très bien à quel point l'explication de Stéphane est ridicule. Mais chaque fois que nous essayons d'inciter un enfant en colère à repenser au problème, il part de sa conclusion et utilise un raisonnement déformé pour revenir à cette conclusion.

Comment aider l'enfant

Étant donné que, dans le feu de l'action, la capacité de réflexion de l'enfant est limitée, ce n'est pas au milieu d'une crise de colère qu'il faut discuter du problème. Retrouvez tous les deux votre sang-froid de manière à pouvoir distinguer plus clairement la situation. Les parents peuvent donner l'exemple aux enfants en leur montrant comment discuter calmement. En outre, il est bon de leur enseigner des stratégies de raisonnement qui, avec le temps, permettront à l'enfant d'analyser plus efficacement les disputes. En ce qui me concerne, j'ai pu constater que les parents bénéficient d'une démarche en trois volets : réunir tous les faits, montrer un point de vue différent à l'enfant, aider l'enfant à comprendre comment ses actes aboutissent soit à une querelle, soit à une solution. Par exemple, lorsque vous lisez tout haut ou regardez un film, faites des commentaires sur les personnages et leur comportement. Demandez à l'enfant de deviner ce qui va se passer. Vous pourriez également utiliser des jeux de société, les échecs ou le jeu de dames pour lui apprendre à résoudre les problèmes de manière logique, à anticiper les erreurs, à les éviter et à réagir calmement si les résultats ne sont pas ceux qu'il prévoyait. Ces petites leçons aident les enfants de tous les âges à recueillir les faits et à les peser plus calmement.

Les parents peuvent aussi commencer à discuter des problèmes réels de la vie avec les enfants. Par exemple, expliquez comment vous avez résolu un conflit avec votre mécanicien, au sujet d'une facture. Faites comprendre à l'enfant que vous êtes resté calme (dans la mesure où c'est bien la vérité !), ce qui vous a permis de vous tirer efficacement d'affaire. Parfois, c'est la solution la plus simple qui a les meilleurs résultats. J'ai demandé à des enfants de m'apprendre à dessiner, à tailler un crayon ou à m'expliquer leurs jeux vidéo. À chaque reprise, j'ai prétendu tout ignorer, de manière à les obliger à ralentir et à expliquer patiemment les étapes de résolution du problème. Stupide, me direz-vous ? Peut-être. Est-ce un moyen efficace d'apprendre à l'enfant à résoudre seul ses difficultés ? Et comment !

Si les parents eux-mêmes se laissent submerger par leurs propres problèmes, il est peu probable que l'enfant parvienne un jour à résoudre les siens. Je me souviens d'un couple qui éprouvait des difficultés à discuter avec leur enfant, parce que Papa avait généralement recours à des menaces.

L'enfant, à son tour, menaçait et attaquait son père. À eux deux, ils faisaient tout pour envenimer la situation d'un jour à l'autre. Tenter d'expliquer au père les principes de base de la psychologie de l'enfant équivalait à prêcher dans le désert. Je décidai donc de tirer profit des points forts du père pour l'inciter à m'aider à résoudre un problème.

À la fin d'une séance, je lui rappelai que j'étais aussi sénateur et je lui demandai comment, à son avis, je devrais m'y prendre pour faire accepter une loi qui n'avait pas la faveur du président de la chambre. Le père a commencé par me suggérer d'organiser une conférence de presse pour attaquer la position de mon adversaire, l'embarrasser dans les journaux et l'obliger à céder aux pressions de l'opinion publique. Mais j'expliquai, tout d'abord, que je n'étais pas tout à fait certain d'avoir raison et que mon adversaire pouvait très bien ne pas avoir tort sur tous les plans. En m'attaquant à lui de cette manière, je pouvais être sûr qu'à l'avenir, il ferait en sorte de bloquer la route à tous les projets de loi que je soumettrai.

Le père a réfléchi, puis suggéré que je réunisse quelques collègues du sénat, qui ne se montraient généralement pas de mon avis, pour leur demander leur sincère opinion sur cette législation. « J'ai toujours estimé qu'en montrant un peu de modestie, on améliorait la qualité des relations », a-t-il observé.

– Mais, ai-je répondu, je vois que vous savez parfaitement ce que vous avez à faire pour vous entendre avec votre fils.

Le raisonnement émotionnel

Le troisième obstacle, qui empêche l'enfant de réfléchir, c'est sa tendance à confondre émotions et faits. Si, pour lui, l'émotion est la seule donnée dont il a besoin pour émettre une conclusion, c'est ce que j'appelle un raisonnement émotionnel. Il estime que les sentiments à eux seuls justifient une réaction puissante, même lorsque la réalité de la situation ne la justifie pas. Les émotions colorent fortement notre raisonnement. Elles sont si puissantes que la majorité des gens, notamment les enfants, ont tendance à les interpréter comme des pensées rationnelles.

Deux enfants de huitième année, Jacob et Bernard, étaient dans les vestiaires. Lorsqu'une pile de livres a jailli du casier de Jacob pour s'effondrer avec fracas au sol, l'enfant s'est naturellement senti très gêné. Il a suffi que Bernard lève la tête, surpris par le bruit, pour que Jacob le saisisse par le col de sa chemise en rugissant : «Qu'est-ce qui te fait rire?»

– Mais je ne ris pas… Je…

– Tu te moques de moi, a insisté Jacob, convaincu qu'il ne se serait jamais senti aussi gêné si quelqu'un n'avait pas ri de lui.

– Du calme, Jacob, pourquoi veux-tu absolument que quelqu'un se moque de toi?

– Parce que tu m'as mis en colère et que je ne serais pas en colère si tu n'avais pas ri de moi!

Le raisonnement émotionnel empêchait Jacob d'analyser correctement la situation.

Les adultes comprennent très bien ce problème. Les émotions, tant positives que négatives, obscurcissent notre raisonnement. Par exemple, l'amour nous aveugle : «Parce que je t'aime, tu ne peux rien faire de mal et tu dois être parfait.» Des émotions destructrices, telles que la jalousie, sont amplifiées : «Si je suis jaloux, cela signifie certainement que tu me caches quelque chose.» L'expérience et la maturité nous donnent le recul nécessaire pour faire contrepoids à ces émotions en utilisant des vérités plus objectives.

Malheureusement, les enfants sont handicapés par leur manque d'expérience. Dans le pire des cas, le raisonnement émotionnel empêche l'enfant de passer d'une réaction subjective à une pensée plus raisonnée, plus réfléchie. La colère lui donne l'énergie nécessaire à une attaque avant que la logique ait pu prévaloir.

Pour surmonter cet obstacle, il faut que l'enfant apprenne la différence entre la pensée et l'émotion. Il est important de lui montrer que ses émotions reposent sur une vérité partielle, qui risque de le conduire à une conclusion erronée. Il doit comprendre que deux personnes peuvent voir une situation sous deux angles différents, ressentir des émotions différentes, sans que l'une ait forcément raison – ou tort – par rapport à l'autre.

Essayez l'exercice suivant pour montrer à votre enfant que nous réagissons différemment à des situations identiques. Donnez-lui une liste de termes : arbre, ferme, ville, soldat, chaton, fusil, crème glacée, devoirs, télévision, gagner, perdre, mariage, divorce, professeur. Demandez-lui de noter les sentiments que chaque mot évoque en lui. Si vous avez plus d'un enfant, demandez à chacun de décrire ses sentiments. Vous pourriez faire participer votre conjoint ou un ami des enfants. Enfin, comparez les listes. Certains sentiments seront semblables, mais d'autres illustreront votre argumentation.

Une autre méthode consiste à utiliser l'intrigue d'un livre ou d'un film que connaît l'enfant. L'un des thèmes les plus courants, dans les œuvres pour enfants, consiste à faire commettre des erreurs à un personnage qui ne connaît pas tous les faits. Posez des questions : «Que ressent-elle, maintenant?» et voyez les réactions changer au fur et à mesure que de nouveaux faits surgissent.

3. L'ENFANT EN COLÈRE JUGE LES AUTRES RESPONSABLES DE SES PROPRES REVERS

Les enfants en colère considèrent les autres comme la cause de leur colère. Autrement dit, il y a toujours quelqu'un ou quelque chose qui les provoque. La colère est la seule réaction raisonnable. Ce n'est pas leur faute s'ils ont perdu leur calme. En jetant la pierre à quelqu'un d'autre, ils évitent d'assumer la responsabilité de leurs sentiments et de leurs réactions, ainsi que des dégâts qu'ils causent.

Henriette, âgée de 10 ans, avait conclu une entente avec sa mère : Elle éviterait de se disputer avec ses parents pendant une semaine entière. Le premier jour, Henriette est arrivée à la maison de mauvaise humeur, car ses camarades d'école l'avaient taquinée. Elle est entrée dans la maison, a claqué la porte et couru s'enfermer dans sa chambre. Sa mère lui a demandé posément : « N'aurais-tu pas pu garder ton calme au moins une journée ? »

« Je vous déteste tous ! a hurlé Henriette. Même si j'essaie de changer, je ne peux rien faire. Vous me rendez malade ! »

Les enfants comme Henriette ont l'impression d'être ballottés de part et d'autre, sans pouvoir prendre en main les rênes de leur vie. Ils souffrent et en veulent à ceux qui, selon eux, sont à l'origine de ce chagrin. Ils concluent qu'il n'y a rien à faire (sauf attaquer les autres) pour faire cesser toute cette avalanche de malheurs. Leur colère s'envenime. Non seulement ils en veulent aux autres, mais encore ils se sentent incapables de prévenir les problèmes.

Marie n'avait que peu d'amis à l'école. Aux rares occasions où elle parvenait à convaincre l'un de ses camarades de jouer avec elle, la séance se terminait par un drame. Désireuse d'aider sa fille à se faire des amis, la mère de Marie avait invité une nouvelle petite voisine à venir jouer à la poupée avec Marie, recommandant à sa fille d'être gentille à l'égard de sa visiteuse.

Tout s'est bien passé jusqu'à ce que les fillettes décident de faire jouer une saynète à leurs poupées. Marie voulait absolument que sa poupée soit la reine, et la poupée de l'autre, la servante.

– Ne peut-elle être au moins une princesse ? a demandé l'autre fillette.

– Non, a répondu Marie. Il n'y a pas de princesse.

Après que Marie eut rejeté plusieurs de ses suggestions, la petite voisine a perdu tout intérêt pour le jeu et demandé à rentrer chez elle, affirmant qu'elle ne s'amusait guère. Lorsque la mère de Marie s'est enquise de ce qui s'était passé, Marie s'est contentée de décrire le refus de l'autre, sans mentionner son propre rejet de tous les compromis, sans expliquer qu'elle avait insisté pour jouer seule la vedette. Elle avait beaucoup à apprendre : avouer sa responsabilité dans le départ de l'autre fillette et cultiver de meilleures manières en société.

Les enfants en colère s'attirent des ennuis. Ils répondent parfois insolemment aux parents et à leurs contemporains, suscitant des frictions et de la rancœur. Ils critiquent souvent les autres. Ils adoptent parfois une attitude provocatrice parce qu'ils ne savent pas comment reculer sans perdre la face. Ils harcèlent leurs parents jusqu'à ce que ces derniers explosent. Curieusement, ces enfants ne semblent pas comprendre à quel point leurs actes provoquent les autres et ils semblent sincèrement étonnés et chagrinés de constater que «tout le monde» s'en prend à eux.

Il peut arriver, cependant, que le sentiment d'être victime d'une injustice soit fondé. Dans les familles perturbées, les enfants se rendent compte parfois que ce sont les autres qui sont à blâmer. Par exemple, un enfant dont les parents sont alcooliques ou violents, pensera à juste titre qu'il ne peut rien faire pour modifier la situation. Le comportement violent ou cruel du parent rend la colère de l'enfant très compréhensible.

Toutefois, même lorsque les réactions de l'enfant s'expliquent, cela ne veut pas dire qu'il faut l'absoudre de toute responsabilité. Il y a une différence entre une explication et une excuse. Malheureusement, les enfants en colère ne la discernent pas. Thérèse, par exemple, avait été accueillie en foyer nourricier par une famille stable et chaleureuse, pendant les trois premières années de sa vie. Ensuite, cette famille l'avait adoptée. Lorsqu'elle eut 9 ans, Thérèse commença à montrer de la rancœur envers ses parents adoptifs. Ses crises de rage pouvaient durer des heures. Mais la psychothérapie permit de déterminer que sa colère visait en fait sa mère biologique et était provoquée par un sentiment de rejet et d'abandon. Thérèse a saisi cette explication comme excuse, affirmant à ses parents adoptifs qu'ils devaient accepter son irascibilité. «Ce n'est pas ma faute si j'ai été abandonnée par ma mère », s'exclama-t-elle après l'une de ses crises de colère. Naturellement, les parents se trouvaient prisonniers d'un douloureux dilemme. Ils s'efforçaient de l'inciter à se maîtriser tout en compatissant avec le chagrin qu'elle ressentait sincèrement.

La famille a vécu des moments de discorde, mais l'histoire s'est bien terminée. Comment ? Thérèse a fini par comprendre qu'il lui fallait résoudre les sentiments que suscitait en elle sa mère biologique, tandis que les parents adoptifs ont réussi à imposer des limites à son comportement. Des années plus tard, Thérèse m'a confié que lorsque ses parents appliquaient les règles de la maison, cela lui rappelait leur dévouement à son égard. « J'ai appris que quoi que je puisse faire, ils ne m'abandonneraient jamais… même après que j'eus fait mon possible pour les éloigner. »

Dans ces circonstances, l'enfant en colère risque d'être à l'origine d'une série de déboires. Si la colère continue de s'envenimer, longtemps après que la douleur a disparu, les problèmes se multiplient. Ces enfants brutalisent leurs condisciples et leurs enseignants, qui n'ont strictement rien à voir avec la situation familiale. Ils doivent absolument apprendre à dominer la tension dans laquelle ils vivent (autrement qu'en attaquant les autres) et comprendre qu'il est possible de faire confiance à certaines personnes, qu'il ne faut pas blâmer la terre entière pour leurs malheurs. Mais c'est très difficile.

Quoi qu'il en soit, l'enfant en colère trouvera en général le moyen de blâmer les autres des problèmes qu'il engendre. Il soupçonne tous les membres de son entourage de nourrir de noirs desseins contre lui. Il ne demandera de l'aide qu'aux personnes qui semblent être « dans son camp ». Ce sentiment d'isolement aggrave la colère, qui bouillonne juste sous la surface et qu'un rien suffit à faire émerger.

Lorsque j'observe les efforts que les enfants en colère accomplissent pour jeter la pierre aux autres et éviter d'assumer la responsabilité de leurs sentiments et de leurs actes, je suis frappé par leur refus d'assumer également la responsabilité de leurs pensées :

« Une partie de mon cerveau me dit de rester calme et l'autre me dit de me mettre en colère, m'a affirmé un gamin de 9 ans. Je n'y peux rien lorsque la partie en colère gagne. » Sa nécessité d'attribuer le blâme lui a permis d'échapper à la responsabilité de diriger ses pensées, exactement comme si elles étaient distinctes de lui. Naturellement, cela aggrave le stress et le sentiment d'impuissance de l'enfant. Beaucoup vous diront, après une crise de colère, qu'ils n'ont pas pu s'empêcher d'exploser. Ils se lavent les mains de la situation, tout en espérant qu'on les comprendra. Ils sont tout aussi incapables que nous, les spectateurs, de décoder leur colère. En dépit de leur tendance à blâmer les autres, les enfants souhaitent désespérément être maîtres de leurs sentiments. Ils ne veulent pas se sentir impuissants.

Même lorsque la situation ne comporte aucune notion de culpabilité, l'enfant en colère a besoin d'un bouc émissaire. Il refuse de comprendre que certains événements se produisent de manière accidentelle et tient pour acquis que les autres font tout pour le blesser, le décevoir ou le frustrer. Il y a toujours quelqu'un qui fait sciemment preuve de méchanceté à leur égard, pensent les enfants en colère. Dans le doute, ils interprètent la situation ainsi et, naturellement, ils explosent. Si quelqu'un entre en collision avec eux dans le vestibule de l'école, si la station de télévision a interrompu leur émission favorite pour diffuser un bulletin de nouvelles… « ils le font tous exprès ». Un jeune homme que j'ai connu s'en prenait à ses parents lorsque la ligne téléphonique qui le reliait à son fournisseur de service Internet était occupée.

Dans d'autres circonstances, même lorsque quelqu'un s'efforce d'être gentil avec lui, l'enfant en colère adoptera une attitude hostile. Par exemple, chaque fois que les parents de Charles lui demandaient comment s'était passée sa journée à l'école, il répondait vertement : « Arrêtez de vous mêler de mes affaires ! » Les parents ne comprenaient pas pourquoi une question aussi innocente pouvait déclencher le courroux de leur fils. En réalité, Charles était persuadé que ses parents l'accusaient de prendre de la drogue ou de boire. Même lorsque les parents lui assuraient que ce n'était pas le cas, il n'était pas convaincu.

« Mais enfin, pourquoi te mets-tu en colère lorsque nous te posons une simple question ? » demandaient les parents. Incapable de répondre à leur sollicitude, Charles rétorquait : « Si vous savez que ça va me mettre en colère, c'est uniquement pour ça que vous me posez la question ! » Ici aussi, nous constatons que Charles fait son possible pour blâmer les autres.

Dans la famille d'un enfant en colère, cette tendance à une interprétation erronée d'une situation parfois ambiguë finit par revêtir des proportions dramatiques. Une mère se souvient de s'être simplement assise à la table de la cuisine, avant de soupirer de lassitude. Sa fille, qui était en train de regarder la télévision dans une autre pièce, est arrivée en hurlant : « Si je te dégoûte tant que ça, pourquoi ne quittes-tu pas simplement la maison ? »

Le cheminement, en l'occurrence, est le suivant : « Si je t'attaque, si je t'éloigne, tu ne m'ennuieras plus. Et si je me sens mieux, c'est que tu devais être responsable de mon malheur. »

« Mais ce n'est pas pour ça que je soupire, a expliqué la mère. Je suis simplement fatiguée. Pourquoi te sens-tu toujours visée ? »

La fille pourrait répondre : « Si je ne suis pas visée, pourquoi donc cries-tu ? » Si la querelle se termine à ce stade, ni l'une ni l'autre ne pourra véritablement comprendre ce qui se passe. L'enfant estimera avoir raison de continuer à blâmer sa mère. Malheureusement, c'est en accusant les gens à tort que nous les éloignons, y compris ceux qui seraient les plus susceptibles de nous aider. Par conséquent, le secret consiste à renverser cette tendance à blâmer les autres.

Les enfants en colère doivent apprendre à faire la distinction entre une situation véritablement hostile et une situation entièrement innocente. La fillette, dans l'exemple ci-dessus, a peut-être l'habitude de se quereller avec sa mère. Ou peut-être pas. Qui sait ? Si elles parvenaient à discuter de la situation, peut-être finiraient-elles par entretenir de meilleures relations.

Comment aider l'enfant

Il faut que l'enfant apprenne à distinguer les causes de sa colère et trouve d'autres moyens de résoudre ses conflits qu'en lançant des accusations. En ce qui vous concerne, évitez de lui jeter la pierre, évitez les insultes et les gestes méprisants, qui sont destructeurs et ne feront qu'aggraver la situation.

«Rien n'est jamais de ta faute! a un jour hurlé un père à sa fille. C'est toujours celle des autres, jamais la tienne!»

Le père a peut-être raison, mais ce n'est probablement pas ce qu'il fallait dire pour apaiser la colère de l'enfant.

En rejetant le blâme de cette manière, on élargit le fossé entre les parents et l'enfant. Cette attitude intensifie le sentiment d'impuissance de l'enfant, tout en le dégageant commodément de toute responsabilité. Il est donc préférable de ne pas chercher un coupable, lorsque l'enfant se sert justement du blâme comme béquille. Naturellement, si les enfants assumaient la responsabilité de leurs actes, tout serait plus facile. Mais s'ils ont déjà pris l'habitude de blâmer les autres, vous devrez commencer par adopter une démarche différente. Peut-être serait-il plus efficace de dire: «Même si quelqu'un d'autre est à blâmer, réfléchissons à un moyen de résoudre le problème de manière à t'aider.»

Évitez également les discussions stériles qui visent à déterminer si oui ou non la personne que votre enfant a attaquée méritait ou non le traitement qu'il lui a fait subir. Si vous dites: «Je comprends pourquoi tu lui as volé ses devoirs, puisqu'il avait commencé par prendre les tiens», vous enseignez à votre enfant que la mesquinerie et le blâme sont des attitudes louables. S'il y a une autre solution, saisissez-vous-en. Si vous n'en trouvez pas, inventez-en une. Ne vous inquiétez pas s'il vous faut du temps. La patience fait partie de la leçon de résolution des problèmes.

Enfin, quelles que soient ses raisons, si votre enfant a fait quelque chose de mal, cela demeure quelque chose de mal. Il peut y avoir des exceptions à cette règle, certes, mais elles sont extrêmement rares. Par exemple, vous pouvez l'excuser d'avoir dépassé la limite de vitesse en conduisant un blessé à l'hôpital, mais c'est à peu près le seul cas de ce genre. Une règle, c'est une règle. Lorsque l'enfant souffre, nous pouvons essayer de tolérer sa colère, jusqu'à un certain point, mais s'il fait preuve de méchanceté pour manipuler et intimider les autres, il faut absolument appliquer la règle.

4. L'ENFANT EN COLÈRE TRANSFORME DE SIMPLES SENTIMENTS NÉGATIFS EN RAGE

Vous vous souviendrez que lorsque nous avons défini la colère, nous avons dit qu'elle était toujours associée à une autre émotion négative. Mais un enfant manque en général de sensibilité pour comprendre ces autres émotions. C'est pourquoi sa colère comporte cette quatrième caractéristique : il interprète mal ses sentiments négatifs.

Une fois qu'un sentiment est identifié à la colère, il est difficile aux enfants d'accepter l'idée que c'est un autre sentiment qui a déclenché cette colère. C'est pourquoi lorsque vous leur demandez ce que suscitent en eux différentes situations, ils vous répondront immanquablement : «J'enrage!»

Il est fréquent que l'enfant ne sache reconnaître qu'une seule émotion négative : la colère. La peur, la confusion, l'embarras sont des émotions transitoires, dont la destination finale est la colère, parfois assortie de l'attaque. Si l'enfant était capable de donner un nom au sentiment véritable qui déclenche ses actes, d'autres possibilités surgiraient. Un enfant exaspéré par un travail qui n'avance pas pourrait emprunter une démarche différente ou simplement faire une pause. Un enfant intimidé pourrait demander à son père comment réagir face à la brute de la classe. Mais lorsque l'enfant ne ressent que la colère, c'est elle qui le fait agir.

C'est une constatation que j'ai faite maintes fois dans mon travail, lorsque j'essaie d'aider un patient à qualifier autrement la longue liste des divers scénarios. Je me souviens d'avoir demandé à un garçonnet de 9 ans ce qu'il ressentirait si sa sœur lui faisait un cadeau. Il m'a répondu qu'il se mettrait probablement en colère.

- Mais voyons, ai-je réagi, je ne comprends pas. Elle te fait un cadeau et tu te mets en colère?
- Bien sûr, a-t-il répondu. Parce que ce n'est certainement pas elle qui l'a acheté. C'est Maman.

Même après que je lui eus suggéré plusieurs autres sentiments possibles, l'enfant est demeuré inébranlable. «Je serais quand même en colère. Parce qu'il suffit qu'elle soit dans le coin, elle me met en colère.» Il m'a ensuite décrit en détail cette situation, ce qui m'a permis de lui faire comprendre que la colère qu'il ressentait en présence de sa sœur n'était que l'aboutissement d'émotions telles que le sentiment de rejet, la jalousie et l'exaspération. Mais étant donné qu'il ne comprenait pas ce qui déclenchait sa colère, il lui était difficile d'aller au-delà. Si vous ajoutez à ce casse-tête le raisonnement émotionnel et le refus de discuter des problèmes, vous comprendrez pourquoi il est si difficile d'inciter un enfant en colère à changer de comportement, à réagir de manière moins agressive, moins violente, lorsqu'il doit faire face à des sentiments négatifs.

Comment aider l'enfant

Les parents peuvent éclaircir considérablement la situation en donnant un nom aux sentiments de l'enfant. J'admets que cela n'est pas facile lorsque nous nous trouvons aux prises avec un enfant déchaîné. Pourtant, c'est un moyen efficace de dissoudre la colère. Même si vous vous contentez de compatir – «Tout cela doit être terriblement décevant pour toi» –, vous attirez l'attention de l'enfant vers un sentiment qu'il peut maîtriser, contrairement à la colère, qui l'empêche de distinguer ce qui est à l'origine de la crise.

La clé du problème consiste évidemment à découvrir ce sentiment déclencheur.

Les psychologues avaient tendance à encourager les parents à englober les sentiments de l'enfant sous le terme générique de «colère» : «Tu dois être en colère», vous conseillait-on de dire calmement à l'enfant et d'en rester là. Cette réaction fait comprendre à l'enfant qu'il est aux prises avec une puissante émotion. Si elle lui permet de canaliser sa colère pour prendre des mesures positives, c'est très bien, mais si elle le laisse s'embourber dans sa colère, elle n'a pas grande utilité. En outre, l'enfant en colère sait déjà très bien qu'il est en colère. Ce dont il a besoin, c'est de découvrir le sentiment sous-jacent, qui a déclenché cette colère. En confirmant qu'il est en colère, vous plongez ce sentiment sous-jacent dans l'obscurité. Vous empêchez l'enfant de reconnaître les autres émotions. Sa compréhension de ses émotions demeure forcément partielle et limitée.

Souvenez-vous que la colère n'existe pas seule. Si votre enfant explose, c'est parce qu'il est en proie à une autre émotion. Ne vous souciez pas de la définir avec exactitude. Car même si vous tombez pile, il est probable que l'enfant refusera de l'admettre. Il protestera : «Je ne suis pas jaloux!» ou : «Je ne suis pas égoïste!». Essayez simplement de lui faire prendre conscience de la présence d'autres sentiments. Si vous vous trompez, reconnaissez votre erreur et soyez patient. Avec le temps, vous ferez tous les deux des progrès.

5. L'ENFANT EN COLÈRE SE MONTRE INCAPABLE DE COMPRENDRE LES AUTRES

Non seulement il a du mal à comprendre ses propres sentiments, mais il est encore incapable de comprendre ceux des autres. Les enfants en colère vivent dans la confusion émotionnelle.

Un jeune patient, Quentin, m'a raconté qu'un jour, il avait fait une remarque anodine à sa sœur. La fillette avait fondu en larmes et Quentin avait été réprimandé par leur mère. En toute sincérité, Quentin n'avait aucune idée de ce qui avait pu faire pleurer sa sœur, alors qu'en réalité, des années de taquineries mesquines avaient appris à la fillette à craindre les flèches empoisonnées de son frère. Lorsque leur mère lui a demandé pourquoi il continuait de s'en prendre à sa sœur, Quentin a répondu : « Elle pleure pour m'attirer des ennuis, c'est tout. Je ne lui ai rien fait. » Il refusait de comprendre qu'il torturait sa sœur par ses taquineries perpétuelles. Il était sincèrement convaincu qu'elle jouait la comédie. Mais s'il s'était préoccupé des sentiments de la fillette, il aurait au moins essayé de comprendre pourquoi elle pleurait. Il se serait senti coupable de la laisser vivre dans la terreur des méchancetés de son frère et aurait peut-être fait un effort pour cesser de la harceler. Mais s'il cessait, il perdrait non seulement tout le pouvoir qu'il exerçait sur elle, mais encore son souffre-douleur favori. Pour lui, tout cela était plus important que la condition émotionnelle de sa sœur.

Tout comme la colère aveugle l'enfant, elle peut aussi l'empêcher de distinguer les sentiments de quelqu'un d'autre. Leur jeune âge et leur manque de maturité rendent difficile toute analyse des émotions des autres. Les bambins n'ont qu'une idée très floue de ce que ressentent les autres ; lorsqu'ils commencent à aller à l'école, cette idée se précise un peu, mais dans un moment de rage, ils peuvent perdre toute sensibilité aux sentiments des autres. Il faut absolument leur faire comprendre que tous, nous éprouvons des sentiments et que tout comme nous réagissons à la manière dont les autres nous traitent, nous exerçons aussi une influence sur ce que les autres ressentent.

Les enfants dont l'existence est pénible se défendent en s'insensibilisant aux problèmes des autres. Ce manque de compréhension fait partie d'une carapace défensive dont les enfants se dotent pour se protéger. Autre élément de cette carapace, la colère, qui tient les autres à distance au moyen de l'intimidation et de la peur.

Antoine, âgé de 11 ans, était déjà emmuré dans sa carapace. Pendant des années, il avait été l'enjeu d'un bras de fer entre ses parents divorcés. Il s'était insensibilisé. « Pendant tout ce temps, ils se moquaient totalement de ce que je pouvais ressentir, m'a-il expliqué, et maintenant, c'est moi qui me moque de ce qu'ils ressentent. »

Lorsque les enfants paraissent insensibles aux émotions des autres, il faut commencer à s'inquiéter. En effet, poussée à l'extrême, cette absence de sensibilité signifie que les enfants n'auront aucun scrupule à torturer des animaux ou à blesser les autres. Heureusement, ces cas sont rares, mais si vous détectez le moindre symptôme chez votre enfant, il faut absolument en discuter avec son pédiatre ou un autre professionnel de la santé.

Comment aider l'enfant

Dans la plupart des cas, il est possible de résoudre le problème en aidant les enfants à mieux comprendre leurs sentiments et en s'assurant que les adultes auxquels ils peuvent faire confiance sont toujours à leur disposition.

Si votre enfant est très jeune, essayez de confectionner un « album de sentiments ». Par exemple, découpez dans les revues des visages aux expressions diverses et demandez à l'enfant de les trier par catégorie. Ensuite, demandez-lui de qualifier ces expressions. Consacrez une page à chaque type. Vous saurez ainsi à quel point l'enfant est en mesure de comprendre les émotions. Beaucoup d'enfants en colère ne sont capables de discerner, au début, que trois ou quatre émotions, mais en augmentant leur vocabulaire émotif, vous enrichirez leur sensibilité. Essayez de lui apprendre les mots suivants : étonné, solitaire, joyeux, exaspéré, déçu, amusé, perplexe, soucieux, effrayé. Évitez surtout le qualificatif « furieux ». Avec le temps, vous ajouterez d'autres termes. L'enfant finira par posséder un dictionnaire illustré des émotions. Le vocabulaire ainsi acquis lui permettra de nommer ses propres sentiments ainsi que ceux des autres.

Dans le cas d'enfants plus âgés, il serait judicieux de les encourager à inventer des histoires, dans leur journal intime. Lorsqu'un problème surgit, demandez-leur de raconter par écrit ce qui est arrivé du point de vue de l'autre personne. Enfin, en décrivant vos propres expériences, vous fournirez un puissant exemple. Les enfants, quel que soit leur âge, finiront par compatir en vous entendant parler de vos émotions dans des situations difficiles, passées et présentes.

6. L'ENFANT EN COLÈRE PRÉFÈRE ATTAQUER LES AUTRES PLUTÔT QU'ESSAYER DE RÉSOUDRE LES PROBLÈMES

Pour faire face aux situations délicates, l'enfant en colère ne possède qu'un répertoire limité. Sa première réaction – et sa seule arme - consiste à passer à l'attaque, soit sur-le-champ, soit à retardement. Il ne distingue, chez les autres, que la colère et est convaincu que la meilleure défense, c'est l'attaque. Souvenez-vous d'un vieux proverbe : « Lorsque notre seul outil est un marteau, tout ressemble à un clou. » Étant donné que son agressivité effraie les autres et, souvent, lui permet de parvenir à ses fins, il tient pour acquis que c'est sa colère qui lui a permis de résoudre le problème.

Chaque enfant fait face, tous les jours, à des situations susceptibles de déclencher sa colère. Peut-être ne trouve-t-il pas ses chaussettes. Peut-être l'un de ses condisciples lui a-t-il cherché noise. Peut-être a-t-il eu l'impression que le professeur le traitait de manière injuste. Certains enfants gardent leur calme, d'autres explosent. Nous avons vu plus haut que la colère se manifestait par une agression physique ou verbale d'une autre personne ou d'un objet ou se retournait contre l'enfant lui-même. Cette attaque peut revêtir la forme d'une insulte ou d'une déclaration provocante ou encore d'un simple refus silencieux d'accomplir une tâche. Les enfants en colère considèrent souvent l'agressivité et la violence sous un angle plus positif que les autres enfants. Ils déclenchent l'offensive, là où un enfant ordinaire ouvrirait le dialogue, réclamerait de l'aide ou, simplement, tournerait les talons. Pour un enfant en colère, ce genre de réaction est synonyme de faiblesse ou de passivité. Le pouvoir vient de l'attaque et, justement, c'est ce pouvoir que les enfants en colère désirent ardemment. Ils utilisent leur agressivité pour tenir quelqu'un à distance ou gagner une dispute. Querelles et menaces sont leurs instruments favoris. Il peut arriver également qu'un enfant en colère cherche à détruire pour détruire, même s'il sait parfaitement que son attitude est improductive. Un jour, dans ma salle d'attente, une mère a demandé à son fils de 14 ans de baisser le volume de son lecteur portatif de CD. L'adolescent a jeté violemment l'appareil à terre en hurlant : « Voilà ! Tu es contente, maintenant ? Tu m'as cassé ma radio ! » Souvenez-vous que les enfants en colère sont souvent incapables de raisonnement logique. Ils croient que parce qu'ils sont en colère, ils doivent avoir raison : « Je ne gagnerai peut-être pas, mais tu ne gagneras pas non plus ! »

Les enfants en colère attaquent aussi pour manipuler. Un enfant de 12 ans a raconté avoir enfermé à clé sa mère dans une chambre, parce qu'elle ne l'avait pas autorisé à regarder avec ses amis un film projeté très tard dans la soirée. Il voulait non seulement la punir – tout comme il se sentait lui-même puni –, mais encore l'obliger à changer d'avis.

Toutes les tentatives ne sont pas aussi directes. D'autres enfants préfèrent la méchanceté organisée. Ils répandent des mensonges sur leur famille, leurs amis ou leurs enseignants. Par exemple, les écoliers d'aujourd'hui sont suffisamment informés pour savoir que s'ils accusent un enseignant d'avoir émis un propos raciste ou de les avoir à peine effleurés, l'administration engagera immédiatement une procédure quelconque, même si ces allégations sont entièrement fausses. Répandre des rumeurs est parfois plus nocif qu'une attaque directe.

Les enfants en colère sont parfois portés à se faire du mal. Par exemple, vous les entendrez dire : «Je me déteste», ou : «Tout ce que je fais, c'est raté». L'agressivité peut revêtir des formes très subtiles. Prenons une adolescente qui, exprès, porte des vêtements sales et négligés, raisonnant ainsi : «Personne ne m'aime, de toute façon, je n'ai que ce que je mérite.» Un enfant qui refuse de faire ses devoirs ou qui décide de se retirer de l'équipe transmet des signaux de détresse que les parents ne devraient pas laisser passer. Ce sont de véritables drapeaux rouges. Il est possible qu'un souci majeur tarabuste l'enfant. Une action immédiate, peut-être une aide professionnelle, sera nécessaire pour discerner la raison de ce comportement.

Comment aider l'enfant

Leur répertoire étant très limité, il faut que les enfants apprennent de nouvelles techniques. Par exemple : une sortie personnelle, une séance de remue-méninges pour dresser une liste de réactions possibles, des jeux de rôles. Un père, las d'entendre ses enfants se bagarrer pour savoir qui regarderait quoi à la télévision, leur a demandé de dresser une liste de cinq idées pour résoudre le problème. Le téléviseur, affirma-t-il, resterait éteint tant qu'ils n'auraient pas trouvé des solutions viables. Les enfants se retirèrent dans une autre pièce. La première tentative se solda par des chamailleries. Le fils aîné refusa de recommencer le lendemain, simplement pour agacer encore plus ses frères et sœurs. Mais le troisième jour, leurs émissions favorites leur manquaient tellement qu'ils étaient prêts à tout pour régler la situation.

Lorsqu'on sait s'y prendre, il est possible d'inciter les enfants à découvrir de nouveaux moyens de résoudre des problèmes, car ils finissent par se sentir à la hauteur de la situation, détenteurs du pouvoir qu'ils cherchent tant à obtenir. Aucun enfant n'apprécie d'être submergé par la colère et la frustration. La résolution constructive des conflits lui offrira des récompenses claires, à long terme. Le sentiment d'efficacité fera disparaître, en un effet remarquable, le désir impulsif de passer à l'attaque. (Voir au chapitre 7 d'autres techniques de résolution des conflits.)

7. L'ENFANT EN COLÈRE UTILISE LA COLÈRE POUR ACCROÎTRE SON POUVOIR

Certains parents ont l'impression que l'enfant régit la maisonnée. En effet, ces enfants utilisent leur colère pour dominer leur petit monde et manipuler les autres.

Je me souviens de Dominique, âgé de 6 ans, qui vivait avec sa mère. Les parents traversaient un divorce aussi tumultueux que l'avait été leur mariage. Dominique avait vu son père boire et frapper sa mère, à plusieurs occasions. La colère bouillait en lui. Pour que sa mère fasse ses quatre volontés, il hurlait et vociférait. Il lui donnait des ordres et allait jusqu'à lui donner des coups de poing pendant ses crises de rage.

Dominique m'expliqua qu'il était en colère contre sa mère, car elle n'avait pas su se protéger contre son père. Elle reculait devant son mari et Dominique avait le sentiment qu'il devait prendre le dessus. Malheureusement, son père lui servait aussi de modèle. Un jour que son père venait chercher son courrier à la maison, une querelle éclata entre les parents. Après son départ, Dominique hurla : «Si tu ne l'obliges pas à s'arrêter, je te frapperai!»

Les enfants qui grandissent dans un monde où la colère est source de pouvoir et d'influence apprennent vite à l'utiliser contre la famille et les amis, afin de dominer une situation familiale anormale. En outre, c'est un défoulement pour les enfants qui se sentent impuissants lorsqu'ils résolvent les problèmes de la vie quotidienne en adoptant des solutions non violentes. Chaque enfant apprend que la colère lui permet de parvenir à ses fins : un jouet, une faveur, un relâchement des règles ou, simplement, tenir les autres à distance.

Les brutes naissent de ce désir de domination. Elles apprennent vite qu'en jouant aux durs, on obtient des résultats. Dans certains milieux, les brutes acquièrent un certain prestige, car les autres enfants leur obéissent aveuglément, mus par la peur. Lorsque la brute fait partie d'un groupe de petits durs, le sentiment de puissance est encore plus profond. La brute peut intimider les parents, les enseignants et les autres enfants. Un simple haussement de sourcils lui permet d'obtenir ce qu'elle désire. Je me souviens d'un adolescent de 16 ans, habituellement vêtu d'un long manteau de cuir et de lourdes bottes, qui qualifiait cet accoutrement de « costume de chef ». « Même les étrangers reculent lorsqu'ils me voient arriver, se vantait-il. Je n'ai pas besoin de dire un mot, j'obtiens tout ce que je veux. »

Il n'y a pas que le voyou des rues ou le membre d'un gang armé qui utilise la colère pour intimider. Une façade innocente peut dissimuler un enfant en colère passé maître en l'art de la manipulation. Parfois, c'est le solitaire tranquille qui intimide les autres en jouant aux excentriques. Le maniaque de l'ordinateur envoie un virus qui paralyse tout le réseau informatique de l'école. La brute peut être une fillette, qui se sert des commérages pour blesser certains de ses condisciples. Ou c'est parfois l'enfant apparemment bien dans sa peau qui, en secret, vandalise le mobilier de l'école en y peignant des graffitis.

Le côté manipulateur apparaît chaque fois que l'enfant en ressent le besoin. Beaucoup de brutes se contentent de laisser percer leur personnalité à la maison. Une petite fille dont les parents subissent constamment les caprices bruyants se comportera en enfant modèle chez Grand-Maman. Un autre aura l'idée de cacher les livres et les cahiers de sa sœur la veille d'un examen, sans rien perdre de son apparence studieuse et respectueuse à l'école.

Les mots (ou le refus de les utiliser) sont souvent des instruments de pouvoir chez les enfants en colère. Ils les utilisent pour créer des ennuis aux autres. Lorsque vous leur posez une question, peut-être connaissent-ils la réponse. Mais ils préfèrent répondre d'un haussement d'épaule, un «je n'en sais rien» afin de tenir bien en main les informations négatives.

La critique, le mépris, le commérage et le sarcasme sont d'autres instruments verbaux de domination. La critique consiste à trouver à redire dans les succès des autres, de manière à leur retirer tout le respect auxquels ils pourraient aspirer. Les enfants en colère apprennent à manipuler les disputes en tendant des pièges pour accroître le courroux des parents, changer de sujet ou rendre la situation encore plus confuse. Les diverses techniques verbales qu'ils utilisent représentent des instruments de domination si puissants que j'ai décidé d'y consacrer une partie du chapitre 7.

Les menaces et la violence physique servent également à dominer. Lorsqu'ils parviennent à déclencher une bagarre, bambins, enfants et adolescents ressentent la satisfaction du pouvoir. Les enfants en colère sont particulièrement conscients de cela. Grâce aux batailles et aux menaces, ils testent leur pouvoir.

Les enfants qui se rebellent contre les règles de la maison s'efforcent de dominer la discipline parentale en la minant. J'ai entendu les parents d'un gamin de 5 ans se lamenter : «Nous lui donnons une fessée et il nous nargue! Il prétend que ça ne lui fait pas mal. Nous l'enfermons dans sa chambre et il arrache les draps du lit, il lance ses vêtements à travers la pièce. Nous le mettons au piquet et il trépigne sur la chaise.» Ce garçonnet sent qu'il a l'avantage dans ce conflit, même si en réalité, il n'y a pas de gagnant.

Comment aider l'enfant

Ces enfants manipulateurs essaient de miner l'autorité des adultes afin d'éviter toute discipline. Pourtant, je n'ai jamais rencontré d'enfant en colère qui était véritablement désireux de vivre dans toute cette hargne. En général, ces enfants veulent la paix. Ils veulent que les parents leur garantissent une vie familiale sûre et chaleureuse. Mais ils vivent dans un monde de douleur et de stress, dans lequel ils ne font pas confiance aux adultes. C'est pourquoi ils n'abdiquent pas sans se battre. Lorsqu'un parent fixe une règle, l'enfant en colère ira jusqu'au bout pour savoir qui domine réellement la situation.

Même si vous réussissez le test à une ou deux reprises, cela ne signifie pas que vous êtes tiré d'affaire. Les enfants en colère continueront de tendre des pièges pour voir si vous êtes suffisamment habile pour garder la situation en main.

C'est comme si l'enfant vous disait : «À moins que tu puisses prouver que tu es plus puissant, c'est moi qui domine. Si tu essaies de me commander, je mettrai ta force à l'épreuve. Si je gagne, c'est que tu n'es pas assez fort et ne mérites pas de dominer.» Des déclarations du genre : «Tu ne peux pas m'obliger à faire ceci ou cela» ou : «Rien ne m'oblige à t'écouter» sont des défis. Mais si vous gagnez, vous constaterez peut-être que la résistance s'est transformée en respect.

L'aide professionnelle

Les enfants en colère s'accrochent aussi à leurs outils de domination lorsque les parents sollicitent une aide professionnelle. À de nombreuses reprises, des parents à bout de ressources m'ont appelé pour prendre rendez-vous… et quelques jours plus tard, se sont décommandés parce que l'enfant refusait de venir. D'autres enfants acceptent de venir, mais refusent de coopérer. «J'ai dit que je viendrais», m'a expliqué une adolescente de 17 ans, «mais je n'ai jamais dit que je parlerais.» Elle est restée en silence dans la salle d'attente, pendant que je discutais avec sa mère. Ces enfants prennent leur famille en otage et affirment qu'ils n'ont pas besoin d'aide. Si le parent abdique une fois de plus, c'est de nouveau l'enfant qui domine. Tant que ce dernier sentira qu'il détient le pouvoir, il refusera de changer. C'est uniquement lorsqu'ils feront confiance à leur capacité de résoudre les problèmes par d'autres moyens que les enfants en colère accepteront de modifier leur comportement.

La psychothérapie n'est pas destinée à «remettre les pendules à l'heure». Le but consiste plutôt à restaurer l'équilibre au sein de la famille. Il est possible que l'enfant ait pris le fouet parce que ses parents avaient abdiqué leur autorité. Dans le vide ainsi créé, l'enfant en colère ne tarde pas à s'installer. La thérapie s'efforce d'aider les parents à jouer leur rôle de parents et les enfants à être des enfants. Elle construit un respect mutuel en remplaçant la peur et l'intimidation par une relation parents-enfant et une communication normales.

Les parents, en sus de la psychothérapie, peuvent aider l'enfant en se servant de la discipline, avec efficacité et conséquence. Ils peuvent aussi écouter les préoccupations de l'enfant afin de lui apprendre la valeur de la communication pour résoudre les problèmes.

8. L'ENFANT EN COLÈRE SE LIVRE À UN DIALOGUE INTÉRIEUR DESTRUCTEUR

En effet, l'enfant bâtit et entretient sa colère en se livrant à des dialogues acrimonieux longtemps avant que la conversation réelle ne commence et longtemps après qu'elle soit terminée. La querelle, en fait, s'ouvre dans son esprit. Il la ressasse mentalement et répète tous les arguments agressifs qu'il prévoit utiliser. Il se monte des scénarios à partir de la conclusion la plus défavorable, imaginant des situations catastrophiques et des représailles par anticipation. Naturellement, sa réaction en devient encore plus intense. Imaginez-vous préoccupé par un problème au travail ; ensuite vous rentrez à la maison et envoyez promener la première personne que vous rencontrez. Ce dialogue intérieur entretient la colère et lui permet de franchir les limites du raisonnable.

Il n'y a rien à dire ni à faire. L'enfant entretient un dialogue intérieur tellement agressif que la première personne qui se trouvera sur son chemin – à plus forte raison celle qui lui adressera la parole – subira ses foudres.

Nicolas était persuadé d'être victime de l'injustice de son professeur. Il a déclaré à sa mère qu'il avait eu une journée désagréable à l'école. «C'est toujours à moi qu'elle s'en prend, jamais aux autres», a-t-il affirmé.

Sa mère a suggéré qu'il avait peut-être cherché les ennuis, en parlant pendant la classe. Nicolas est parti dans sa chambre puis, quelques minutes plus tard, en est revenu, encore plus en colère.

«J'ai réfléchi à ce que tu m'as dit. Mais tu as tort. Ma prof m'a vraiment pris en grippe. Même si je me taisais, elle trouverait le moyen de me critiquer. C'est une sorcière.» Abasourdie par la violence de sa réaction, sa mère l'a renvoyé dans sa chambre, espérant qu'il se calmerait. Mais c'est tout le contraire qui s'est passé. Lorsqu'il a émergé une demi-heure plus tard, il avait le visage écarlate comme s'il s'était réellement querellé avec son enseignante absente.

«Je la déteste, a-t-il rugi. Je me moque de ce que tu peux dire. Je la déteste! Et demain, je me vengerai!»

Comment aider l'enfant

Les parents peuvent démontrer à l'enfant qu'en répétant dans sa tête ses pensées négatives, il est incapable d'abandonner sa colère. Au lieu de l'envoyer dans sa chambre, la mère de Nicolas aurait mieux fait de discuter avec lui et d'essayer de lui faire comprendre le problème. En répétant des pensées positives, il se serait calmé, tout au moins suffisamment pour essayer de trouver des solutions.

Souvenez-vous que nous nous livrons tous à des dialogues intérieurs, exactement comme si un animateur d'émissions sportives n'arrêtait pas de commenter un match dans notre tête. Ce dialogue peut soit nous calmer, soit nous inquiéter. S'il est courroucé, il fait une montagne d'une bagatelle et transforme les petits problèmes en crises de rage. La prochaine fois que votre enfant réagira par une colère excessive à l'une de vos paroles, dites-vous qu'il a ouvert la bagarre il y a déjà plusieurs heures, bien avant que vous n'entriez dans la pièce.

Pour aider l'enfant, vous devrez remplacer ce dialogue destructeur par un autre, plus productif. Les psychologues parlent de l'arrêt sur la pensée. Lorsque votre enfant commence à ruminer une injustice ou à se préparer à un affrontement, apprenez-lui à répéter une fin heureuse plutôt que dramatique. Apprenez à l'enfant à distinguer le dialogue destructeur et à s'entraîner à tuer ses pensées dans l'œuf, puis à formuler des plans pour résoudre le problème.

9. L'ENFANT EN COLÈRE CONFOND COLÈRE ET AMOUR-PROPRE

Un amour-propre en lambeaux suffit à attiser la colère. Bien que ces enfants aient tendance à confondre tous les sentiments négatifs avec la colère, le manque d'amour-propre est particulièrement insidieux, car il peut gâcher beaucoup d'aspects de leur vie. Par exemple, si l'enfant se sent mal-aimé de ses contemporains, son sentiment de profonde solitude l'incitera à réagir par la colère. Cependant, le manque d'amour-propre n'est pas toujours apparent chez l'enfant. Certains se comportent avec une arrogance qu'il est facile de prendre pour une assurance extrême.

Comment un enfant sociable peut-il se retrouver sans amis ? Comment un enfant doué peut-il manquer de confiance en lui ? Comment un enfant qui reçoit tant de louanges n'a-t-il qu'une piètre opinion de lui-même ? Pourquoi un enfant s'obstine-t-il à chercher querelle à tous ceux qui l'entourent alors qu'il se rend parfaitement compte que son attitude ne lui apporte que du malheur ? C'est là qu'intervient la complexité de l'amour-propre, lorsque le degré de confiance de l'enfant n'est pas en rapport avec ses expériences de la vie.

On penserait qu'un enfant dont l'amour-propre est faible sauterait sur toutes les occasions pour gagner l'affection d'autrui. Au contraire, ces enfants se replient sur eux-mêmes ou aggravent, par leur attitude, les situations déjà délicates. Par exemple, un parent essaiera de remédier aux problèmes d'amour-propre de son enfant en le complimentant. Mais l'enfant rétorquera : « Je me moque pas mal de ce que tu peux penser. »

L'amour-propre est un élément essentiel de tout développement psychologique sain. Sans lui, un enfant doué risque de rater sa vie. Grâce à lui, un enfant de capacité moyenne pourra connaître le succès. Pour comprendre l'enfant en colère, nous devons commencer par connaître les éléments qui composent l'amour-propre et comprendre les dommages subis.

Certains psychologues définissent l'amour-propre comme le simple fait de se sentir bien dans sa peau. Toutefois, si nous adoptons cette définition, nous risquons de tomber dans un piège, en incitant nos enfants à ne s'intéresser qu'à la gratification immédiate tout en évitant la voie plus ardue des objectifs de longue haleine. Un amour-propre sain provient de notre capacité de résoudre les difficultés de la vie tout en respectant autrui. Par conséquent, c'est dans le contexte de la famille et de la société qu'il est judicieux de le définir, pas uniquement comme la capacité de satisfaction des désirs personnels.

Les parents, conscients de l'importance de l'amour-propre, s'efforcent d'encourager leur enfant, mais la tâche est délicate. Comment savoir si trop de compliments ne sont pas nocifs ? Devrions-nous louer l'enfant ou son comportement ? Avons-nous tort de complimenter un enfant qui n'a accompli qu'un tiède effort ? Et si nous ne parvenons pas à doser tout cela correctement, l'enfant est-il condamné à rater sa vie ?

Parents, rassurez-vous. L'amour-propre ne se bâtit ni ne s'érode aussi facilement. Il faut plus que des louanges pour développer la confiance en soi et plus qu'une erreur des parents pour qu'elle s'effondre. L'amour-propre est le fruit de nombreuses expériences et les erreurs doivent être une source d'apprentissage, non de honte.

L'amour-propre comporte quatre éléments : la valeur, l'endurance, l'importance du but et l'intégrité. C'est la présence, à des degrés divers, de ces quatre éléments chez l'enfant qui déterminera la qualité de son amour-propre.

Valeur : Il s'agit de l'évaluation que l'on fait de soi-même et de ses talents. Un enfant évalue sa capacité de dessiner, de courir, de chanter ou de faire ses devoirs par rapport à celle des autres ainsi qu'à ses propres objectifs. À partir de là, il se donne une valeur.

Mais il arrive que l'enfant juge positivement ou négativement la personne qu'il est, pas seulement ce qu'il est capable de faire. Des jugements globaux tels que : « Je suis quelqu'un de bien » ou : « Mon travail est important », contribuent davantage à accroître l'amour-propre que l'évaluation de compétences concrètes telles que la vitesse à la course ou la bosse des mathématiques. Inversement, l'enfant peut porter des jugements négatifs tels que : « Je ne vaux rien comme ami » ou : « Je suis incapable de faire quoi que ce soit de bien ».

Le désir d'une valeur personnelle est puissant et instinctif. Nous voulons tous nous sentir importants, c'est pourquoi nous choisissons des activités, des amis et des expériences qui nous mettent en valeur. Lorsqu'un enfant n'aime pas ce qu'il est, il évitera les gens et les expériences qui lui rappelleront des échecs. Qui a envie de fréquenter des enfants qui nous rappellent constamment qu'ils sont capables de tout faire mieux que nous ? Par conséquent, beaucoup d'enfants en colère évitent les expériences qui présentent le plus petit risque d'échec. Ils raisonnent ainsi : « Si je n'essaie pas, je n'aurai pas le sentiment d'être un raté lorsque je m'apercevrai que je ne suis pas capable de faire ceci ou cela correctement. »

L'enfant qui ressent de la honte, soit la forme la plus catastrophique de cet élément négatif, est convaincu que ses actes le rabaissent plus bas que terre. Prenez le cas d'un enfant élevé dans un milieu familial violent, où il aura été constamment rabaissé, où on lui aura fréquemment répété qu'il ne vaut rien. J'ai soigné des enfants maltraités qui évitaient de faire quoi que ce fût de bien de peur d'éveiller la colère d'un parent jaloux. Ils s'efforçaient de devenir invisibles et ressentaient un tel sentiment de honte à leur propre égard qu'ils grandissaient en dissimulant une rage terrible à l'encontre de ceux qui les tourmentaient.

L'enfant qui, dans l'ensemble, ne s'estime guère, est extrêmement sensible aux commentaires des autres. Le sarcasme et la critique, même mineurs, suffisent à déclencher l'explosion. C'est le sentiment de sa propre valeur qui permettra à l'enfant de traverser des moments difficiles. Mais les sentiments négatifs l'empêchent de supporter correctement les pressions de la vie. Rien d'étonnant que beaucoup de parents voient leur enfant en colère exploser pour les raisons les plus futiles. Ce sentiment négatif contribue à la colère, à l'exaspération et à la rage. Parfois il incite l'enfant à intensifier ses efforts.

L'endurance : Dans une situation difficile, l'enfant fait appel aux talents qui lui donnent le plus de force possible. S'il considère la communication et la négociation comme des stratégies efficaces, ce sont elles qu'il utilisera. Mais si elles lui semblent insuffisantes pour lui permettre de résoudre les conflits, il mobilisera toutes ses facultés de manipulation et d'intimidation. Un enfant confiant s'élèvera à la hauteur du problème, aura recours à ses ressources intérieures. C'est ce que j'appelle l'endurance. Mais l'enfant faible abandonne au premier obstacle. Il manque de la confiance nécessaire pour faire face au problème et s'en tient à ce qui lui paraît être le plus efficace : la colère.

L'endurance entre aussi en jeu lorsqu'il est nécessaire d'affronter certaines pressions sociales, par exemple, la taquinerie. Un enfant que l'on taquine et qui se considère comme faible aura recours à des menaces et à des agressions, car il ne se croit pas capable de tourner le dos et d'ignorer les moqueries.

Les parents qui se précipitent pour aider l'enfant à accomplir des tâches que celui-ci est parfaitement capable d'accomplir tout seul ne l'aident pas à acquérir de l'endurance. Au contraire, ils transmettent le message que l'enfant est incapable de se débrouiller seul. En revanche, s'ils lui donnent la chance d'essayer, même si les résultats ne sont occasionnellement rien moins que parfaits, ils lui font savoir implicitement que le travail et l'entraînement finissent un jour par porter fruit.

L'importance du but : Le troisième élément de l'amour-propre se rapporte aux buts de l'enfant. Des buts sains, auxquels la famille et la société attachent une grande valeur, conduisent au succès et à l'acceptation. Par buts sains, j'entends le travail à l'école, le soin des autres, l'honnêteté. Mais si ces buts sains ne le conduisent pas au succès, l'enfant risque de dévier vers des buts beaucoup moins souhaitables.

Au fur et à mesure que l'enfant atteint ses buts, son amour-propre augmente. Lorsqu'il échoue, l'amour-propre retombe. Un enfant endurant recommencera dans un autre domaine. Par exemple, il essaiera diverses activités – sports, instruments de musique, etc. - jusqu'à en trouver une dans laquelle il se débrouillera bien et qui lui apportera de la satisfaction. Mais l'enfant dépourvu de buts aura tendance à abdiquer.

Les conflits risquent de surgir lorsque les buts de l'enfant diffèrent de ceux que les parents avaient imaginés pour lui. À ce moment-là, si le but, aussi sain soit-il, n'est pas adapté aux capacités de l'enfant, ce dernier pourrait réagir par la colère. Un enfant trop petit pour entrer dans l'équipe de football du collège décevra son père qui avait toujours rêvé de voir un de ses fils jouer dans une bonne équipe. Lorsque les attentes familiales dépassent les capacités de l'enfant, la colère sert de moyen de défense. Dans le même ordre d'idées, un enfant qui se fixe des objectifs inaccessibles risque d'assombrir son avenir. Lorsque les buts de l'enfant sont en harmonie avec les valeurs de la famille et de la société, l'amour-propre est entretenu au sein de la famille et de la culture. Mais si les buts sont mal choisis, des conflits suivront. Ces enfants préféreront se lier avec des voyous, des cancres, voire des drogués. Aimée, âgée de 15 ans, m'a expliqué qu'elle préférait fréquenter des élèves médiocres, «parce qu'ils ne se moquent pas de moi lorsque j'ai des mauvaises notes». Lorsque les enfants acquièrent un sentiment positif de confiance en eux parce qu'ils ont atteint des objectifs malsains, ils risquent de croire que leur amour-propre est en bonne santé. Pourtant, ils se retrouvent constamment en train de lutter contre une société qui les rejette, parfois même contre les forces de l'ordre.

L'intégrité : Le quatrième élément de l'amour-propre, c'est la capacité d'entretenir des relations franches tant avec soi-même qu'avec les autres. L'enfant intègre a l'avantage de l'objectivité. Il est capable de prendre du recul pour tout évaluer sans préjugés. Cet enfant est capable de reconnaître ses défauts et d'en tirer une expérience. Il saura également accepter les conseils et les critiques constructives.

L'enfant malhonnête se ment à lui-même. Il demeure, à ses propres yeux, la malheureuse victime des actions d'autrui, même lorsqu'il est clairement responsable. Il affirmera avec conviction que sa mère ne lui a jamais demandé de ranger sa chambre avant de partir à la fête.

Les enfants qui manquent d'intégrité mentent aussi aux autres pour les impressionner. Jérémie a raconté à ses condisciples qu'il avait remporté un concours et gagné pour lui et ses amis des billets dans les meilleurs gradins pour un match de hockey. Le prix incluait le dîner avec un joueur vedette et une promenade en limousine. Ses camarades, pendant les trois semaines qui ont suivi, se sont mis en quatre pour lui faire plaisir. Lorsqu'ils ont appris que le concours n'avait jamais existé, ils lui ont rendu la vie dure. Il leur a reproché d'avoir été assez stupides pour le croire. Son amour-propre, très fragile, ne lui avait pas donné la confiance nécessaire pour faire preuve d'honnêteté envers ses camarades. Par conséquent, il s'était entouré d'une auréole de succès que les autres enfants admiraient. Il s'est menti et a menti aux autres.

Le mensonge nous permet aussi d'éviter le sentiment de culpabilité. Un enfant dont l'amour-propre est fort est capable de reconnaître ses échecs et ses méfaits, en dépit de la douleur. L'enfant en colère évite cette douleur en réécrivant l'histoire à sa façon, en s'arrogeant le rôle du héros ou de la victime, mais jamais du «méchant».

Comment aider l'enfant

Plusieurs possibilités s'offrent à vous. Tout d'abord, complimentez l'enfant sincèrement, sans exagération, sans flagornerie. L'amour-propre des enfants se développe lorsqu'on leur confie des tâches légèrement supérieures à leurs capacités. En vous montrant trop protecteur et en éloignant les obstacles vous produirez l'effet inverse, de même qu'en lui fixant des objectifs inaccessibles. Exposez l'enfant à une large gamme d'activités diverses. Plus il vivra d'expériences différentes, plus il saura où l'entraînent ses talents et ses intérêts. Laissez-lui une certaine liberté dans le choix, sans pour autant lui abandonner toutes les décisions. Avec les années, vous finirez par deviner ce qu'il peut ou ne peut pas faire. Assurez-vous de son assiduité. Mais comprenez aussi que les goûts changent. Suzanne pourrait très bien suivre des leçons de piano pendant trois ans, mais au bout d'un certain temps, avoir envie de faire autre chose.

N'acceptez jamais les buts malsains, par exemple laisser l'enfant en colère posséder une arme à feu ou boire de l'alcool à la maison parce qu'étant mineur, il ne peut en boire ailleurs ; offrir à une petite brute des cours de boxe ; acheter des vêtements menaçants, des jeux vidéo ou des CD violents.

Participez aux activités de votre enfant. Entraînez-vous au ballon, assistez aux représentations, intéressez-vous à ses passions. Souvenez-vous que pour l'aider à acquérir de la confiance en lui, vous devrez parfois lâcher du lest. S'il se sent prêt, montrez-lui comment faire, offrez-lui votre aide, mais laissez-le se débrouiller seul lorsqu'il en est capable.

10. L'ENFANT EN COLÈRE PEUT SE MONTRER CHARMANT QUAND IL VEUT

Il est fréquent qu'un enfant en colère choisisse une ou plusieurs personnes pour cibles. Par exemple, il sera un élève exemplaire à l'école et un monstre à la maison. Certains enfants sont plus ouvertement irritables avec un parent indulgent, car ils savent qu'ils peuvent s'en tirer sans perdre à tout jamais l'affection de ce parent.

Même un enfant en colère est capable de montrer une affection sincère. Il est possible que sa gentillesse ne vise que certains groupes, par exemple ses condisciples, au détriment de ses parents. Ce n'est pas uniquement parce qu'il veut manipuler ces groupes, mais parce qu'il éprouve réellement de l'affection pour ces personnes.

Par exemple, un enfant qui n'arrête pas de pleurnicher ou de brutaliser ses frères et sœurs se métamorphosera instantanément en angelot si sa mère attrape la grippe. Il tapotera les oreillers, s'installera à son chevet pour bavarder, ira jusqu'à offrir de lui confectionner un bouillon de poulet. Mais dès que Maman posera un pied par terre, le monstre reparaîtra. Pourquoi ? Peut-être parce que la maladie de sa mère l'a inquiété, lui a fait sentir à quel point il était vulnérable. Peut-être l'aime-t-il vraiment. Peut-être les soins aux malades font-ils partie de l'attirail positif que sa famille lui a légué ? Ou peut-être sait-il que lorsque Maman est malade, il n'est pas nécessaire de recourir aux menaces, car elle est incapable d'exercer sur lui la moindre domination.

Les parents d'enfants en colère décrivent souvent leur progéniture comme un mélange d'ange et de démon. Ils peuvent se montrer réellement chaleureux et affectueux. Les parents se rendent alors compte que leurs enfants ne sont pas foncièrement mauvais. Mais le doux bambin dont ils subodorent l'existence joue littéralement à cache-cache avec eux, en fonction de ses besoins immédiats.

Il faut absolument que les parents apprennent à distinguer si le comportement agréable de l'enfant est sincère ou s'il ne s'agit que d'un autre outil de manipulation. Imaginons un enfant qui refuse de ranger sa chambre, et qui s'exécute dans les cris, les pleurs et les grincements de dents. Résultat : interdiction de sortir pendant une semaine, ce qui signifie qu'il manquera le match dans lequel il doit jouer et qu'il a perdu la bataille.

Mais que se passera-t-il si l'enfant puni le lundi range sa chambre le mercredi, joue aux petits anges le jeudi et, le vendredi, est récompensé de sa bonne conduite par l'autorisation d'aller jouer au football ? Ce qui se passe, c'est très simple : l'enfant a retrouvé sa position dominante dans la famille.

Lorsque la gentillesse d'un enfant n'est qu'une tentative d'obtenir des faveurs ou d'éviter une punition, les parents devraient tenir bon. Dans la mesure où la punition est juste, il n'y a aucune raison de revenir là-dessus. Lorsque les enfants en colère constatent que leurs tentatives de manipulation réussissent, ils n'en sont que plus irrités d'avoir été punis. Évitez la tentation de récompenser la manipulation. Peut-être l'enfant protestera-t-il : « Tu devrais me laisser sortir parce que je me suis bien comporté aujourd'hui. » Rappelez-lui que ce n'est pas seulement aujourd'hui qu'il devrait bien se comporter, et pas uniquement lorsqu'il a une idée derrière la tête.

Dans le même ordre d'idées, il faut accepter comme telle toute expression spontanée d'amour et de considération.

Votre stratégie se divise en trois phases : Pour commencer, connaissez les règles et suivez-les. Ensuite, si les relations de l'enfant avec une personne en particulier sont problématiques, étudiez la question et trouvez une solution. Enfin, considérez les démonstrations sincères d'affection comme un point fort que l'enfant pourra manifester dans ses autres relations et encouragez-les.

Veuillez noter que si, après avoir lu ce chapitre, vous avez découvert certaines de ces caractéristiques chez votre enfant, il est effectivement possible que la mise en œuvre quotidienne des stratégies contenues ici apaise l'enfant et la maisonnée. Mais si, en revanche, votre enfant présente presque toutes les caractéristiques décrites ici, il serait plus avisé de le faire traiter par psychothérapie. Dans le doute, n'hésitez pas à faire évaluer votre enfant par un professionnel.

CHAPITRE QUATRE

LA COLÈRE MAISON

C'est la famille qui exerce la principale influence sur le développement psychologique de l'enfant. Pour le meilleur et pour le pire, notre famille nous imprègne d'attitudes et de valeurs que nous conservons toute notre vie. Soyons francs, il n'existe pas de famille parfaite. Chacune vit sa part de moments pénibles et c'est justement la capacité de surmonter ces épreuves qui représente l'une des grandes forces d'une famille équilibrée. Il ne faudrait surtout pas s'imaginer qu'une famille normale, c'est une famille dans laquelle on ne se querelle jamais, qui n'a jamais d'ennuis d'argent, dans laquelle personne ne tombe jamais malade. Une famille équilibrée, c'est simplement une famille dans laquelle chacun est prêt à apporter son soutien moral aux autres lorsque des difficultés se présentent.

Les membres des familles solides s'entraident tout au long des changements qui accompagnent la croissance et le développement, ainsi que dans les moments difficiles. Ils acceptent les différences de personnalité tout en appréciant la force de la cellule familiale. Ils collaborent lorsque les problèmes surgissent, ils entretiennent généralement d'agréables relations avec la famille éloignée et œuvrent au sein de leur collectivité. Les familles saines ont un solide sens de l'humour. Lorsqu'un problème menace, c'est à lui que les membres de la famille s'attaquent au lieu de s'entre-déchirer. Leur plus grande force, c'est leur désir de collaborer pour trouver une solution.

Dans certaines familles, c'est la douleur, le stress, les jeux de brutes ou l'égoïsme qui règnent en maîtres et sabotent tous les efforts. Cela se produit même dans les familles qui, aux yeux de l'observateur désintéressé, paraissent idéales. Dans ce chapitre, nous étudierons les quatre types de familles qui produisent généralement les enfants en colère, ainsi que les milieux indifférents, au sein desquels les enfants peuvent être malheureux sans que personne ne s'en aperçoive.

Je comprends qu'il soit désagréable de lire, à plus forte raison d'admettre que c'est votre famille qui aggrave, voire qui provoque la colère de votre enfant. Mais en découvrant les racines du problème, vous acquerrez les moyens de le résoudre. Dans plusieurs familles que j'ai eu l'occasion de traiter, on aurait préféré apprendre que les maux de la société ou un produit chimique quelconque étaient responsables de la colère de l'enfant. Mais si tel était le cas, les parents seraient incapables de l'aider. C'est pourquoi, bien qu'il soit difficile d'admettre que votre mode de vie, vos habitudes ou vos interactions familiales ont contribué à la colère de votre enfant, ne vous découragez pas, car si vous êtes un élément du problème, vous pouvez justement être un élément de la solution.

Si la colère de votre enfant est le produit d'un trouble médical, vous ne pourrez probablement soulager que les symptômes. Mais lorsqu'elle a ses racines au sein de la famille, non seulement vous pourrez aider l'enfant, mais en plus vous empêcherez ses frères et sœurs de le suivre sur la même voie et vous parviendrez à rendre le calme et l'espoir à votre maisonnée.

Sachez, en lisant ce chapitre, que deux ou plusieurs de ces modèles se retrouvent au sein de maintes familles. Plutôt que d'étiqueter la vôtre, cherchez des symptômes qui décrivent votre vie familiale et, ensuite, essayez de dégager les moyens de vous en débarrasser. Ne perdez pas votre temps en déni ou en sentiment de culpabilité. La question n'est pas là. Il est vraiment possible de modifier les influences familiales et le résultat – un enfant heureux, agréable, bien dans sa peau et apprécié d'autrui – vaut véritablement la peine que vous y consacriez quelques efforts et un peu d'introspection.

Quel rôle jouent vos méthodes d'éducation?

Tout comme l'éducation d'un enfant peut éveiller le meilleur en lui, elle peut aussi faire surgir le pire. Je sais, c'est pénible à lire. Les parents sont souvent remplis de crainte et d'anxiété, se sentent coupables lorsqu'ils comprennent qu'ils détiennent une part plus ou moins importante de responsabilité dans la colère de leur enfant. Notre comportement de parents – la manière dont nous aimons, récompensons et disciplinons nos enfants, ainsi que notre disponibilité – exerce forcément une influence sur la personnalité de l'enfant.

Lorsque le tempérament de l'enfant s'harmonise avec notre méthode d'éducation, tout va pour le mieux dans le meilleur des mondes. Mais lorsque la communication est faible et que les sensibilités divergent, les parents ne savent pas instinctivement comment se comporter à l'égard de l'enfant. Nos erreurs s'accumulent. En général, les enfants sont capables de les encaisser et les parents apprennent leur leçon. Mais lorsque les problèmes persistent, la colère monte chez l'enfant.

Je vous accorde qu'il est difficile de savoir exactement de quoi a besoin un enfant. Des enfants différents réagiront différemment face aux mêmes parents. Les facteurs sont multiples : expériences personnelles, tempérament de base, héritage génétique, étapes de croissance, etc. Il est également possible que vous traitiez vos enfants différemment, surtout s'ils sont de sexes différents. Vous devrez constamment réévaluer et rééquilibrer votre comportement. C'est un acte funambulesque, qui repose sur ce qu'est votre enfant à chaque étape de son développement.

Toutefois, avec les années, j'ai constaté que la colère trahissait une série de conditions que l'on retrouvait dans quatre types de milieux familiaux :
- Dans la famille perturbée, la colère est la voix de la douleur.
- Dans la famille frénétique, la colère est la voix du stress.
- Dans la famille en colère, la colère est la voix du pouvoir.
- Dans la famille indulgente, la colère est la voix du désir.

Examinons-les une par une.

La famille perturbée

La famille perturbée vit dans la douleur provoquée par le divorce, les difficultés financières, les stupéfiants ou l'alcool, la maladie mentale, le décès d'un membre. Notez que je ne parle pas ici des possibilités de violence. Je traiterai de cette question à la rubrique de la famille en colère.

Dans les familles troublées, les enfants luttent contre la douleur qui imprègne leur vie familiale. Leur colère est parfois un baromètre, un indice que la douleur est négligée et qu'il serait temps de la prendre en considération.

LES FAMILLES EN DEUIL

Le malheur frappe toutes les familles, tôt ou tard. Mais lorsqu'une famille perturbée perd un proche, les membres s'enferment dans leur chagrin, chacun de leur côté. Les mêmes facteurs se présentent dans le cas d'une maladie prolongée. Pour un enfant, qui juge inacceptable de montrer ses sentiments, la douleur est multipliée.

Lorsque Vivien avait dix ans, sa sœur a perdu son long combat contre la leucémie. À l'âge de 15 ans, il avait commencé à se quereller avec ses parents qui avaient fini par venir me consulter. Ils espéraient que la thérapie guérirait Vivien, qui n'avait jamais vraiment donné l'impression de pleurer sa sœur. Je constatai rapidement que son incapacité de vivre ses émotions avait moins à voir avec sa sœur qu'avec ses parents. À ses yeux, ils avaient consacré beaucoup de temps à pleurer la fillette, à parler d'elle, longtemps après son décès. Mais lorsque Vivien avait besoin d'eux, ils n'étaient pas là. Il avait l'impression que ses propres émotions, quelles qu'elles fussent, paraîtraient insignifiantes par rapport à l'énormité de leur chagrin. Après tout, il était toujours en vie. Alors, il s'est renfermé en lui-même jusqu'au moment où l'accumulation d'amertume l'a incité à exploser pour la moindre broutille. Lorsque ses parents ont réagi en le punissant, il s'est encore plus profondément renfermé dans sa coquille.

Vivien, en fait, avait besoin de sa famille, beaucoup plus que de mes conseils. Voilà qui paraît simple dans l'absolu. Malheureusement, le contexte familial du moment ne s'y prêtait guère. Pourtant, l'existence de Vivien s'est transformée le jour où les parents ont été capables de dire adieu à leur fille morte et de serrer leur fils sur leur cœur.

Certaines familles s'entourent d'une carapace, pour éviter de ressentir de nouveau une telle douleur. Mais cette carapace empêche aussi l'affection d'entrer. Dans d'autres familles, les membres se blâment les uns les autres : «Vous n'avez même pas été capables de protéger ma sœur, comment puis-je être sûr que vous prendrez soin de moi ?» Ces questions pèsent lourdement sur la vie familiale et, à moins qu'on y réponde franchement, la douleur persiste.

Les familles qui ont perdu un être cher devraient suivre une thérapie du deuil, offerte par la plupart des cabinets de psychothérapie. Une petite promenade jusqu'à la librairie ou la bibliothèque pourrait être également salutaire. Dans son livre, *What's Heaven*, Maria Schriver donne des conseils sur la manière d'expliquer le décès d'un proche aux jeunes enfants, qui posent parfois des questions déconcertantes et inattendues sur la mort. Autres ouvrages intéressants : *Le deuil, épreuve de croissance,* de R. Adams

(Monaco : Ed. du Rocher, 1995), *Les enfants en deuil*, de M. Hanus et B. Sourkes (Paris : Frison-Roche, 1997), *Le deuil*, de M. Seguin et L. Fréchette (Outremont : Logiques, 1999) et *Dialogue avec un enfant sur la vie et la mort*, de D. Oppenheim (Paris : Seuil, 2000).

LES FAMILLES TOXICOMANES

La toxicomanie dans la famille peut être une autre source de colère chez l'enfant. Dans le meilleur des cas, il est bien difficile de vivre avec un parent toxicomane. Mais souvent, toute la famille est prise dans un piège qui contribue à intensifier la toxicomanie dont l'existence est la source de tant de douleur.

L'alcool, les stupéfiants, le jeu et autres toxicomanies endommagent l'état émotionnel d'une famille. Lorsque les toxicomanes font des efforts pour remonter en surface, ils vivent des hauts et des bas qui entretiennent une tension terrible au sein de la famille.

Bien que beaucoup de toxicomanes refusent d'admettre que leur comportement influe sur la famille, il est important de comprendre qu'ils ont tendance à nier l'existence de leur toxicomanie. Ce déni est une caractéristique fondamentale, qui fait obstacle à toute tentative d'aide, tant de la part du toxicomane lui-même que de l'enfant qui réagit à son comportement.

Les toxicomanies coûtent cher en argent et en énergie émotionnelle. En outre, elles portent préjudice à la communication dans la famille. Le but primordial du toxicomane consiste à vivre avec son asservissement. Peut-être va-t-il toujours travailler tous les matins, perçoit-il son chèque de paye, montre-t-il de l'affection aux autres. Mais dès qu'un enfant se dresse entre un parent et sa toxicomanie, tout change.

L'enfant qui sait que son parent est ivre, drogué ou hystérique parce qu'il vient de perdre au jeu n'ignore rien de la situation. Mais lorsque le parent s'efforce de dissimuler le problème, l'enfant s'interroge. Il sait que quelque chose ne va pas. Il fera tous les efforts possibles pour plaire à son papa ou à sa maman, en espérant être récompensé par un peu plus d'attention. Ce qu'il ne comprend pas, c'est qu'il est en rivalité avec la toxicomanie et qu'il n'a aucune chance de gagner.

Même les familles qui reconnaissent l'existence d'une toxicomanie, en ont honte et refusent d'aller chercher de l'aide. Le cycle du déni est reporté sur la génération suivante. Les membres de la famille n'apprennent pas à résoudre les problèmes, ils apprennent simplement à survivre. Beaucoup d'enfants vivent dans une douleur qu'ils ne savent comment soulager. Lorsque cette douleur se transforme en colère, ils peuvent s'en prendre au parent toxicomane ou à l'autre, en leur jetant la pierre : «Si tu avais mieux traité Papa, il ne se serait pas mis à boire», etc. En outre, il peut arriver que la colère franchisse les limites de la maison pour se propager à l'extérieur.

LA MALADIE MENTALE

Lorsqu'un membre de la famille souffre d'une maladie mentale ou de dépression, les enfants luttent pour comprendre le comportement et les émotions de la personne malade. Pas plus qu'un parent toxicomane, un parent déprimé n'est capable de partager les joies des enfants. Non seulement il lutte contre ses propres émotions, mais il ressent en plus un terrible sentiment de culpabilité, une immense honte à l'idée de ne pas remplir correctement son rôle.

Christine, âgée de 16 ans, m'a expliqué que sa mère maniaco-dépressive se mettait soudain à nettoyer frénétiquement la maison de la cave au grenier, à lire, à papoter et à plaisanter, sans songer à dormir plus que quelques heures par nuit. Et puis, tout aussi soudainement que l'énergie lui était venue, elle retombait et la malheureuse femme plongeait dans un marasme morbide, suicidaire. Christine appréhendait les moments où sa mère semblait heureuse, parce qu'elle savait que la dépression ne tarde-rait pas à suivre.

Prise dans un cycle émotionnel épuisant, Christine avait l'impression qu'elle n'y survivrait pas. Elle passait une large part de son temps à se faire du souci pour sa mère et ses résultats scolaires en souffraient. Naturelle-ment, ses mauvaises notes provoquaient des disputes à la maison. Elle sai-sissait ce prétexte pour consacrer le plus de temps possible à ses amis, à l'extérieur. Mais heureusement, beaucoup de maladies mentales répondent bien aux médicaments et peuvent rendre l'espoir aux personnes atteintes. Lorsqu'un membre de la famille souffre d'une grave maladie mentale, il faut absolument l'entourer d'un réseau de professionnels.

LA DISCORDE ENTRE LES PARENTS

Il s'agit de l'une des causes les plus courantes de douleur chez les enfants. En fait, les problèmes engendrés par le divorce et les querelles de garde d'enfants sont si graves que j'y ai consacré tout un chapitre. Mais même au sein des mariages qui ne s'achèvent pas par un divorce, j'ai constaté que pour les enfants, être témoin des disputes entre les parents est exténuant. Il est possible que l'enfant s'en prenne à l'un des parents, généralement celui dont il se sent le plus proche (probablement parce que ce parent ne pré-sente aucun danger) ou celui que l'enfant estime responsable de la triste situation du ménage. Quelle que soit la dynamique, il faut comprendre que la colère de l'enfant est symptomatique du mariage en difficulté et non la preuve, aux yeux de l'un des parents, que l'autre est mauvais.

DES SOLUTIONS POUR LES FAMILLES EN DIFFICULTÉ

Que faire pour l'enfant en colère au sein d'une famille en difficulté ? Comme je l'ai déjà mentionné, la colère est généralement le signe de l'existence d'une autre émotion négative. Par conséquent, pour la faire disparaître, il faut d'abord s'attaquer à l'émotion sous-jacente. Une thérapie prolongée peut aider la famille à comprendre son problème, à collaborer et à adopter des mesures susceptibles de le résoudre. En particulier, la famille devra apprendre à pardonner. Un enfant élevé dans la douleur risque de transporter ce fardeau tout le reste de sa vie et de se torturer en se posant des questions telles que : «Pourquoi n'ai-je pas pu avoir une famille plus équilibrée ?» ou : «Pourquoi tout cela est-il si injuste ?»

Il est très difficile d'atténuer la douleur, mais le blâme a tendance à l'entretenir. Les autres membres de la famille et les amis peuvent apprendre à l'enfant à pardonner. Cela ne signifie pas qu'il faut dévaluer la souffrance et minimiser le problème, ou se comporter comme si de rien n'était. Ce qu'il faut, c'est *aider* l'enfant à abandonner son désir de revanche, c'est abandonner votre propre désir de revanche. Tout cela peut se produire en l'absence de toute excuse de la personne qui a causé tant de douleur à l'enfant. C'est une grande injustice au sein des familles en difficulté et il peut arriver que le travail de pardon prenne des années. Mais l'autre possibilité, c'est que l'enfant accumule assez de colère et de haine pour devenir la personne même qu'il déteste. Le pardon permet aux enfants d'aller de l'avant, de réorienter leur énergie vers la guérison et la compréhension, de vivre leur vie.

On retrouve notamment dans les familles en difficulté plusieurs caractéristiques des enfants en colère : analyse faussée, incapacité de résoudre des problèmes, manipulation et domination, amour-propre diminué, etc. Songez-y et dites-vous bien que certains enfants élevés dans des familles en difficulté réussissent remarquablement bien dans la vie, trouvent un équilibre et apprennent à résoudre les problèmes de l'existence, qui, en réalité, leur donnent de la force et leur apprennent à croître.

La famille frénétique

«Imaginez un peu cet emploi du temps», m'a annoncé la mère de trois enfants. «Chaque semaine, je dois les conduire aux entraînements de soccer et autres sports, aux répétitions de danse, aux leçons de piano, vérifier leurs devoirs et leur faire réciter leurs leçons. Chaque journée est pleine à ras bord et j'ai l'impression de la passer au volant, de ne manger que des repas minute, de me disputer en voiture ou au cellulaire. On penserait qu'avec tout ce que je fais pour eux, ils feraient preuve d'un peu plus de reconnaissance et de moins d'agressivité.»

C'est cela la famille frénétique : emploi du temps surchargé, parents et enfants débordés, extraordinairement stressés. Ce n'est pas que les parents ne s'occupent pas des enfants ; au contraire, ils les inscrivent à tout ce que la collectivité peut leur offrir. Malheureusement, nous oublions que les enfants ont aussi besoin de temps pour apprendre à s'occuper d'eux-mêmes. Mais si chaque minute de leur journée est consacrée à une activité quelconque, ils sont incapables de s'arrêter pour réfléchir. C'est comme si les parents avaient tellement peur de laisser les enfants s'occuper tout seuls qu'ils les submergent de jouets, de gadgets, de télévision, de jeux vidéo et d'activités en tout genre pour repousser l'éventualité de l'ennui. Pourtant les membres de toutes les familles ont besoin de temps pour se relaxer, plaisanter, laisser libre cours à leur créativité ou, simplement, apprécier la compagnie des uns et des autres.

Il nous arrive de tomber involontairement dans le piège de la frénésie. Je ne connais pas de parent qui préférerait passer la soirée sur des dossiers plutôt qu'avec un enfant qui a besoin d'attention ou qui a simplement envie de s'amuser avec son papa ou sa maman. Mais lorsque nous essayons d'en faire trop, qu'il s'agisse du travail, des soins aux grands-parents malades, du bricolage, etc., notre *modus operandi* s'oriente davantage sur la réaction que sur l'action. Et lorsque les adultes sont débordés, la tension imprègne aussi les enfants. Entre l'emploi du temps dépourvu de réalisme que les parents concoctent pour les enfants et l'absence de moments familiaux tranquilles, les familles frénétiques ont souvent l'impression de devoir hurler pour se faire entendre. C'est pourquoi chez l'enfant, la colère est aussi la voix du stress.

Pourquoi ces enfants sont-ils en colère, alors que leurs parents travaillent si dur pour leur offrir un mode de vie confortable? Parce que les familles frénétiques (a) n'accordent d'attention ni au développement des enfants ni à leurs véritables besoins, et (b) nient leur part de responsabilité dans cette frénésie (surtout si les parents sont eux-mêmes hyperstressés). Le seul moment où des familles frénétiques discutent, c'est à un feu rouge. Elles sont bien trop occupées pour résoudre les problèmes autrement que par des solutions éclair, parce que toutes les autres démarches exigent du travail et l'engagement d'un temps qu'elles ne croient pas posséder. Naturellement, au sein d'une famille aussi stressée, les conflits éclatent facilement.

La mère d'un adolescent de 17 ans, de tempérament soupe au lait, se disputait tous les jours avec lui parce qu'il ne finissait jamais ses devoirs. Quand, vociférait-il, trouverait-il donc le temps de les finir? Après l'école, il avait l'entraînement de football et de soccer. Ensuite, des cours particuliers. Il ne rentrait à la maison qu'après 20 h, épuisé. Jonglant constamment avec deux ou trois activités, il n'avait jamais assez de temps pour se concentrer sur ses travaux.

Même lorsque les parents suppriment certaines activités de l'emploi du temps, les enfants ne savent plus s'installer tranquillement à leur pupitre pour étudier. Tout ce qu'ils connaissent, c'est le bourrage effréné de dernière minute. Les membres de la famille frénétique feraient, certes, d'excellents jongleurs de cirque, mais ils sont aveugles aux véritables priorités.

Les enfants sont tellement habitués à un emploi du temps qui craque aux entournures, que l'idée d'une soirée tranquille à la maison les horrifie : Ils deviennent agités, ils s'ennuient, ils se plaignent de n'avoir rien à faire. Si les parents osent leur rappeler que ce serait une bonne idée d'en profiter pour étudier, ils explosent, car ils ont l'habitude de parcourir leurs livres à la dernière seconde ou de rédiger leurs travaux en quelques minutes de frénésie. Il est bien rare que cette méthode produise de bons résultats. Par conséquent, elle perpétue le sentiment d'incapacité et endommage l'amour-propre. Qui ne serait pas en colère, dans ces conditions?

Beaucoup de familles frénétiques bénéficieraient de quelques conseils psychothérapeutiques, mais voici ce que j'ai constaté: Un membre de la famille téléphone pour prendre un rendez-vous, de toute urgence. Puis quelques jours plus tard, cette personne rappelle pour l'annuler: «Nous avons oublié...» ou: «Un contretemps s'est produit...». Pire encore: «Marie-Jeanne se débrouille beaucoup mieux ces temps-ci, la journée d'hier s'est très bien passée. Je crois que nous attendrons encore une semaine...» Le problème est mis en veilleuse jusqu'à ce que l'enfant explose. La colère de l'enfant a dépassé en intensité le degré de stress de la famille frénétique.

Prenons l'exemple d'une autre famille qui est venue me consulter. Il s'agissait d'une famille monoparentale, dont les trois enfants – 9, 12 et 14 – suivaient chacun un entraînement sportif – soccer, basket-ball et base-ball – dans trois différents quartiers de la ville, entre trois à cinq jours par semaine. Deux des enfants suivaient aussi des leçons de piano et le troisième des cours d'arts plastiques. L'aînée gardait d'autres enfants trois fois par semaine. Chaque soir, chacun des trois devait consacrer au moins deux heures aux devoirs. Inévitablement, leurs enseignants avaient constaté un déclin des résultats. Comment croyez-vous que la mère a réagi?

«Je crois que je ferais mieux de rencontrer les professeurs pour leur demander de donner moins de devoirs aux enfants», m'a-t-elle déclaré.

Ce n'était pas exactement la solution que j'avais à l'esprit, mais je n'étais pas étonné. Tout est une question de priorités. La tâche la plus importante d'un enfant est-elle de courir de tous les côtés ou de réussir à l'école? Beaucoup d'enfants ne supportent pas les emplois du temps qu'on leur impose.

Dans un autre cas, j'ai réussi à inciter la mère à limiter les activités parascolaires à une par enfant, pour laisser du temps à l'étude. Naturellement, la maman a dû abandonner son idée de montrer au voisinage qu'elle avait des enfants prodiges. Elle aussi s'est sentie moins stressée et toute la famille en a bénéficié.

J'ai autrefois formé un groupe d'entraide pour familles frénétiques. Notre première séance a été constamment interrompue par le bip-bip des téléavertisseurs et la sonnerie des téléphones cellulaires. Nous avons tous ri de cet indice de frénésie. Ensuite, j'ai demandé aux participants de se débarrasser de leurs téléavertisseurs et téléphones avant la séance pour leur permettre de se concentrer sur la discussion. Il est amusant de noter que les parents m'ont ensuite expliqué qu'ils attendaient avec impatience chaque séance, car c'était le seul moment de paix dans leur existence surchargée.

En réalité, le temps de repos permet à la famille de résoudre les problèmes. Les parents frénétiques reportent les discussions : «Nous en parlerons plus tard», mais ce moment n'arrive jamais. J'ai eu l'occasion de constater, au cours de ma carrière, que c'était uniquement lorsqu'ils se retrouvaient dans mon cabinet que les membres de familles frénétiques avaient l'occasion de discuter. Évidemment, en l'absence de toute conversation, les problèmes s'accumulent. Les petits accrocs sans gravité sont négligés, seules les crises majeures reçoivent de l'attention. C'est pourquoi les enfants apprennent à transformer des broutilles en affaires d'État, simplement pour attirer de force l'attention des parents sur eux.

Bien que les familles frénétiques réclament sincèrement des conseils sur la manière de dissoudre la colère, elles ne sont pas souvent désireuses d'apporter les changements nécessaires à leur mode de vie. Je me souviens d'un garçonnet de 8 ans, qui se délectait de toute l'attention familiale qu'il recevait chaque semaine dans mon cabinet. Mais même durant ces moments, la famille n'était pas capable de mettre de côté ses préoccupations externes pour s'intéresser pleinement à l'enfant. Maman ne cessait de jeter des coups d'œil à sa montre tandis que le grand frère se plaignait d'être en retard pour sa partie de base-ball. C'est seulement après que j'eus examiné de près leur emploi du temps pour fixer un moment pendant lequel tout le monde était libre que les membres de la famille ont commencé à faire suffisamment de progrès pour accepter d'apporter les changements nécessaires à leur vie.

DES SOLUTIONS POUR LA FAMILLE FRÉNÉTIQUE

Si le degré de stress, dans votre famille, a atteint un stade intolérable en raison d'un emploi du temps surchargé, de l'absence de temps à consacrer à des conversations tranquilles et si vous sentez qu'une crise approche, voici quelques stratégies :

- Tout d'abord, ralentissez. C'est plus facile à dire qu'à mettre en pratique.
- Réorganisez vos priorités pour que le temps passé en famille se retrouve en haut de la liste. Inscrivez le moment choisi sur le calendrier et exigez de tous les membres de la famille qu'ils soient présents. Les enfants devront suivre l'exemple des parents. Par exemple, vous pourriez vous retrouver au moment des repas ou vous divertir ensemble le dimanche.
- Diminuez les décibels. Dans la voiture ou à la maison, profitez du temps où vous êtes ensemble pour communiquer, vous écouter les uns les autres. Éteignez la radio ou le téléviseur pour stimuler la conversation. Bannissez le téléviseur, le téléphone, la musique ou la lecture pendant les repas. Insistez pour que tout le monde reste à table jusqu'à ce que chacun ait pu parler... et être entendu.
- Si vous avez le téléphone dans la voiture, éteignez-le. Bavardez avec vos enfants plutôt qu'avec vos amis ou collègues. Enseignez-leur des exercices calmants : pensées sereines, musique douce, etc.

- Réduisez le nombre des activités auxquelles participent les enfants. Je n'ai jamais rencontré d'enfant dont les problèmes émotionnels provenaient de la diminution des activités parascolaires, mais l'inverse n'est pas vrai. Demandez aux vôtres de choisir une activité et ne soyez pas surpris s'ils ont du mal à établir leurs priorités. Ce problème est caractéristique de la famille frénétique. Rassurez-vous, cependant. Vous ne punissez pas l'enfant en lui demandant de lire ou de se livrer à une activité qui ne fait pas appel à un horaire particulier et à un équipement qui vous coûterait quelques centaines de dollars.

- Lors des réunions familiales, mettez tous les problèmes sur le tapis, même les plus triviaux. Soyez à l'affût des signes de crise et réglez la question dès que possible au lieu de laisser pourrir la situation. (Voir au chapitre 7 des suggestions sur la manière d'animer une réunion familiale.)

La famille en colère

Dans une famille en colère, les adultes sont soit en colère, irascibles ou blessants. Ils sont parfois émotionnellement agressifs, ont recours aux insultes ou aux menaces virulentes. Peut-être exploitent-ils leur avantage physique pour dominer, intimider, briser les objets favoris des autres membres de la famille dans un accès de rage. Il leur arrive de proférer des menaces de violence. Lorsque nous voyons l'un des membres de la famille perdre complètement les pédales, nous ne savons plus où nous en sommes. La colère se manifeste parfois silencieusement, par un refus de communiquer. Il arrive aussi que la personne en colère crée des situations qui obligent son adversaire à agir de manière à susciter par la suite une querelle.

Le parent donne l'exemple de la colère. Il n'a jamais appris à se dominer et ses relations avec les enfants se résument à des menaces et à des grincements de dents : «Fais ce que je te dis immédiatement, sinon, ça va te coûter cher !» Ces parents finissent par faire appliquer des émotions plutôt que des règles. Lorsqu'ils sont en colère, ils agissent. Lorsqu'ils sont calmes, ils laissent les problèmes dégénérer. Les enfants apprennent vite à lire l'humeur des parents, ce qui leur permet en général d'éviter les ennuis, mais ils reçoivent aussi l'exemple du comportement colérique. Certains réagissent en se retirant dans leur coquille, en s'évadant, mais d'autres voient le monde à travers les yeux du parent en colère et, à leur tour, utilisent le même instrument pour parvenir à leurs fins et dominer eux aussi les autres.

Les parents ont un rôle vital à jouer pour apprendre aux enfants à résoudre les difficultés de la vie. Celui qui examine calmement ses propres problèmes apprend à l'enfant que la réflexion est la meilleure démarche. Mais si l'enfant voit le parent perdre les pédales dès la moindre anicroche, il apprendra à réagir impulsivement, par des crises de colère qui feront exploser le problème au lieu de le résoudre.

Les adultes irascibles ont parfois des sautes d'humeur inexplicables. Ils peuvent se montrer bons et affectueux, certes, mais possèdent aussi une veine de méchanceté qui n'émerge que trop souvent. C'est le genre d'individu qui réagit par la colère dès qu'un autre conducteur les dépasse ou qui injurie le préposé qui n'a pas su répondre à leur question. Comme collègues de travail, ils sont généralement à prendre avec des pincettes.

Qu'est-ce que des parents de ce genre peuvent bien apprendre à leurs enfants? Ils leur apprennent que la colère éveille l'attention et engendre l'action. Lorsqu'un enfant voit une vendeuse prendre des gants pour s'adresser à sa mère ou lorsqu'il constate que si sa mère est devenue soumise, c'est parce qu'elle a été écrasée par son père, il apprend que la colère est la voix du pouvoir et qu'elle obtient des résultats. Peu après l'enfant aura l'idée d'essayer lui-même ce genre de comportement.

Les enfants en colère évitent parfois de montrer leur rage au parent le plus puissant. Ils n'ont pas l'intention de déclencher une bataille rangée contre plus fort qu'eux. Ils trouvent quelqu'un d'autre à intimider. La colère surgira peut-être ailleurs, à l'école par exemple. Il arrive aussi que l'enfant oriente sa colère vers la cible du parent irascible : l'autre parent, le frère ou la sœur.

Par exemple, Jacques, âgé de 16 ans, avait grandi dans une famille où le père ridiculisait et menaçait constamment la mère. Non seulement Jacques a appris qu'il pouvait impunément imiter son père, mais encore que ce dernier l'encourageait, comme si cela eût accru son pouvoir sur sa femme.

Les enfants apprennent aussi à lire les humeurs, plutôt que les règlements. Dans une maison en colère, il est beaucoup plus important de déceler l'humeur de Maman ce matin que de connaître des règles. Les parents hurlent chaque jour des ordres qui diffèrent de ceux qu'ils ont hurlés la veille, soit pour se défouler, soit pour intimider. Un peu plus tard, une fois le parent calmé, ce qui a provoqué une terrible querelle la veille pourra passer complètement inaperçu.

« Lorsque j'étais petite, m'a confié Tamara, aujourd'hui âgée de 25 ans, nous nous interrogions souvent pour connaître l'humeur de Papa, ce jour-là. S'il était de bonne humeur, nous pouvions en faire ce que nous voulions. Sinon, nous étions partis pour une journée de réprimandes. »

Un parent en colère est capable de fausser la dynamique de toute la maisonnée. Lorsque son conjoint essaie de temporiser en abdiquant ou en devenant le souffre-douleur, il démontre à l'enfant que c'est en écrasant les autres qu'on parvient à ses fins.

Étant donné que le parent en colère hurle, vocifère, menace, frappe ou utilise n'importe quelle autre méthode d'intimidation, il est compréhensible que l'enfant finisse par identifier la colère au pouvoir. Qu'on ait raison ou tort, qu'une règle existe ou non, aucune importance. Ce qui compte, c'est d'avoir le pouvoir d'influer sur les événements et de se faire entendre plus fort que les autres.

Dans une maisonnée pareille, la communication se dégrade. L'enfant se préoccupe moins d'entretenir une relation franche ou d'essayer de communiquer avec les adultes que de tenir l'adulte en colère à distance. Mais une fois qu'il a compris que la colère est source de pouvoir, la contamination ne tarde pas. Sans attendre, l'enfant imite le comportement du parent, face à ses enseignants ou à d'autres adultes. Les enfants apprennent ainsi à rabaisser les autres. Ils apprennent qu'il n'est pas important de se dominer. Ils apprennent que l'on n'obtient le respect des autres que dans la mesure où l'on sait les intimider. Ils apprennent que pour parvenir à leurs fins, ils n'ont qu'à hurler et les autres reculeront.

Cela ne veut pas dire que les parents en colère acceptent ce comportement de leurs enfants. Mais s'ils essaient de calmer leur progéniture hurlante, elle risque fort de protester : «Et alors, pourquoi tu as le droit de crier et pas moi ?» Comme nous l'a rappelé James Baldwin, «les enfants n'ont jamais été très forts pour écouter leurs aînés, mais par contre, ils n'ont aucun problème à les imiter».

Loin de moi l'idée de brosser un tableau lugubre de ces familles, car pour beaucoup d'entre elles, la situation n'est pas irrémédiable. Curieusement, c'est souvent le comportement même de l'enfant qui conduit la famille sur la voie du changement.

Jean et Linda m'ont amené leur garçonnet de 7 ans, en se plaignant de sa méchanceté. Toutefois, à peine assis dans mon cabinet, ils ont commencé à se disputer et à échanger des remarques acides. J'arrivais avec peine à placer un mot. Je venais tout juste de souligner une de ces flèches empoisonnées qu'ils étaient déjà passés à autre chose. Pour les inciter à se calmer et à prêter attention à leur comportement, j'ai filmé une partie d'une séance. Puis, l'un après l'autre, je leur ai demandé de regarder le film. Après s'être vu sur l'écran, Jean est resté silencieux quelques instants, avant d'admettre : «Maintenant je comprends d'où il tient son caractère. Il m'imite, tout simplement.» La honte que Jean a ressentie à ce moment-là lui a donné la motivation nécessaire pour changer. Cette métamorphose a eu des retombées extraordinaires sur le reste de la famille.

La dynamique d'un parent en colère est si complexe qu'elle mériterait tout un livre à elle seule. Tout ce que je puis faire ici, c'est fournir une description succincte et offrir des idées susceptibles d'inciter les parents à emprunter la voie du changement.

DES SOLUTIONS POUR LES PARENTS EN COLÈRE

Si ce qui précède éveille un écho en vous, sachez que votre colère déborde peut-être dans l'univers de votre enfant et contribue à ses propres crises de rage. Mais si vous essayez d'adopter un comportement positif, vous mettrez en branle le plus puissant mécanisme de changement. Essayez d'adopter une autre attitude face au conflit ou au stress. Je sais qu'il s'agit d'une tâche extrêmement ardue, mais absolument vitale, pour vous comme pour votre enfant.

Si le changement est difficile, c'est parce que depuis des années, la colère se révèle efficace. En outre, elle est devenue une habitude bien ancrée. Mais le simple fait de voir votre reflet dans la colère de votre enfant sera peut-être le catalyseur dont vous avez besoin pour entamer votre propre transformation. Vous n'ignorez pas la douleur que votre colère engendre autour de vous et en vous. Voulez-vous vraiment élever votre enfant à votre image?

Qu'est-ce qui attise votre colère? Est-ce le stress de votre travail, que vous reportez sur votre famille? Utilisez des méthodes de relaxation avant de rentrer chez vous. En voiture, écoutez de la musique douce, plutôt que des bulletins de nouvelles ou des discussions bruyantes. Votre colère est-elle un moyen profondément enraciné de vous adapter à une situation? Essayez de dégager les vieux conflits en vous entretenant avec un psychothérapeute. Faites tout ce qui est possible pour modifier votre comportement au lieu de vous défouler sur votre famille.

Si la colère est inévitable, ne laissez rien en suspens. Souvenez-vous de l'importance de la retombée. Servez-vous-en pour enseigner à vos enfants comment revenir sur un problème afin de le résoudre. Cela signifie que vous devrez apprendre à vous excuser auprès de ceux que vous avez blessés et à réparer le mal que vous avez fait. Tant le parent que l'enfant en colère s'imaginent parfois que parce qu'ils détiennent le pouvoir, ils détiennent aussi la sagesse. Montrez à votre enfant que la sagesse est démontrée par des actes réfléchis et non des attaques impulsives.

Enfin, soyez assidu. Votre impatience coutumière risque de vous laisser croire que si vos efforts ne portent pas des fruits la première fois, ce n'est pas la peine de persévérer. Le changement est long à se produire chez les enfants. Il exige encore plus de temps chez les adultes.

La famille indulgente

Le quatrième type de famille apprend aux enfants que la colère est le moyen d'obtenir tout ce qu'ils désirent. Les parents ne savent pas dire non aux enfants, surtout lorsque ces derniers se mettent en colère. Par conséquent, les enfants apprennent à utiliser la colère pour manipuler les autres. Les parents préfèrent abdiquer plutôt que se trouver face à un enfant courroucé. Dans la famille indulgente, la colère est la voix du désir.

Les parents ne se rendent pas toujours compte qu'ils satisfont ce désir. La situation prend des années à se dégrader. Le bébé capricieux devient un bambin soupe au lait pour se transformer en adolescent dangereux. Il est possible, également, que l'enfant découvre soudain, à la suite d'une crise de colère dans un magasin de jouets, qu'il peut ainsi obtenir ce qu'il veut.

Avec le temps, les enfants apprennent que la colère est efficace. Qui peut donc leur reprocher de l'utiliser pour parvenir à leurs fins? La tragédie survient lorsqu'un parent abdique sans réfléchir. Les enfants persuadent ainsi les parents de les laisser faire toutes sortes de choses qui leur seraient interdites si le père ou la mère était en mesure de réfléchir froidement à la situation. En outre, les enfants ainsi gâtés n'apprennent jamais à tolérer le stress.

Par exemple, achèteriez-vous une arme à feu à un enfant qui hurle et gesticule parce qu'il en veut une ? Donneriez-vous les clés de votre voiture à un enfant qui déclare sur un ton menaçant qu'il rentrera à l'heure qui lui plaît et que vous n'avez qu'à vous taire ? Annuleriez-vous un rendez-vous avec un professeur si votre enfant vous ordonnait de vous mêler de vos affaires ? Achèteriez-vous à votre enfant des chaussures de sport à prix d'or après qu'il vous a menacé de faire une crise de rage dans le magasin si vous n'obtempérez pas ?

En prenant un recul objectif, la réponse semble évidente : NON ! Mais en fait, le parent d'un enfant en colère sait qu'il n'est pas facile de dire non. Lorsque j'ai demandé à la mère d'un petit garçon de 7 ans si elle acceptait d'acheter un jouet sous la menace d'un caprice, elle m'a répondu : «Vous ne l'avez jamais vu en pleine crise. Il peut continuer à hurler pendant des heures et le jeu n'en vaut pas la chandelle.»

Alors les parents cèdent. Il existe plusieurs types d'abdications, dont les trois plus courants sont la reddition, la confusion et les gâteries.

LA REDDITION

Le parent agite littéralement le drapeau blanc. Il n'en peut plus et il est si intimidé par la colère de son enfant que c'est celui-ci et non l'adulte qui gouverne la maisonnée. Pour ce parent, il ne s'agit pas seulement de préserver la paix dans la maison, c'est aussi une question de survie. En l'occurrence, les parents deviennent les esclaves de la colère de l'enfant parce qu'ils ont peur des menaces et des représailles. Ils se rendent en se justifiant ainsi : «Je m'en moque, après tout», «je ne supporte plus les hurlements» ou «je suis prête à tout pour éviter l'explosion».

Le parent indulgent ou celui qui se rend a tendance à se détacher de la vie de l'enfant, à ne plus jouer son rôle parental que de loin. Ces familles n'ont aucune idée de ce que leur enfant peut regarder à la télévision, du genre de musique qu'il écoute, des héros sportifs qu'il vénère ou des sites Web sur lesquels il surfe. Les parents ignorent tout des fréquentations de leur enfant et, dans les cas extrêmes, ne se rendent même pas compte qu'il se livre à des activités violentes ou dangereuses. Combien de fois, après un carnage dans une cour d'école, nous sommes-nous demandé comment des adolescents pouvaient accumuler subrepticement un arsenal ? Trop d'influences néfastes peuvent se glisser dans la vie de votre enfant si vous ne faites pas preuve d'une vigilance constante.

LA CONFUSION

Le deuxième type de parents indulgents ne possède que des compétences vacillantes en éducation des enfants. Ces parents sont parfois persuadés que s'ils abdiquent, c'est pour le bien de l'enfant. Certains estiment qu'il faut absolument répondre à tous les désirs des enfants sous peine de fâcheuses conséquences. Ces parents n'ont probablement jamais réfléchi à la démarche qui convient aux besoins d'un enfant. C'est pourquoi ils le laisseront faire des crises de rage et de méchanceté impunément tout en le disciplinant pour des peccadilles, par exemple l'oubli d'une corvée. Ce ne sont pas de mauvais parents. Simplement, ils n'ont aucune idée de ce que pourrait être une démarche claire et conséquente. Mais lorsqu'ils abdiquent face aux menaces, aux caprices et aux manifestations de méchanceté, l'enfant continue d'associer domination et colère. Une fois qu'il a constaté l'efficacité de son comportement, les parents ont bien du mal à rectifier le tir.

Curieusement, les parents qui transmettent ces messages confus non seulement ne disciplinent pas leurs enfants, mais encore récompensent involontairement le comportement irascible et la méchanceté.

Certains parents confondent les désirs des enfants avec leurs propres problèmes d'adultes. Par exemple, ils se souviennent de n'avoir pas réussi à obtenir ce qu'ils voulaient, étant eux-mêmes enfants ou peut-être ont-ils l'impression qu'en cédant à l'enfant, ils gagneront son affection.

Dans certains cas, les parents ne comprennent pas les priorités de l'éducation d'un enfant sain et l'utilisent comme pion sur l'échiquier de leurs propres disputes. Ce genre de situation est très courant chez les couples divorcés, dont l'un des membres gâte l'enfant à outrance, afin de faire passer l'autre pour un parent mesquin.

Certains parents croient, bien à tort, que la colère «n'est qu'une phase». Ils sont persuadés que les crises de rage et la méchanceté se dissiperont au fur et à mesure que l'enfant grandira et ils acceptent de céder, sous prétexte que ce comportement est temporaire. Ce qu'ils ne savent pas, c'est que les enfants en colère grandissent pour devenir des adultes en colère. Leur développement émotionnel est beaucoup plus sain s'ils ont des parents qui savent quand tenir bon et quand leur offrir un soutien affectif. Il est fréquent qu'un enfant passe d'un stade de développement au suivant grâce à l'attitude positive d'un parent. Par exemple, l'enfant devra assumer les conséquences de ses actes afin de comprendre qu'il est préférable de nettoyer après avoir sali, d'accepter un refus ou de traiter les autres avec courtoisie.

LES GÂTERIES

Le troisième type de parent indulgent gâte simplement les enfants, qui croulent sous les cadeaux et les jouets. Rien ne leur est refusé. Les enfants n'ont pas à assumer la moindre responsabilité de leurs actes. Combien de fois avez-vous dit ou pensé : «Je veux que cela soit fait correctement, alors je vais le faire moi-même»?

Certains parents sont prisonniers d'une mentalité de consommateurs qui les persuade d'acheter aux enfants tous les derniers gadgets à la mode. Je me souviens d'une femme qui estimait que son fils avait tout à fait raison d'exiger une troisième paire de chaussures de sport à 100 $, alors que les deux autres étaient comme neuves. Elle se disait : «Tous les autres gamins en ont». D'autres parents raisonnent ainsi : «C'est mon bébé», «J'ai attendu si longtemps pour l'avoir, pourquoi ne lui donnerais-je pas tout ce qu'elle désire» ou «Je n'ai qu'un droit de visite hebdomadaire, c'est pourquoi je veux que le temps que nous passons ensemble lui soit particulièrement agréable».

Quelle que soit la raison pour laquelle les parents abdiquent, les résultats sont identiques. L'enfant apprend que s'il sait démontrer une colère suffisamment puissante, il obtiendra tout ce qu'il désire. Mais l'enfant en colère court plusieurs risques. Le monde extérieur n'est pas prêt à faire nos quatre volontés, ce que les enfants gâtés constatent d'ailleurs un jour avec horreur. N'ayant jamais appris à dominer ses émotions, l'enfant est incapable d'accepter que ses désirs soient frustrés. Au lieu d'apprendre à gagner de l'argent et à économiser pour s'offrir ce qui lui plaît, il préfère manipuler les adultes. Étant donné que l'une des caractéristiques d'un enfant en colère est son manque de compréhension des sentiments des autres, il est facile de voir comment l'enfant évolue lorsqu'on lui apprend à ne penser qu'à lui.

DES SOLUTIONS POUR LES FAMILLES INDULGENTES

Admettez que l'indulgence et les gâteries ne représentent pas nécessairement la meilleure méthode d'éducation. Si vous voulez réellement tout donner à votre enfant, songez aux cadeaux intangibles que vous pouvez lui offrir afin de l'aider à devenir un adulte solide, gentil et heureux, tout en estompant la présence de la colère dans la maison. Voici quatre suggestions pour les parents qui gâtent trop leurs enfants :

– Essayez de mieux comprendre les besoins de l'enfant. Lisez des livres et des revues sur le développement normal et sollicitez les suggestions d'autres parents, plus expérimentés que vous. Les enfants ont besoin de limites. En l'absence de ces limites à la maison, ils ont tendance à croire que le monde extérieur non plus ne présente pas de limites. Lorsque les enseignants et d'autres adultes fixent des règles, l'enfant se rebelle. Par conséquent, en imposant des limites et en apprenant aux enfants ce qui est acceptable et ce qui ne l'est pas, à chaque âge et à chaque étape, vous faciliterez leur développement. Les enfants ont besoin de l'affection illimitée des parents, certes, mais ils ont aussi besoin de savoir, à chaque âge, quelles sont les responsabilités qu'ils doivent assumer et quel est le comportement que vous attendez d'eux.

– Avant de sortir faire des courses, formulez une stratégie. Demandez à un autre adulte de vous accompagner pour s'occuper de l'enfant sans lui acheter quoi que ce soit. Soyez prêt à tenir bon, voire à quitter le magasin. Si vous êtes embarrassé ou intimidé par les menaces et les crises de colère de l'enfant, peut-être aurez-vous besoin d'une stratégie de réserve. Choisissez d'aller faire vos courses lorsque l'enfant est occupé ailleurs ou contentez-vous de commander sur catalogue ou par Internet.

– Vous devrez fixer les limites des comportements inacceptables à la maison, par exemple le refus des corvées. Imaginez une punition appropriée et facile à gérer, puis annoncez-la clairement. Nous parlerons de cela en détail au chapitre consacré à la discipline.

– Trouvez des appuis. Qu'il s'agisse d'un membre de la famille, d'un ami, d'un psychothérapeute, peu importe. Trouvez quelqu'un vers qui vous pouvez vous tourner en cas de besoin. C'est une suggestion particulièrement cruciale si vous essayez de modifier le comportement d'un enfant gâté ou si vous avez tendance à confondre vos propres conflits avec les besoins de l'enfant. En effet, dites-vous que si vous-même, en tant que parent, avez du mal à fixer des limites raisonnables à votre enfant, le moment est venu de faire face à la réalité. Mais rien ne vous oblige à vous débrouiller seul. En fait, il serait préférable de ne pas faire face à cette situation en solo.

Encore perplexe ?

Jusqu'ici, nous avons dégagé un grand nombre d'influences qui contribuent à la colère d'un enfant. Mais les parents m'affirment souvent ne pas comprendre ce qui tarabuste leur enfant. En l'absence de toute raison évidente, l'enfant est lunatique, belliqueux ou simplement furieux contre le monde entier. La colère de l'enfant est un mystère pour les parents.

À la maison, frères et sœurs ont des relations raisonnablement cordiales et, en dépit des disputes occasionnelles provoquées par la possession d'un jouet convoité ou l'emprunt non autorisé de vêtements, il ne semble pas y avoir de friction entre les enfants. À l'extérieur, l'enfant est populaire, il a des amis, c'est l'un des premiers à être choisi pour faire partie d'une équipe, il est invité à tous les anniversaires. Il ne semble donc pas y avoir de raison concrète à ses crises perpétuelles.

En l'occurrence, si j'en crois l'instinct que j'ai acquis grâce à des années d'étude et d'exercice, ce n'est pas parce que vous ne trouvez pas de raison familiale à la colère de l'enfant qu'il n'y en a pas. Et même si la colère n'est que le reflet de difficultés temporaires dues à l'âge (mais oui, parfois, c'est simplement une phase…) ou d'un problème ponctuel, la manière dont vous réagirez pour aider l'enfant à se dominer exercera une influence cruciale sur son développement. Il y a toujours quelque chose à faire pour atténuer la colère de l'enfant. Mais ce n'est pas toujours agréable à entendre.

Il me suffit parfois de deux séances avec un enfant, ses parents ou la famille réunie pour avoir une petite idée du problème et comprendre pourquoi les parents sont venus me consulter. Mais ce n'est pas avant la sixième, la huitième ou la dixième séance que les parents sont prêts à entendre la vérité et à accepter mes conclusions.

Je me souviens d'un père qui m'avait amené son fils. J'avais l'occasion, à chaque reprise, de m'entretenir brièvement avec cet homme. Je n'ai pas tardé à découvrir que si le fils était en colère, c'était parce que la famille lui imposait trop d'activités, sportives et autres. Il ne savait plus où donner de la tête. Je me doutais cependant que le père aurait du mal à accepter la véritable raison de la colère de l'enfant, parce que lui-même semblait adorer ce mode de vie frénétique et se trouvait être un bourreau de travail.

Je lui demandai donc avec ménagements s'il avait vraiment envie de savoir ce qui tarabustait son fils. Il répondit que oui.

Je lui expliquai donc que l'enfant vivait sous un stress intolérable, provoqué par un emploi du temps surchargé. Il n'avait pas une minute à lui pour se reposer en famille. Naturellement, le père a répondu que l'emploi du temps n'avait rien à voir dans l'affaire. Il m'a donné l'exemple de sa propre enfance. J'ai compris que cet homme n'était pas prêt à entendre que c'était le mode de vie de la famille qui suscitait la colère de l'enfant. J'ai donc fait marche arrière. Mais deux semaines plus tard, il m'a demandé : «Dr Murphy, d'après vous, c'est là que se situe le problème?»

À ce stade, j'en savais suffisamment sur le patient et sa famille pour donner une série d'exemples sur la manière dont le comportement de l'enfant s'était détérioré en raison du stress causé par un excès d'activités en tous genres et l'absence de temps consacré au repos en famille. J'ai senti que le père était maintenant prêt à accepter mon explication.

Je me souviens également d'une mère de trois enfants, deux filles et un garçon. Elle aussi était perplexe, car ses enfants avaient tout. Pourtant, les notes de l'aînée avaient commencé à baisser et tandis que la cadette se tenait plus ou moins tranquille, le jeune garçon avait commencé à se rebeller et était régulièrement puni par ses professeurs.

– Me permettez-vous de vous poser une question personnelle? ai-je demandé à la mère. Comment se porte votre couple?

– Je ne vois pas en quoi cela vous regarde! a-t-elle rétorqué. C'est de mes enfants que nous parlons ici!

Son indignation n'a fait que confirmer ma première impression. Elle se refusait à admettre que sa relation avec son mari traversait une mauvaise passe et, donc, se répercutait sur le moral de toute la famille. C'est ce que j'appelle une impasse par déni. En l'occurrence, je suis presque contraint de demander aux parents : «Voulez-vous que je vous dise ce que vous avez envie d'entendre ou ce qu'à mon avis, vous devriez entendre?» Il faut beaucoup de force morale pour accepter immédiatement l'idée que notre comportement est partiellement responsable de la colère de notre enfant. Souvent, il faut du temps, de la réflexion, voire quelques séances de psychothérapie pour que l'adulte accepte de regarder la situation en face. Mais comme je l'ai constaté à maintes reprises, aussi pénible que cela soit, c'est un magnifique cadeau que nous pouvons faire à nos enfants. Les résultats valent vraiment la peine que nous acceptions de regarder certains de nos démons en face.

Avec les années, j'ai également constaté que les messages que j'ai transmis aux milliers de parents qui m'ont consulté étaient probablement très rudes. Mon intention n'était pas de brusquer ces personnes. Mais je savais que les parents désiraient avant toute chose que leurs enfants soient heureux, qu'ils se débarrassent de leurs problèmes et acquièrent l'espoir d'une vie agréable. Le simple fait d'apprendre qu'il leur était possible de rompre le cycle de la colère suscitait généralement en eux un grand soulagement.

Il est important de noter que le mode de vie de la famille n'est que l'un des facteurs de la colère d'un enfant. Chez certains enfants, les facteurs sont nombreux et la famille est rarement seule coupable. Si ces exemples sans détours, ces descriptions franches des influences familiales vous ont désarçonné, sachez toutefois que si c'est la famille qui exerce une forte influence négative sur votre enfant, il existe des remèdes, des solutions concrètes qui vous permettront de mieux vous comprendre mutuellement, de mieux communiquer et d'orienter vos enfants dans la bonne direction.

CHAPITRE 5

LA COLÈRE PROFONDE

Je n'oublierai jamais le visage de Diane et de Christian lorsque je les ai aperçus pour la première fois dans ma salle d'attente. Les traits tirés, l'air découragé, tant leur expression que leur posture reflétaient la défaite. Ils ne m'ont pas plus tôt présenté leur gamin de 4 ans, Robert, que j'ai compris pourquoi. Lorsque je me suis penché pour tendre la main à l'enfant, il m'a envoyé un coup de poing dans la gorge, a reculé pour pointer vers moi un doigt menaçant.

« J'te l'dis tout' suite, a-t-il vociféré. Ici, c'est moi qui commande. »

Christian a aussitôt saisi la main de son fils pour le calmer. Diane a soupiré : « C'est comme ça toute la journée. C'est notre fils, nous l'aimons, mais il est en train de détruire notre famille. »

Il y a des enfants qui se mettent en colère. Et puis il y a aussi des enfants qui vivent toute leur vie en colère. Robert était l'un d'eux. Son courroux perpétuel gâchait toutes les sorties familiales, monopolisait l'énergie de ses parents et provoquait des conflits destructeurs entre les époux.

Robert n'était pas seulement un gamin maussade qui boudait lorsqu'il n'obtenait pas le jouet convoité. Son agressivité était impossible à maîtriser. Ces enfants transforment de simples quiproquos en véritables conflits. Je sais qu'il est difficile d'admettre que des enfants aussi jeunes puissent se comporter de cette manière, proférer ce genre de menaces. Et pourtant, croyez-moi, ils sont plus nombreux que vous ne le pensez.

De quoi s'inquiéter

Aux chapitres précédents, nous avons parlé d'enfants dont la colère était devenue une force destructrice dans leur propre vie et dans celle de leur entourage. Dans ce chapitre, nous étudierons les enfants dont la colère dépasse les bornes ou risque un jour ou l'autre de les dépasser. Cette colère détruit la qualité de la vie des enfants et de leur famille et, dans certains cas extrêmes, nous prend nos enfants à un âge encore précoce.

La colère qui persiste en dépit de vos efforts, qui est terriblement puissante et ne semble pas être précipitée par des causes raisonnables, est peut-être le reflet d'un trouble émotionnel profond, de nature plus grave. La dépression, le trouble bipolaire et le trouble déficitaire de l'attention sont parmi les problèmes que l'on associe le plus souvent à la colère. Ces maladies rendent le traitement de cette colère encore plus difficile, surtout si l'on ne réussit pas à cerner correctement les troubles sous-jacents. La colère et l'irritabilité, en revanche, sont souvent des symptômes négligés de ces troubles. Par exemple, entre 30 et 40 p. 100 des adultes dépressifs font des crises de colère[2]. Ce sont également des caractéristiques du trouble déficitaire de l'attention et du trouble bipolaire chez les enfants.

Certains enfants qui sont en colère parce qu'ils sont la proie de troubles émotionnels trouvent rarement la vie agréable. Ils se trouvent perpétuellement sous un nuage noir, de menace et de rage. Beaucoup d'autres se retirent dans leur coquille, deviennent cachottiers, ce qui peut être

---

2. Fava, M., Rosenbaum, J.-F. « Anger attacks in patients with depression ». *Journal of Clinical Psychiatry*, 60, 1999, p. 21-24.

particulièrement dangereux dans une maisonnée où les adultes, désireux d'éviter les confrontations hostiles, ont tendance à laisser les enfants livrés à eux-mêmes. Nous avons tous vu les conséquences tragiques de ces comportements, lorsque des adolescents solitaires s'amusent impunément à créer des sites Web qui propagent la haine, se défoulent dans leurs journaux intimes ou les devoirs scolaires, voire accumulent un arsenal d'armes à feu. Trop souvent, les parents n'ont pas la moindre idée des activités de ces enfants, trop soulagés lorsque leur progéniture n'est pas dans les parages, occupée à déverser son venin sur leurs frères et sœurs ou d'autres membres de la famille. Il arrive aussi que les parents n'ont jamais pris conscience de l'intensité des pensées et des sentiments venimeux de l'enfant. Mais bien que cette politique de détachement, voire de négligence dans certains cas, semble procurer une certaine paix à la maisonnée, elle a souvent des conséquences catastrophiques.

Léon, âgé de 16 ans, est l'exemple du lien entre la colère et les troubles émotionnels. Ses camarades de classe se moquaient parfois de son sang asiatique. Il réagissait par une indifférence trompeuse, car une fois rentré à la maison, il se défoulait, sans que personne ne comprenne pourquoi il se montrait si agressif. Au lieu de s'expliquer, il se plaignait que ses parents ne le comprenaient pas, il se retirait dans sa chambre pour regarder des vidéos ou rêvasser. Afin d'éviter tout contact avec ses condisciples, il avait abandonné les activités parascolaires. Peu à peu, il s'est mis à passer des nuits blanches. Naturellement, le lendemain matin, il avait du mal à se lever pour aller à l'école, ce qui irritait son père. Fatigué toute la journée, Léon s'endormait pendant la classe. Ses résultats se dégradaient de plus en plus, il échouait à tous les examens, au point qu'il finit par ne plus faire ses devoirs. À la maison, il se lançait dans des disputes avec ses frères et sœurs et le plus petit incident déclenchait sa colère.

Ses parents décidèrent de remédier à la situation en l'envoyant chez un psychiatre, qui diagnostiqua une dépression et prescrit un antidépresseur accompagné de somnifères. Pendant nos séances, Léon m'expliqua que la nuit était le seul moment durant lequel il se sentait en paix. Il était pris dans un cercle vicieux d'épuisement, de dépression et de soucis, dont il essayait de sortir en se retirant du monde extérieur. Par conséquent, il continuait à refuser d'aller à l'école le matin, même si cela provoquait de terribles querelles au sein de la famille.

Malheureusement, il n'avait jamais confié à quiconque la raison pour laquelle il refusait d'aller à l'école. Au fur et à mesure que sa dépression s'aggravait, il perdait sa capacité de tolérance aux tensions les plus mineures. Ultérieurement, il m'a expliqué ce qu'il ressentait alors : « J'avais honte de ce que j'étais, honte de ne pas pouvoir supporter les taquineries, honte de laisser la situation se dégrader ainsi et j'étais prêt à me battre contre le monde entier pour ne pas avoir à admettre que j'étais un raté. » Il fallut une nouvelle école, de nouveaux amis, des séances de psychothérapie et un retour au cycle normal de sommeil pour que la colère de Léon commence à s'apaiser.

Bien que son histoire ait un heureux dénouement, ses crises de rage étaient terrifiantes. Il est important de noter, cependant, que la majorité des enfants qui souffrent de troubles émotionnels ne se rabattent pas sur la violence. Mais chez ceux qui réagissent par la violence, elle est d'une telle intensité qu'un jour ou l'autre ils font les manchettes des journaux. Le nombre d'actes de violence commis par des adolescents a fait un bond en avant au cours des quinze dernières années. Les garçons réagissent par l'agressivité beaucoup plus souvent que les filles et il y a de forts risques qu'un enfant violent devienne un adulte violent[3].

Mais la grande majorité des dizaines de millions d'écoliers ne perdent pas les pédales aussi facilement. En général, leurs crises de colère sont provoquées par une dispute. Beaucoup de jeunes délinquants reproduisent un comportement violent qu'ils ont appris au sein de leur famille ou d'une bande

---

3. Eron, L. D. *et al. Reason to Hope.* American Psychological Association, 1994.

de malfaiteurs. Il ne s'agit pas de l'une des manifestations d'un trouble émotionnel. Si nous ne voyons que les manchettes des journaux, nous risquons de passer à côté d'un aspect important du problème. La violence chez les jeunes est un problème crucial, que nous devrions aborder avec le plus grand sérieux, certes, mais il ne faut pas oublier qu'un grand nombre d'adolescents souffrent d'un trouble émotionnel qui remonte à l'enfance. Trop souvent, nous oublions ces enfants éclipsés par le sensationnalisme des actes de violence commis par des adolescents.

Colère et dépression

Je me souviens de Paul, âgé d'une douzaine d'années. D'après sa mère, Colette, il descendait de l'autobus scolaire pour gravir le perron de la maison, du pas pesant d'un boxeur en train de perdre le dernier round. Une fois entré, il provoquait méchamment sa sœur et résistait à tous les efforts de sa mère pour lier conversation.

Incapable de tolérer ce comportement, Colette reléguait Paul dans sa chambre. Mais les résultats se faisaient attendre. Son caractère devenait de plus en plus difficile d'un jour à l'autre et il passait de plus en plus de temps enfermé dans sa chambre au lieu de se hâter d'aller jouer dehors avec ses camarades, comme il le faisait autrefois. Aux repas, il mangeait à peine et ne s'intéressait guère à la vie de la famille. Sa mère a d'abord pensé qu'il s'agissait des débuts d'une crise d'adolescence, mais elle a découvert qu'il évitait aussi ses copains. Elle s'est demandé si le caractère maussade de Paul était causé par le divorce de ses parents, qui avait eu lieu cinq ans plus tôt. Elle avait entendu dire qu'avec les années, ce genre d'événement pouvait remonter en surface sous forme de stress.

Heureusement, Colette a réussi à garder contact avec Paul. Le comportement de plus en plus intolérable de son fils l'a persuadée de creuser jusqu'à la racine du problème. La mauvaise humeur, le détachement, le changement des habitudes alimentaires ou de sommeil étaient des symptômes importants, auxquels elle prêtait attention. En outre, elle se tenait à l'écoute et a fini par apprendre que son fils se battait contre ses camarades d'école, était méprisé d'une fillette qui lui plaisait et souhaitait que son père l'appelle plus souvent. Paul se sentait dépassé, épuisé, inférieur aux autres enfants de la classe. Colette craignait que sa tristesse ne tourne en dépression, aussi difficile que cela fût d'accepter l'idée d'un enfant dépressif. Il est fort probable qu'elle a sauvé son fils en essayant de comprendre les émotions qui provoquaient la colère, plutôt qu'en concentrant son attention sur les retombées que la colère avait sur le reste de la famille.

Si votre enfant est en colère ou de tempérament irascible, vous devrez absolument envisager l'éventualité de la dépression. Les enfants deviennent dépressifs, pas seulement les adultes. Au cours du dernier quart de siècle, les chercheurs ont constaté que les enfants pouvaient présenter des symptômes de dépression aussi réels que les manifestations décelées chez les adultes.

Aux États-Unis, près de 2,5 p. 100 des enfants et plus de 8 p. 100 des adolescents souffrent de dépression[4]. Pendant une période de six mois, entre les âges de 9 et de 17 ans, près de 5 p. 100 des enfants sont atteints de dépression majeure[5]. Bien que le taux de guérison de la première dépression soit très élevé chez les enfants[6], le taux de récurrence plus grave à l'âge adulte l'est aussi[7].

---

4. Birmaher, B. *et al.* «Childhood and adolescent depression : A Review of the past ten years». Partie I. *Journal of the American Academy of Child and Adolescent Psychiatry*, 35, 1996, p. 1427-1439.
5. Shaffer, D. *et al.* «The NIMH diagnostic interview schedule for children, version 2.3 (DISC2.3) : Description, acceptability, prevalence rates, and performance in the MECA study». *Journal of the American Academy of Child and Adolescent Psychiatry*, 35 (7), 1996, p. 865-867.
6. Kovacs, M. *et al.* «Depressive disorders in Childhood. I. A longitudinal prospective study of characteristics and recovery». *Archives of General Psychiatry*, 41 (3), 1984, p. 229-237.
7. Weissman, M. M. *et al.* «Depressed adolescents grow up». *Journal of the American Medical Association*, 281, 1999, p. 1701-1713.

Les symptômes de la dépression

Dans le cas de Paul, c'est son irritabilité et le changement brusque des habitudes qui ont mis la puce à l'oreille de sa mère. Mais les symptômes peuvent différer d'un enfant à l'autre.

La colère signifie que quelque chose ne va pas. Les psychologues savent depuis longtemps que la dépression peut être la manifestation d'une colère intériorisée. Bien que certains enfants deviennent visiblement irascibles, voire parfois méchants, d'autres vivent la dépression autrement : changement des habitudes de sommeil et de l'appétit, détachement des amis, perte des intérêts, sentiment général de tristesse. Mais, vous demanderez-vous, les enfants ne sont-ils pas tristes de temps à autre ?

Oui, près de la moitié des enfants connaissent chaque année des épisodes de tristesse profonde, de disparition totale de la joie de vivre. C'est une réaction courante aux problèmes de la vie, qui ne signifie pas que l'enfant est cliniquement dépressif. La majorité des enfants trouvent le moyen de s'adapter aux difficultés. Leur tristesse est temporaire. Elle ne dure que jusqu'à ce que la cause disparaisse ou jusqu'à ce qu'ils trouvent une solution à leurs problèmes. Mais chez certains, les difficultés perdurent, en dépit des efforts et des tentatives d'adaptation.

Il est possible que la tristesse s'attarde après que les problèmes se sont dissipés. C'est lorsque ces symptômes sont encore présents au bout de quelques semaines qu'il convient de réclamer de l'aide. Malheureusement, il existe une idée reçue selon laquelle ces enfants sont simplement fatigués ou tristes de nature. Mais la situation est beaucoup plus complexe.

Voici les symptômes les plus courants de dépression chez les enfants et les adolescents :

1. Tristesse ou irritabilité persistantes
2. Perte d'intérêt pour les activités favorites

3. Changement notable de l'appétit

4. Sommeil excessif ou, au contraire, difficulté à s'endormir

5. Perte d'énergie

6. Agitation permanente ou, au contraire, ralentissement de l'activité physique

7. Difficulté à se concentrer

8. Pensées récurrentes de mort ou de suicide

Il faut qu'au moins cinq de ces symptômes persistent pendant deux semaines ou plus pour que l'on diagnostique une dépression. D'après le National Institute of Mental Health, aux États-Unis, il est possible d'associer plusieurs autres indices à la dépression chez les enfants et adolescents [8].

1. L'enfant se plaint souvent de douleurs vagues

2. Les absences de l'école sont fréquentes et les résultats scolaires se détériorent

3. L'enfant parle de s'enfuir de la maison

4. Crises de rage, récriminations, irritabilité inexpliquée

5. L'enfant donne l'impression de s'ennuyer

6. La compagnie de ses amis semble perdre tout intérêt pour l'enfant

7. Consommation d'alcool ou de stupéfiants

8. Isolement social

9. Irritabilité, colère ou hostilité croissantes

10. Comportement téméraire

11. Les relations avec l'entourage deviennent houleuses

---

8. *Depression in children and adolescents : A fact sheet for physicians*, National Institutes of Health, publication 00-744, septembre 2000.

Il est particulièrement difficile de diagnostiquer la dépression chez les enfants, parce qu'ils sont moins habiles que les adultes à expliquer leurs sentiments. Ils ont tendance à se défouler par la colère, que l'on risque d'interpréter à tort comme un problème de comportement. Pour mieux comprendre la possibilité de la dépression, il convient d'en apprendre davantage sur la manière dont elle se manifeste chez les enfants à des âges différents.

La tristesse ordinaire… et l'autre

Il est parfois difficile de distinguer entre des phases ordinaires de tristesse, d'une part, d'irritabilité et de dépression, d'autre part. Selon l'âge de l'enfant, les symptômes varient. Sachez cependant que vous devriez informer votre pédiatre ou médecin de famille de tous les symptômes que vous décelez. Il pourra vous diriger vers un psychologue de l'enfance ou un travailleur social.

LES JEUNES ENFANTS

Quel que soit leur âge – nourrissons, bambins d'âge scolaire, pré-adolescents et adolescents –, les enfants peuvent présenter des symptômes de dépression. Il n'est pas facile d'admettre qu'un nourrisson ou un bambin peut être dépressif, car nous imaginons leur vie dépourvue de tout souci. Et pourtant, dans certaines conditions, ils peuvent l'être. S'ils sont séparés de l'un de leurs parents, par exemple durant un long séjour à l'hôpital. C'est la raison pour laquelle les hôpitaux insistent tant pour que les parents rendent visite aux enfants.

Lorsque la mère et son nourrisson sont séparés pendant de longues périodes, la réaction de l'enfant se produit en trois phases. Tout d'abord, il proteste par des caprices et autres signes extérieurs de frustration. Ensuite, il passe à l'étape suivante, qui se caractérise par le chagrin et la tristesse. Le troisième stade est celui du détachement, au cours duquel l'enfant ne semble plus montrer d'émotion, paraît tranquille et indifférent aux autres. Dans des cas extrêmes, le nourrisson ou le bambin souffre d'un trouble de croissance : il ne prend pas de poids, voire en perd. Cette interruption de la croissance peut provenir de problèmes complexes entre l'enfant et le parent. Mais elle est parfois causée par d'autres troubles de la santé et n'est pas toujours liée à la séparation. Toutefois, il est important de comprendre que les très jeunes enfants réagissent de manière souvent intense lorsqu'ils sont séparés du parent ou de la personne qui s'occupe habituellement d'eux.

La dépression peut se manifester chez les bambins lorsque l'un des parents est émotionnellement détaché de l'enfant. Le Dr Jeff Cohen, psychologue de l'université de Pittsburgh, a étudié les effets de la dépression postpuerpérale des mères sur les bébés. Cette recherche est particulièrement cruciale, car entre 10 et 20 p. 100 des mères souffrent de cette maladie.

Cohen a constaté que les mères dépressives n'entretenaient pas de relations très positives avec leurs bébés. La dépression peut alors s'étendre à l'enfant. Heureusement, les effets à long terme semblent limités. Au fur et à mesure que la mère reprend du poil de la bête, le bébé aussi.

LES ENFANTS EN PLEINE CROISSANCE

À l'âge préscolaire ou scolaire, la séparation demeure la principale cause de tristesse ou de dépression. Les tout-petits ont tendance à se raccrocher à un parent après un décès, un divorce ou tout autre événement familial particulièrement pénible. Les enfants en âge scolaire se détachent des amis ou commencent à avoir de mauvaises notes. En effet, la dépression ne touche pas uniquement les émotions, elle porte atteinte aux capacités d'apprentissage et de mémorisation. Soyez à l'écoute, si votre enfant abandonne soudain une activité parascolaire qu'il adorait autrefois, s'il devient de plus en plus irritable et colérique. Par-dessus tout, écoutez-le. S'il a tendance à se dénigrer, s'il manque de confiance en lui, c'est le signe qu'il se sent impuissant, dépassé par les événements.

LES ADOLESCENTS, LA DÉPRESSION ET LE SUICIDE

Beaucoup d'adolescents connaissent des moments de déprime, imputables aux changements hormonaux et aux sautes d'humeur, aux bouleversements de leur vie ainsi qu'à des remises en question. Inutile de préciser que la famille, la collectivité et l'école doivent faire leur possible pour aider les adolescents à traverser ces années parfois pénibles.

Comment déceler la véritable dépression ? La plupart des adolescents sont parfois maussades, renfermés ou adoptent un comportement inhabituel. C'est une caractéristique de leur âge. Mais lorsque nous entendons dire que l'un d'eux s'est suicidé (ou a commis des meurtres avant de se suicider, comme c'est parfois le cas dans les écoles), nous sommes absolument horrifiés.

Le suicide chez les enfants est très rare, mais chez les adolescents, c'est la troisième cause de décès. Au demeurant, il est fort possible que maints prétendus accidents aient été des tentatives de suicide. La dépression n'aboutit pas toujours à des velléités suicidaires, mais les parents devraient prendre au sérieux toute mention de suicide, surtout si l'adolescent a récemment perdu un être cher, à plus forte raison lorsque le disparu est aussi un adolescent et si l'on soupçonne un suicide. D'après les statistiques compilées par le National Institute of Mental Health, les principaux facteurs de risque de tentatives suicidaires chez les jeunes sont la dépression, l'alcool et les stupéfiants, ainsi qu'un comportement agressif ou violent.

Soyez à l'affût des signes de retrait, d'ennui perpétuel, de vide. Il n'est pas rare que les enfants ou les adolescents, qui n'ont pas encore bien saisi la permanence de la mort, observent avec envie le pompeux cérémonial funéraire. Dans l'espoir d'attirer la même attention, ils pensent alors à leur propre mort. Parfois, ils songent à rejoindre un être cher au ciel.

Les adolescents se suicident pour en finir avec une extrême douleur émotionnelle. Ce ne sont pas tous les suicidés qui présentent des symptômes de dépression et ce ne sont pas non plus tous les jeunes dépressifs qui ont des tendances suicidaires. Mais la dépression les rend vulnérables. Autres facteurs : des tentatives de suicide antérieures, la toxicomanie, les troubles de l'appétit, les psychoses, des antécédents de suicide dans la famille ou parmi les amis, une perte grave (décès, divorce, abandon), la violence parentale, des résultats scolaires médiocres, une vie familiale catastrophique, l'absence d'amis ou, enfin, une orientation sexuelle problématique.

Tout adolescent qui prononce des paroles du genre : «Je voudrais être mort», qui distribue autour de lui ses possessions les plus chères (comme s'il se préparait à mourir) ou qui adopte un comportement dangereux (il joue avec le feu, il boit au volant, il consomme des stupéfiants, il ne prend pas de précautions durant ses relations sexuelles) doit être absolument, immédiatement, examiné par un psychothérapeute.

Il arrive aussi que les enfants et les adolescents dépressifs transgressent la loi par colère ou par défi. Les policiers sont témoins d'incidents au cours desquels des adolescents brisent des vitrines, conduisent dangereusement, harcèlent leur ex-petite amie. Des réactions colériques de ce genre accompagnent également les pertes ou un stress intense dans la vie d'un enfant. Je rappelle cependant qu'il ne s'agit pas forcément de symptômes de dépression. Mais souvenez-vous que la dépression est souvent masquée par la colère. Il ne faut pas négliger les jeunes qui présentent à la fois des signes de colère et de dépression, en considérant que tout ce dont ils ont besoin, c'est d'une discipline plus stricte. Les comportements mêmes ne sont parfois que des signaux avant-coureurs de problèmes beaucoup plus graves.

Les causes de la dépression enfantine

Des comportements liés à la dépression tels que des menaces de suicide, une dégradation des résultats scolaires ou des nuits blanches peuvent avoir des causes extrêmement complexes. Les trois qui contribuent à la dépression sont les traumatismes émotionnels ou physiques, les causes biologiques et l'impuissance apprise.

LES TRAUMATISMES

Par traumatisme, j'entends le décès d'un parent, une blessure physique grave ou de très mauvais résultats scolaires. Tous les enfants ne réagissent pas de manière identique, mais quelle qu'elle soit, cette réaction doit absolument être prise au sérieux, même si, aux yeux des parents, l'événement qui l'a déclenchée semble trivial. Par exemple, un enfant qui a coutume d'avoir des bonnes notes sera absolument catastrophé par un échec à un examen.

D'autres réagissent avec intensité à la rupture d'une relation ou aux taquineries de leurs camarades. Leurs sentiments sont très réels, même si les adultes jugent ces événements totalement insignifiants. Inversement, certains enfants réagiront à peine dans des circonstances que les autres jugeront traumatisantes. Lorsqu'un enfant ne réagit pas à des événements tels qu'un décès, un abandon, un divorce, une blessure qui le rend infirme, cela ne veut pas dire automatiquement qu'il s'adapte bien à la situation. Au contraire, l'absence de toute tristesse ou colère apparente est en elle-même problématique. Le traumatisme peut se manifester autrement, ressortir ultérieurement, pendant l'adolescence par exemple, à un âge où les premières velléités d'indépendance et la perspective de quitter un jour le cocon familial commencent à apparaître.

LES CAUSES BIOLOGIQUES

Ces causes proviennent de deux sources : la génétique et les réactions physiques à un stress majeur. La dépression est effectivement héréditaire. En l'occurrence, c'est la tendance et non la cause qu'il faut déceler. Lorsque de proches parents ont des antécédents de dépression, il est possible que les symptômes de dépression soient la manifestation d'une composante génétique qui rend l'enfant plus vulnérable.

Chez les personnes qui ont subi des événements traumatisants, des changements de nature chimique se produisent dans le système nerveux et peuvent aboutir à la dépression. Des produits chimiques, les neurotransmetteurs (qui envoient des messages aux neurones) subissent des transformations. La personne présente alors les symptômes classiques de la dépression : troubles du sommeil, perte de l'appétit, mélancolie.

IMPUISSANCE APPRISE

En troisième lieu, l'impuissance apprise conduit à la dépression. Lorsque nous subissons des événements indépendants de notre volonté et très douloureux, notre motivation, notre faculté de réflexion et notre capacité émotionnelle en subissent le contrecoup. Les enfants qui sont perpétuellement maltraités, par exemple, finissent par se sentir incapables de faire cesser la douleur et abdiquent. Ils la supportent parce qu'elle est devenue un élément intrinsèque de leur vie. Ils ne sont pas capables de comprendre comment leur comportement pourrait influer sur l'orientation de leur existence. Ils « apprennent » l'impuissance, ils perdent tout espoir. Les enfants qui ont du mal à accepter un handicap physique connaissent aussi ce sentiment d'impuissance. Ils vont parfois jusqu'à apprendre qu'en jouant aux incapables, ils persuaderont les autres de se mettre en quatre pour eux.

Comment soigner la dépression chez un enfant

Il est souvent possible de soigner la dépression grâce à la psychothérapie, en faisant participer non seulement l'enfant, mais encore sa famille aux séances. Toutefois, chez certains patients, les remèdes pharmaceutiques sont indispensables. Mais attention, ce n'est pas le cas chez tous les enfants; par conséquent, les parents devraient faire preuve de prudence à cet égard. En outre, un médicament n'est pas la panacée universelle. Il sera plus efficace en conjonction avec la psychothérapie, qui aidera l'enfant à comprendre et à surmonter sa dépression.

C'est le médecin de votre enfant, en collaboration avec un psychiatre ou un psychologue, qui décidera si oui ou non l'enfant a besoin d'un médicament. Certains parents refusent de voir les symptômes de leur enfant ou d'aborder la question, de peur du qu'en dira-t-on.

De nombreuses personnalités, parmi lesquelles Mme Rosalynn Carter, épouse de l'ancien président, ont lutté vaillamment pour que la maladie mentale soit considérée comme une maladie ordinaire. Des organismes spécialisés, tels que la National Association of Mental Illness (NAMI) font leur possible, depuis des années, pour que le public reconnaisse que la maladie mentale est un problème biologique très réel.

Les parents ont parfois peur de donner des médicaments à leur enfant, car ils considèrent la dépression comme l'indice d'une faiblesse quelconque. Soyez sûr que les facteurs physiques de la dépression sont tout aussi affaiblissants que ceux de n'importe quelle maladie physique chronique, comme le diabète ou l'asthme. Le fait que votre enfant prend des médicaments ne signifie pas qu'il est «anormal», mais seulement qu'il a besoin de certains produits pour aider son cerveau à mieux fonctionner. Enfin, dans beaucoup de cas, les médicaments ne sont administrés que pendant un court laps de temps.

Comment reconnaître le trouble déficitaire de l'attention

Dès avant sa naissance, Jérémie causait du souci à sa mère. À l'occasion d'une petite fête organisée en son honneur, elle avait posé une tasse de thé sur son ventre. Le bébé donna un tel coup de pied qu'il envoya valser la tasse et la soucoupe. À 2 ans, il se cachait dans tous les placards qu'il pouvait trouver et escaladait tous les meubles dans lesquels il ne pouvait pas se cacher. À 4 ans, il fut expulsé de la garderie au bout de trois jours. Pendant sa première année de maternelle, son institutrice remarqua qu'il était incapable de se concentrer sur quoi que ce soit ou de se tenir tranquille une minute. À l'école primaire, il refusait de faire ses devoirs, ce qui provoquait de terribles disputes avec ses parents, et se levait toutes les cinq minutes pour aller chercher à boire, jouer avec le chien ou regarder la télévision. Les rares fois où il faisait ses devoirs, il les perdait avant de les rendre à l'institutrice. Ses parents inventaient toutes les punitions possibles et imaginables, mais la plupart de leurs tentatives se terminaient en cris, en pleurs et en grincements de dents.

Jérémie présentait les symptômes du trouble déficitaire de l'attention (TDA), que l'on appelle aussi trouble déficitaire de l'attention avec hyperactivité, bien que tous les enfants qui souffrent de ce trouble ne soient pas forcément hyperactifs.

Ce problème, courant mais inquiétant, touche entre 5 et 6 p. 100 des enfants, principalement les garçons. Il est très souvent mal diagnostiqué, car il ne peut être détecté par analyse du sang ou par radiographie. L'enfant est parfois simplement considéré comme manquant de maturité, de discipline et obstiné. Inversement, il arrive qu'un enfant normal soit considéré comme atteint de TDA, alors qu'il souffre d'un handicap d'apprentissage, qu'il manque simplement de discipline, qu'il vit un stress émotionnel ou qu'il est victime d'attentes trop élevées de la part de ses parents ou de lui-même.

La colère et l'agressivité sont parfois en évidence chez les enfants atteints de TDA. Ces symptômes combinés peuvent indiquer un trouble psychologique beaucoup plus grave et, chez un adolescent, être l'indice d'une toxicomanie[9].

Étant donné qu'il s'agit d'un trouble très répandu chez les enfants, il est important que chaque parent et chaque enseignant en comprenne les symptômes et le traitement. Même si votre enfant n'en souffre pas, il a sûrement des amis, des cousins ou des condisciples qui n'ont pas cette chance.

Qu'est-ce que le TDA ?

Les enfants atteints de TDA ont du mal à se concentrer, leur champ d'attention est très bref, ils sont impulsifs et facilement distraits. Assis, ils se tortillent constamment sur leur chaise et ils sont hyperactifs pendant les activités qui exigent du mouvement. Beaucoup présentent un handicap d'apprentissage et environ 35 p. 100 d'entre eux auront besoin d'une aide spéciale pour apprendre. Ces enfants, généralement très difficiles, tant à la maison qu'à l'école, sont plus portés que leurs camarades à souffrir de troubles du comportement et des rapports en société.

Les causes et les conséquences du TDA

Nul ne connaît les causes exactes de ce trouble. Souvent, les parents d'enfants atteints affirment avoir présenté les mêmes symptômes durant leur enfance, ce qui suggérerait un lien héréditaire. Mais ce lien n'est pas toujours direct.

---

9. Weller, E. B. *et al.* «Aggressive behavior in patients with attention deficit/hyperactivity disorder». *Journal of Clinical Psychiatry*, 60, 1999, p. 5-11.

Des études récentes ont permis de constater que, chez ces enfants, le métabolisme est plus lent dans les parties du cerveau qui régissent l'attention et la concentration. Toutefois, des recherches beaucoup plus approfondies s'imposent avant que nous puissions clairement cerner les causes physiques.

Nous savons cependant que le TDA n'est causé ni par le manque de maturité du système nerveux de l'enfant, ni par les additifs alimentaires, ni par de mauvaises méthodes d'éducation. En revanche, les enfants qui ont subi un traumatisme crânien, souffrent de malnutrition ou ont vécu un stress psychologique intense peuvent en présenter les symptômes. Il existe également des médicaments dont les effets secondaires rappellent les symptômes du TDA, mais cela ne signifie pas que les enfants sont atteints de ce trouble.

Les premiers signes avant-coureurs apparaissent en général avant l'âge de 6 ans. À l'adolescence, les symptômes s'atténuent chez la moitié des enfants environ. Le TDA provoque toutes sortes de problèmes – impulsivité, inattention, distraction – qui se répercutent sur pratiquement tous les aspects du comportement de l'enfant, à l'école comme à la maison.

Pour apprendre, l'attention est cruciale. Songez aux étapes nécessaires pour faire un simple appel téléphonique : savoir à qui nous voulons parler, savoir écrire son nom, savoir comment le chercher dans l'annuaire, mémoriser le numéro, composer le numéro, attendre que l'autre réponde et nous souvenir de la raison pour laquelle nous l'appelons.

La majorité des gens tiennent ces étapes simples pour acquises. Mais si on nous distrait pendant que nous passons de l'une à l'autre, nous risquons de composer un numéro erroné ou d'oublier pourquoi nous appelons. L'enfant atteint de TDA est distrait dans tout ce qu'il fait. Ce n'est pas qu'il est idiot ni qu'il manque de maturité. Il est simplement incapable de se concentrer pendant toute la durée des étapes nécessaires pour apprendre ou accomplir une tâche.

L'esprit de l'enfant a tendance à vagabonder pendant que l'institutrice parle. Il oublie d'inscrire les devoirs à faire et son manque d'attention l'empêche d'étudier ou de réussir aux examens.

Malheureusement, les problèmes ne se terminent pas en classe. Ces enfants ont du mal à saisir les signaux subtils qui leur indiquent comment se comporter, même avec leurs amis les plus intimes. Par conséquent, ils se montrent trop envahissants ou semblent ne pas comprendre ce dont les autres parlent, ne pas posséder de capacité de discernement. Je me souviens d'un gamin de 9 ans qui s'est battu avec son ami le premier jour d'école. Il courait pour dire bonjour à l'autre enfant, a mal jugé sa vitesse et a provoqué une collision entre les deux. Une bagarre a suivi.

Le comportement des enfants atteints de TDA dans les activités de groupe risque également d'en faire des parias. Par exemple, pendant un match de soccer, Antoine est devenu le bouc émissaire de ses coéquipiers parce qu'au lieu d'arrêter le ballon, il admirait les pissenlits.

Le diagnostic

En général, une équipe constituée d'un médecin (pédiatre, médecin de famille ou psychiatre), d'un psychologue, des parents et des enseignants est réunie pour diagnostiquer l'enfant atteint de TDA. Le médecin recherchera soigneusement d'autres causes physiques éventuelles. Il n'existe pas d'analyse précise pour dépister le trouble.

L'équipe recherchera aussi les facteurs psychologiques qui contribuent au comportement ou aux difficultés de l'enfant. Le psychologue lui fera peut-être passer certains tests pour éliminer la possibilité d'un handicap d'apprentissage. Les parents et les enseignants remplissent des questionnaires ou des échelles d'évaluation (par exemple l'échelle de Conners), donnent des renseignements sur les antécédents de l'enfant, les symptômes, les résultats scolaires et le comportement en société. Étant donné que les enfants sont souvent capables de refouler leurs symptômes dans des situations nouvelles ou lors d'entretiens personnels, il est possible que les signes du trouble n'apparaissent pas immédiatement pendant la première visite.

Les symptômes du TDA se divisent en deux catégories : l'inattention et l'impulsivité-hyperactivité. Les critères du diagnostic énumérés ci-dessous sont extraits du *Diagnostic and Statistical Manual*, soit le guide ordinaire de diagnostic des troubles psychologiques. Il faut que l'enfant présente six ou plus des symptômes dans chaque catégorie, pendant au moins six mois. Le comportement doit être suffisamment marqué pour se répercuter sur les activités, dans deux ou plusieurs environnements ; il doit être en conflit avec le degré normal de développement de l'enfant et doit s'être manifesté pour la première fois avant que l'enfant ait atteint 7 ans.

INATTENTION

- Omet de prêter attention aux détails ou commet des erreurs d'étourderie.
- A du mal à garder son attention fixée sur la tâche ou le jeu en cours.
- Ne semble pas écouter lorsqu'on s'adresse directement à lui.
- Éprouve des difficultés à organiser ses tâches et ses activités.
- Évite les tâches qui exigent un effort mental soutenu.
- Perd les objets nécessaires aux tâches ou aux activités.
- Est facilement distrait.
- A mauvaise mémoire.

HYPERACTIVITÉ - IMPULSIVITÉ

Hyperactivité

- Se tortille sur sa chaise, remue constamment les mains ou les pieds.
- Se lève pendant des activités qui exigent de demeurer assis.
- Court partout, est trop souvent en train d'escalader des objets.

- A du mal à jouer paisiblement ou à se livrer à des activités tranquilles.
- Se comporte comme s'il était mu par une dynamo.
- Est un moulin à paroles.

Impulsivité

- Répond aux questions sans réfléchir.
- A du mal à attendre son tour.
- Interrompt les autres ou s'ingère dans leur conversation.

Il semble bien que le TDA soit héréditaire, ce qui viendrait étayer la théorie génétique. Par exemple, si, de deux vrais jumeaux, l'un d'eux est atteint de TDA, il est probable que l'autre le sera aussi. Il peut arriver aussi qu'un autre membre de la famille proche présente des symptômes de TDA[10].

La plupart des enfants commencent à présenter les symptômes pendant leurs premières années, avant l'âge scolaire. À moins que ces signes ne soient sérieux, beaucoup de parents tolèrent le comportement de l'enfant jusqu'à ce que les enseignants de prématernelle, de maternelle ou de l'école primaire les remarquent. Si vous êtes inquiet, n'hésitez pas à en discuter avec le médecin traitant de votre enfant.

Lorsqu'on diagnostique le TDA, il est important d'évaluer aussi les problèmes de l'enfant, afin de dégager ceux qui ne répondent pas à l'appel. Par exemple, les problèmes médicaux, les handicaps d'apprentissage et le stress émotionnel se manifestent par des symptômes identiques à ceux du TDA. Dans le même ordre d'idées, l'inattention est parfois causée par un problème de vue très ordinaire. Un enfant élevé dans une famille violente ou

---

10. Faraone, S. V. et Beiderman, J. «Genetics of attention deficit hyperacticity disorder». *Child and Adolescent Clinics of North America*, 2, 1999, p. 285-301.

qui souffre d'anxiété aura du mal à se concentrer, ce qui ne signifie pas pour autant qu'il est atteint de TDA.

Les enfants dont les symptômes de TDA sont reliés à des difficultés d'apprentissage ou des problèmes émotionnels devraient également recevoir des soins pour les autres troubles, mais leur traitement – médicament ou gestion du comportement – ne devrait pas être identique à celui que l'on prescrirait à un enfant atteint du véritable TDA. C'est pour cette raison que le diagnostic est si complexe et doit être pris très au sérieux tant par les parents que par le médecin.

En mai 2000, l'American Academy of Psychiatrists a émis ses premières lignes de conduite sur le diagnostic du TDA, afin de s'assurer que les gamins simplement remuants ne reçoivent pas de traitement inutile. C'est important, car l'administration de médicaments stimulants a enregistré un bond spectaculaire et on craint aujourd'hui une ruée vers le diagnostic et le traitement du TDA alors que d'autres mesures seraient plus efficaces, pour commencer. En vertu des nouvelles lignes de conduite, l'enfant doit présenter des symptômes dans au moins deux cadres, par exemple à la maison et à l'école ; ces symptômes doivent influer sur son rendement scolaire ou son fonctionnement en société pendant au moins six mois. Voilà pourquoi la participation des parents et des enseignants est si importante.

Le traitement

Bien que le TDA soit pour le moment incurable, certains traitements atténuent les symptômes, aident la famille et l'enfant à s'adapter. Les deux principaux sont la gestion du comportement et les médicaments.

LA GESTION DU COMPORTEMENT

En général, je recommande de commencer par là, à moins que les symptômes ne soient extrêmement graves. Un psychologue ou tout autre professionnel de la santé mentale est en mesure d'apprendre à l'enfant comment gérer son problème.

Effectivement, il est possible d'enseigner aux enfants des méthodes de diminution de l'impulsivité et de l'inattention. Nous pouvons mettre l'accent sur des techniques précises de résolution de problèmes ou des suggestions pour améliorer les capacités d'organisation. Par exemple, un enfant peut apprendre à suivre quatre étapes : (1) se fixer un objectif, (2) dresser un plan qui lui permettra d'atteindre l'objectif, (3) mettre le plan en œuvre, (4) revoir son travail pour être sûr d'avoir atteint le but et suivi correctement le plan. Les parents et les enseignants adaptent ces techniques de manière à répondre aux besoins de l'enfant. Les programmes mettent l'accent sur de fréquents retours en arrière et des règles claires pour enseigner aux enfants des techniques qui atténueront les symptômes. Tous les traitements de ce genre, qu'ils soient offerts par des psychiatres ou des psychologues qui exercent dans le privé ou dans le cadre de programmes hospitaliers, devraient comporter des séances de formation des parents.

On pourrait se demander en quoi la gestion du comportement diffère de la psychothérapie et de la psychologie traditionnelles. Ces thérapies s'adressent aux problèmes émotionnels et ne sont généralement pas efficaces dans le cas d'un enfant atteint de TDA. Cela dit, beaucoup de ces enfants souffrent aussi de problèmes émotionnels et sociaux que la psychothérapie pourrait résoudre. Lorsque les troubles de l'enfant revêtent tant de formes différentes, un bon thérapeute utilisera un traitement combiné, qui fera appel à des stratégies de gestion du comportement tout en soignant les problèmes émotionnels.

LES MÉDICAMENTS

Près de 90 p. 100 des enfants atteints de TDA recevront des médicaments à un moment ou à un autre. Les plus courants – Ritalin, Dexédrine, Cylert, Adderall, Concerta ou Wellbutrin – ne peuvent être prescrits que par un médecin, soit le pédiatre de l'enfant, le médecin de famille ou un psychiatre. Tous sont des stimulants, à une exception près (Wellbutrin), et sans doute vous demandez-vous pourquoi on prescrirait des stimulants à un enfant déjà hyperactif. Mais les recherches ont permis de constater que chez les enfants atteints de TDA, le métabolisme du cerveau est un peu plus lent que chez les autres. Les médicaments semblent stimuler des éléments importants du cerveau, surtout les parties responsables de l'attention, ce qui lui permet de mieux fonctionner.

Souvenez-vous cependant que les médicaments ne feront pas disparaître les symptômes. Dans beaucoup de cas, l'oubli d'une dose oblige à tout recommencer. Ces médicaments ont un effet assez rapide, c'est pourquoi la plupart des enfants prennent une dose l'après-midi, qui leur est administrée par l'infirmière de l'école. Les antidépresseurs (parfois utiles pour soigner le TDA) prennent plus de temps à agir ; dans certains cas, il faut près d'un mois pour commencer à voir des résultats.

Selon le médicament prescrit et les symptômes de l'enfant, il est possible de ne lui administrer des doses que les jours d'école, surtout s'il s'agit d'un stimulant. Cependant, si les symptômes ont des retombées négatives sur ses relations et son comportement, le médecin vous recommandera peut-être de lui administrer une dose tous les jours.

Naturellement, les médicaments ont parfois des effets secondaires : perte de l'appétit, maux de tête, douleurs abdominales, tics (moteurs et vocaux), insomnie, changements du rythme cardiaque ou de la tension artérielle. Certains enfants ont des réactions allergiques aux médicaments. Si l'un d'eux ne convient pas à votre enfant, consultez le médecin. N'oubliez surtout pas de lire soigneusement la notice fournie par la pharmacie pour savoir à quoi vous attendre. Il faut décider si les effets secondaires l'emportent sur les résultats positifs. Mais la simple existence de ces effets signifie qu'il ne faut jamais prescrire cavalièrement ces médicaments.

Que vous réserve l'avenir ?

Parents et enseignants se sentent souvent dépassés face à un enfant atteint de TDA. Mais il existe des moyens d'adaptation et, avec un peu d'entraînement et de patience, vous parviendrez à aider votre enfant.

La plupart de ces enfants devraient suivre la filière scolaire normale, à moins qu'ils ne présentent également des handicaps d'apprentissage ou des troubles du comportement qui exigent des méthodes particulières d'enseignement, adaptées à l'enfant. Il est donc essentiel que la communication soit permanente entre les enfants, les enseignants et les autres éducateurs. En prêtant une attention particulière à l'enfant et à ses études, dès le début de l'année scolaire, il est possible de prévenir bien des problèmes graves (et coûteux!).

Un enfant atteint de TDA peut mener une vie heureuse et productive. Il n'y a aucune raison qu'il en soit autrement. Mais il devra peut-être travailler plus assidûment à certaines tâches que ses condisciples. Les symptômes s'atténuent parfois avec l'âge et, surtout, grâce à la méthode correcte de gestion du comportement. Ou alors, il peut arriver que les symptômes persistent à l'âge adulte. Les enfants qui souffrent d'un mélange de TDA et de colère ont un avenir plus incertain. C'est pourquoi il est d'autant plus crucial de les diagnostiquer le plus tôt possible.

Naturellement, si vous êtes préoccupé par l'inattention, la distraction, l'hyperactivité et l'impulsivité de votre enfant, consultez votre médecin. Participez au traitement, car en dépit des écueils auxquels on se heurte lorsqu'on s'efforce d'élever un enfant atteint de TDA, les parents ont un rôle crucial à jouer et contribuent réellement au bonheur et au succès futurs de l'enfant.

Conseils pratiques à l'intention des parents

Un parent qui émet une instruction aussi simple que «va te préparer, nous partons bientôt» risque de retrouver, dix minutes plus tard, un bambin toujours nupieds, en train de jouer dans le jardin. Dans ces circonstances, le parent doit assumer le problème.

Des instructions telles que celle-là sont souvent trop vagues pour les enfants atteints de TDA. Au fur et à mesure que les parents apprendront à mieux connaître le trouble, ils apprendront aussi à communiquer avec l'enfant de manière à lui transmettre efficacement le message. Voici donc quelques conseils :

– **Soyez précis :** Si vous voulez que l'enfant mette ses chaussures noires et ses chaussettes bleues, précisez-le. «Va te préparer» est beaucoup trop flou pour un enfant dont l'esprit a tendance à vagabonder.

– **Soyez direct :** Tout comme nous réagissons mieux aux déclarations positives qu'aux critiques, votre enfant préférera que vous lui disiez ce qu'il doit faire et non ce qu'il ne doit pas faire. «Et ne te mets pas à jouer à tes jeux vidéo dès que tu entreras dans ta chambre» aura probablement l'effet inverse.

– **Soyez bref :** Avec le temps, vous saurez combien de tâches l'enfant peut accomplir. Mais pour le moment, plus la liste est brève, mieux c'est. Si vous lui donnez, en une phrase, une liste de quatre ou cinq corvées, il risque de se sentir dépassé. Évitez les sermons, car ils risquent aussi de le distraire.

– **Prêtez attention au temps :** Précisez à l'enfant combien de temps il lui reste pour accomplir une tâche. Ces rappels rendent la journée plus structurée et c'est justement de structure que ces enfants ont besoin. Ils lui permettent de concentrer son attention sur cette tâche. En outre, si vous voulez qu'il fasse quelque chose immédiatement, précisez-le. Évitez de lui donner une heure pour faire une tâche d'une minute, simplement parce que vous avez l'habitude de le voir lambiner.

– **Utilisez des signaux verbaux :** Assurez-vous que l'enfant vous prête attention pendant que vous lui parlez. Demandez-lui de vous regarder (et non le téléviseur). Stimulez son attention par des mots : «Écoute-moi.» Demandez-lui de répéter tout ce que vous lui avez demandé de faire. Ainsi, vous renforcerez la directive.

– **Utilisez des rappels :** Il peut s'agir de listes affichées à des endroits bien en vue de la maison ou dans le cahier de textes. Utilisez également des rappels verbaux pour le réorienter vers la tâche en cours. Évitez des questions distrayantes, telles que : «Mais que fais-tu donc?» ou «Combien de fois dois-je te répéter ceci ou cela?» Vous risquez d'orienter l'esprit de l'enfant vers la question et non vers ce que vous voulez qu'il fasse. Dites plutôt : «Regarde ton cahier» ou «Range bien tous tes jouets». Posez une question précise : «Maintenant, quel est le devoir suivant?»

– **Félicitez-le souvent :** Personne ne réagit favorablement à une litanie perpétuelle de commentaires désobligeants. Vos messages doivent être positifs. Si l'enfant a accompli correctement la tâche, dites-le-lui avec un mot gentil. S'il a fait une erreur, reprenez-le brièvement mais directement. Les remarques injurieuses non seulement le distrairont, mais encore susciteront sa frustration et sa colère.

– **Aidez l'enfant mais ne le gênez pas :** Ces enfants ont souvent du mal à se concentrer sur leurs devoirs ou leurs études. Ils attendent chaque pause avec impatience. Faites de ces pauses une récompense. Calculez le temps que l'enfant, d'après vous, est capable de consacrer à une tâche et donnez-lui la possibilité de faire une pause (se détendre pendant dix minutes, prendre son goûter, etc.). Si son attention dérive, supprimez la pause. Toutefois, il est important de se souvenir ici que le TDA empêche souvent les enfants de faire la transition entre une période de jeu non structuré, caractérisée par une forte activité motrice, et des occupations plus tranquilles, plus intenses sur le plan cérébral, comme l'étude. (Voir au chapitre 9 la partie consacrée aux «bagarres» pour les travaux scolaires, vous y trouverez des conseils supplémentaires.)

– **Prenez patience :** Élever un enfant atteint de TDA exige une extraordinaire quantité de patience et d'énergie. Vous risquez de devenir irascible et l'enfant aussi. Des groupes d'entraide, constitués de parents, vous encourageront durant ces moments difficiles et vous feront connaître les toutes dernières techniques qui se sont révélées fructueuses dans d'autres familles. À l'ère d'Internet, il est facile de communiquer avec ces groupes, dont la plupart possèdent des sites Web.

– **Parlez avec les enseignants :** Prenez fait et cause pour votre enfant. Demandez aux enseignants de l'asseoir au premier rang, afin de limiter les distractions. Communiquez avec eux chaque semaine, surtout si l'enfant suit un traitement médical. Encouragez l'enfant à mettre ses questions par écrit, afin de freiner son impulsivité. Il apprendra ainsi la patience.

– **Adaptez vos habitudes pour lui faciliter la vie :** Ces enfants ont du mal à faire la transition entre le mouvement et le calme. Autrement dit, il leur est difficile de passer d'un cours d'éducation physique à un cours de dessin. Ajoutez à cela l'éducation permanente à l'agressivité que reçoivent les Nord-Américains depuis l'apparition des jeux vidéo qui simulent des scènes de combat ultrarapide. Faites votre possible pour ralentir le rythme. Encouragez la lecture. Regardez des documentaires. Bannissez le Nintendo.

Autres troubles

En sus de la dépression et du trouble déficitaire de l'attention, dont nous venons de parler, il existe quelques autres troubles que l'on diagnostique lorsque les enfants extériorisent leurs problèmes.

Le trouble oppositionnel avec provocation (TOP) se caractérise par une tendance au négativisme, à l'hostilité et à la provocation, qui se prolonge au moins six mois. On le diagnostique chez l'enfant qui se met fréquemment en colère, se querelle avec les adultes, transgresse les règles, provoque délibérément les autres tout en les blâmant. Cet enfant est rancunier, hypersensible et, parfois, extrêmement méchant. Mais, me direz-vous, la plupart des enfants en colère ne se comportent-ils pas ainsi? C'est exact, mais chez l'enfant ou l'adolescent atteint de TOP, les symptômes sont si prononcés qu'ils nuisent à sa vie en société, à ses résultats scolaires ou professionnels. En général, ces enfants extériorisent leurs problèmes au sein de la famille, en contestant les règles de la maisonnée ou en s'opposant constamment à leurs parents.

Le trouble des conduites est un problème encore plus grave que le trouble oppositionnel avec provocation. Il se caractérise par une tendance durable (généralement douze mois ou plus) à l'agressivité envers les personnes et les animaux, la destruction de biens matériels, les mensonges et les menaces, ainsi que la transgression grave de règles établies. Naturellement, ces jeunes sont incapables de fonctionner normalement dans la vie, à l'école ou au travail. Lorsque je parle d'agressivité, je fais allusion à un enfant qui déclenche des bagarres, maltraite les autres, utilise des armes ou commet des actes de violence sexuelle; un enfant qui met délibérément le feu pour détruire, ou qui se livre au vol à l'étalage. Pour un enfant de ce genre, transgresser les règles établies signifie autre chose que repousser les limites du couvre-feu imposé par les parents. Je veux parler d'un enfant ou d'un pré-adolescent qui passe la nuit à l'extérieur, fait des fugues et l'école buissonnière. Chez ces enfants, le comportement hostile déborde du cadre de la famille pour se répercuter sur l'école ou la société en général.

Le trouble bipolaire, que l'on appelle aussi la maniaco-dépression, se caractérise par des sautes d'humeur. L'enfant passe de l'énergie et de l'euphorie à la dépression. On croyait autrefois cette maladie très rare chez les enfants. Cependant, des recherches récentes suggèrent qu'elle est plus fréquente que nous pourrions le penser, en partie parce qu'il est facile d'émettre un diagnostic erroné lorsqu'on se trouve face aux premiers symptômes, qui ressemblent à ceux d'autres troubles mentaux. Certains enfants, considérés aujourd'hui comme atteints du trouble bipolaire, ont autrefois été placés dans d'autres catégories : trouble déficitaire de l'attention, trouble oppositionnel avec provocation, dépression et anxiété, pour n'en nommer que quelques-unes[11].

Le trouble bipolaire apparaît chez 1 p. 100 environ des adultes. On ne sait pas encore quel pourcentage d'enfants en est atteint. Quant à ces adultes, ils sont souvent décrits par leurs parents comme des enfants très dépendants, qui faisaient parfois des caprices et des crises de rage incontrôlables dès leur plus jeune âge.

Les périodes de manie peuvent durer des heures ou des jours. Les symptômes varient : irritabilité extrême, goût de la destruction, perte du sommeil, logorrhée verbale, pensées fugitives, distraction, activité intense. Quant aux périodes de dépression, elles se caractérisent par de la mélancolie et des crises de larmes, l'insomnie ou, au contraire, un sommeil excessif, l'irritabilité, une chute des résultats scolaires, des troubles de l'appétit, le retrait des activités habituelles et des paroles suicidaires.

---

11. Calrson, G. A., Jenson, P. S, Nottleman, S. D., sous la dir. de. « Special issues : Current issues in childhood bipolarity ». *Journal of Affective Disorders,* 51, 1998.

L'arrivée de la puberté peut déclencher la maladie, mais il arrive que les symptômes se manifestent bien avant. Beaucoup d'enfants bipolaires sont des proies faciles pour la toxicomanie ou l'alcoolisme. On a remarqué qu'il s'agissait d'un trouble héréditaire. Si l'un des parents en est atteint, les risques sont de 15 à 30 p. 100 chez l'enfant. Si les deux parents en sont atteints, les risques vont de 50 à 75 p. 100 chez l'enfant.

Bien que le trouble bipolaire soit considéré comme une grave maladie, il n'existe pas de traitement. Heureusement, il est possible d'atténuer les symptômes grâce à des médicaments et à la psychothérapie. Si vous soupçonnez que votre enfant est atteint de ce trouble, consultez votre pédiatre.

La toxicomanie et l'alcoolisme : Les symptômes sont les suivants : changements des habitudes de sommeil, irritabilité, duplicité, chute des résultats scolaires. Il est possible que votre enfant ait commencé à prendre des stupéfiants des mois avant que vous ne remarquiez les symptômes. Par conséquent, la vigilance est de rigueur. Allez aussitôt chercher de l'aide.

Lorsque la colère aboutit au drame

Depuis les massacres dans les écoles, les journalistes s'intéressent aux enfants véritablement intenables, qui pourraient (ou non) être atteints du **trouble antisocial de la personnalité**. Ce ne sont pas tous les assassins qui répondent aux critères du diagnostic. Cependant, si vous soupçonnez un enfant de n'avoir aucune considération pour les droits des autres, si vous constatez qu'il refuse de se conformer aux normes sociales et d'obéir à la loi, si vous êtes témoin d'actes qui devraient aboutir à une arrestation ou à des poursuites pénales, toute la famille a probablement besoin d'aide.

Les personnes atteintes de ce trouble ont en général dépassé l'adolescence. Mais bien avant l'âge de 15 ans, elles présentaient des symptômes : tendance à la duplicité (mensonges répétés, escroquerie), irritabilité et agressivité (bagarres et voies de fait à répétition), témérité, mépris de la sécurité d'autrui, irresponsabilité perpétuelle (échecs répétés au travail ou incapacité de remplir leurs obligations financières), absence de remords véritable (rationalisation des dommages causés, des mauvais traitements infligés aux autres ou de la tendance au vol). Ces enfants sont souvent cruels envers les animaux, méprisent la loi et sont dépourvus de toute compassion. Bien qu'un agresseur ordinaire puisse se sentir repentant après un acte de violence, les agresseurs antisociaux ne ressentent rien du tout. On pourrait dire qu'ils sont émotionnellement insensibles, «morts» à l'intérieur, à moins qu'on les capture. Curieusement, ces jeunes ont souvent l'impression d'avoir été victimes d'une terrible injustice lorsqu'on les oblige à payer leur dette envers la société. Ils ne regrettent pas du tout d'avoir commis un délit et ne comprennent pas pourquoi ils doivent aller en prison. Les enfants qui présentent l'une de ces caractéristiques ne sont pas forcément atteints du trouble antisocial de la personnalité. Mais il faut absolument intervenir avant qu'ils se transforment en enfants meurtriers.

Les caractéristiques
du trouble antisocial de la personnalité

- Tendance à la duplicité
- Impulsivité, incapacité de prévoir à l'avance
- Irritabilité, agressivité
- Mépris du danger tant pour soi que pour les autres
- Irresponsabilité permanente
- Absence de remords
- Cruauté à l'égard des animaux
- Insensibilité émotionnelle, totale absence de sentiments, jusqu'à ce qu'on les capture

Il y a de l'espoir

À la suite des plusieurs épisodes de violence à l'école, dont on a beaucoup parlé, Associated Press a constaté que le nombre de jeunes patients des cliniques de santé mentale et de cabinets de psychothérapie avait enregistré un bond dans tous les États-Unis. Bien qu'il soit regrettable que ces tragédies aient été nécessaires pour inciter les parents à prêter attention au comportement de leurs enfants, tout n'est pas encore perdu.

Par conséquent, il y a deux choses que vous devriez retenir, dans ce chapitre : tout d'abord, suivez de près votre enfant, écoutez ses paroles, surveillez ses actes, repérez ces symptômes, car ce sont peut-être les signes avant-coureurs d'un trouble grave. Ensuite, sachez que vous avez des raisons d'espérer. Qu'il s'agisse d'un trouble de l'attention, d'un handicap d'apprentissage, d'un trouble du comportement, de la dépression ou de toute autre maladie psychiatrique, il existe des gens capables de vous aider en vous prescrivant un traitement approprié. Mais étant donné que vous êtes l'adulte qui s'intéresse le plus près au bien-être de l'enfant, c'est à vous d'agir dès que vous reconnaissez l'un des signes. Refuser de voir la situation en face pourrait avoir des conséquences bien plus graves que vous ne pourriez l'imaginer.

CHAPITRE SIX

LES MESSAGES DES MÉDIAS ET DE LA SOCIÉTÉ

Parvenu à l'âge de 18 ans, l'enfant moyen aura passé 11 000 heures à l'école et plus de 15 000 heures devant la télévision. Et cela, sans compter des centaines d'heures consacrées aux jeux vidéo, qui lui permettent de commettre d'innombrables actes de violence, ni les heures passées à surfer sur Internet, *terra incognita* qui recèle la haine et la pornographie. Au demeurant, en 1998, les jeux électroniques se plaçaient au deuxième rang des formes de divertissement à domicile les plus populaires. La première était... vous l'aurez deviné... la télévision. Qu'est-ce que ces statistiques révèlent sur nous, sur notre société? Et, surtout, quelle influence les médias exercent-ils sur nos enfants?

Les médias peuvent élargir notre connaissance du monde et nous aider à chercher en nous des sources d'enrichissement personnel. Le cinéma et la télévision peuvent démontrer la puissance de l'amour et de la haine, l'envie et l'acceptation, la générosité et la cupidité. Les jeux vidéo, les sites Web et les salons de causette et babillards d'Internet peuvent jouer le même rôle. Ils peuvent servir d'apprentissage aux complexités de la vie, à la moralité et au jugement sain.

Cependant, comme vous l'avez sûrement remarqué des centaines de fois, ils peuvent aussi décrire des problèmes superficiels, résolus de manière superficielle, qu'il s'agisse de solutions violentes ou simplement stupides. Certains craignent que la description du contenu sur étiquette ou l'application de restrictions ne portent atteinte aux libertés. Personnellement, j'estime que faire des choix importants et orienter nos enfants dans la bonne direction est l'une des manifestations de cette liberté.

Enseignez à vos enfants la portée des paroles et des actes. À l'heure actuelle, alors que nous sommes témoins de tant de violence à l'école, un simple «je te tuerai» prononcé étourdiment peut déclencher une sonnette d'alarme dans la tête des condisciples et des enseignants qui, il y a quelques années, auraient simplement haussé les épaules. Grandir, c'est aussi apprendre à reconnaître un comportement normal et sain.

Il n'est pas facile pour un parent de décider de ce à quoi l'enfant peut être ou non exposé. Mais tandis que vous vous débattrez pour prendre une décision délicate sur une vidéo, un jeu électronique ou un morceau de musique, souvenez-vous du leitmotiv de ce livre : la colère peut se justifier, la méchanceté, jamais. La colère d'un personnage fictif est peut-être inoffensive, mais si nous laissons passer la colère lorsqu'elle exprime la méchanceté, la violence et la destruction, nous transmettons aux enfants un message brouillé.

En 1999, l'American Academy of Pediatrics a recommandé de ne pas laisser les enfants de moins de deux ans regarder la télévision et de ne pas permettre aux plus grands d'avoir leur propre poste de télévision dans leur chambre. En outre, elle suggère aux pédiatres de demander aux parents de décrire le profil familial en matière de médias, en même temps que les antécédents médicaux. Pourquoi? Parce que lorsque les enfants regardent la télévision, ils ne consacrent généralement pas suffisamment de temps aux autres stimuli et aux activités nécessaires à un développement normal. Cet organisme considère aussi la violence à la télévision comme dangereuse pour les enfants : «Il est absolument hors de doute que l'augmentation de la violence à la télévision est liée à l'acceptation croissante d'attitudes et de comportements de plus en plus violents. »

Pour les professionnels de la santé, qui soignent les blessures tant physiques que psychologiques, il importe de découvrir les causes de l'agressivité et autres comportements inacceptables dans notre société. Au cours des trente dernières années, la violence a remplacé les accidents comme première cause de décès chez les enfants. Les adolescents courent deux fois et demie plus de risques d'être victimes de violence qu'ils l'étaient il y a vingt ans.

Je parlerai un peu plus loin des effets de la violence, sujet vieux comme le monde. Mais si les émissions et jeux violents auxquels nos enfants sont exposés contribuent, même dans des proportions réduites, à accroître la violence qui se manifeste dans notre vie de tous les jours, cela vaut la peine de savoir exactement à quoi nos enfants consacrent leurs loisirs.

L'impact de la violence réelle

Tandis que les politiciens et les cadres des sociétés de télédiffusion continuent de discuter pour savoir s'il convient vraiment de diminuer la violence à la télévision, plus de 200 études nous affirment qu'il y a de quoi s'inquiéter. Même si nous rejetons les enquêtes dont la méthodologie présente des défauts, les résultats des recherches corroborent ce que nous savons instinctivement : Les enfants aux esprits impressionnables sont influencés par les messages répétés.

Pour comprendre l'influence de la violence à la télévision ou au cinéma, il convient d'examiner d'abord l'impact de la violence réelle sur le comportement de l'enfant. S'ils ont subi de mauvais traitements, les enfants courent plus de risques que les autres de manifester un comportement agressif et violent. Le simple fait d'être témoin de violence se répercute sur l'esprit de l'enfant. Les études démontrent que les garçons témoins de violence familiale présentent des troubles émotionnels et de comportement identiques à ceux des garçons qui ont eux-mêmes été brutalisés. Les enfants qui assistent à des scènes de violence chez eux présentent une tendance accrue à l'agressivité, au suicide, au meurtre et au viol. Ils courent deux fois et demie plus de risques que les autres de souffrir de troubles psychologiques et de comportement.

Ces retombées ne sont pas limitées à l'environnement familial. Le Dr Bruce Perry a étudié les effets de la violence sur des enfants élevés dans des quartiers mal famés de Chicago. Ces enfants présentent les symptômes du stress post-traumatique, exactement comme les victimes de violence familiale et les anciens combattants. L'exposition répétée à la violence, dans la famille ou dans le quartier, provoque des changements psychologiques chez les enfants, les rendant plus impulsifs et certainement plus agressifs.

L'éternel débat

Étant donné que la violence réelle a des répercussions sur les enfants, il ne faut pas être grand clerc pour deviner les effets similaires de la violence glorifiée des aventures fantasmagoriques de la télévision, du cinéma, d'Internet et des jeux vidéo. L'une des études pionnières sur cette question a été entreprise par Alfred Bandura, de l'université Stanford, au début des années 60. Il a constaté que des enfants qui venaient de regarder un film pendant lequel un adulte donnait des coups de poing à une poupée gonflable étaient plus portés à imiter ce geste d'agressivité, lorsqu'on les plaçait dans une pièce en compagnie de la même poupée que des enfants qui n'avaient jamais vu le film.

Les témoignages anecdotiques des parents et des enseignants, ainsi que les recherches scientifiques reflètent l'extraordinaire influence de la télévision sur nos enfants. Demandez à n'importe quel parent ou à n'importe quelle gardienne s'ils ont remarqué une différence de comportement chez un enfant qui se nourrit de *Terreur sur la planète* et celui qui regarde tranquillement *Cornemuse*.

On a également découvert des liens entre la télévision et le suicide. Un chercheur a suivi en parallèle, pendant six ans, les feuilletons à l'eau de rose et le taux national de suicide. Il a constaté que dans les trois jours qui suivaient le suicide de l'un des principaux personnages du feuilleton, le taux de suicide chez les femmes augmentait sensiblement.

Et ce n'est pas tout. Les enfants apprennent à désirer la gratification immédiate parce qu'on leur répète à tour de bras que pour « bien vivre », il faut des vêtements dernier cri, des jouets dernier cri, du matériel électronique dernier cri. Ils sont beaucoup plus conscients que les générations précédentes des étiquettes de couturiers. Ils sont persuadés que leur bonheur, leur satisfaction et leur capacité de séduction dépendent de la marque X plutôt que de la marque Y. Pour prendre notre place au sein de la société il faut posséder certaines choses. Ce sont les objets qui comptent plutôt que notre personnalité. Rien d'étonnant que les enfants, surtout les jeunes adolescents encore à la recherche de leur identité, soient des proies rêvées pour les manipulations des médias.

Nous devons aider nos enfants à filtrer les messages que ces médias leur transmettent. Lorsque les parents surveillent ce que regardent les enfants, lorsqu'ils discutent avec eux de l'agressivité, de la violence ou du suicide au moment où des événements de ce genre se produisent, les enfants apprennent à faire la part des choses. Il faut absolument leur faire comprendre qu'il est possible de résoudre les problèmes SANS cogner sur les autres ou sans se jeter du haut du premier pont venu.

Notre difficulté, ici, est triple. Tout d'abord, on note une tendance accrue à l'agressivité et une tendance de moins en moins marquée à l'utilisation de démarches calmes et réfléchies pour résoudre les problèmes, après que les enfants ont été exposés à la violence. En deuxième lieu, un enfant qui est témoin d'innombrables actes de violence, que ce soit dans la vie ou à l'écran, finit par croire que la violence est plus répandue – et plus acceptable – qu'elle ne l'est en réalité. Enfin, les téléspectateurs sont tellement bombardés de scènes sanglantes que leurs réactions s'émoussent ; c'est pourquoi les réalisateurs de ces émissions haussent constamment le degré de violence et multiplient le nombre de cadavres.

Quand la technologie s'en mêle

On a beaucoup écrit sur l'influence particulièrement insidieuse des jeux vidéo et informatiques. Leurs partisans affirment que ces jeux rendent les enfants plus dégourdis et plus débrouillards, leur apprennent à mettre des hypothèses à l'essai, à décoder des données et affinent la coordination entre la main et l'œil. Malheureusement, ces avantages pâlissent lamentablement lorsqu'on les confronte aux témoignages de plus en plus nombreux en faveur de la théorie selon laquelle les jeux vidéo violents modifient les inhibitions naturelles d'un enfant face au meurtre.

Jetez donc un coup d'œil à la publicité d'un jeu vidéo intitulé *Subspace :* « Rencontrez des gens venus du monde entier… et tuez-les ! » Les dépliants promotionnels du jeu *Point Blank* affirment que « c'est encore plus amusant que de tuer le chat du voisin ! ». Comment peut-on affirmer que ces jeux sont bénéfiques pour des enfants dont les attitudes, la sensibilité et les valeurs sont justement en train de prendre forme ?

L'enfant vautré devant la télévision est un téléspectateur passif. En revanche, les jeux vidéo exigent sa participation active. À des centaines de reprises, il prend la décision – symbolique tout au moins – de tuer ou d'attaquer un adversaire. Plus il massacrera, plus il marquera de points. Les réactions physiologiques telles que la montée d'adrénaline viennent rehausser les sensations de plaisir.

Peut-on toutefois affirmer sans équivoque que la violence à l'écran est responsable de la violence dans la vie ? Nous savons de source sûre que les jeux vidéo ont influencé les responsables d'au moins deux des cinq massacres dans les écoles qui ont eu lieu entre 1996 et 1999. Les théories abondent, en provenance des deux écoles de pensée.

David Walsh, psychologue de l'enfance et fondateur du National Institute on Media and the Family, est convaincu qu'il y a vraiment de quoi s'inquiéter. Lors d'un entretien avec la rédaction de la revue *Time*, après le massacre de l'école de Columbine, au Colorado, il a expliqué que la technologie de création de la plupart de ces jeux repose sur un principe bien connu de psychologie, le « conditionnement de l'opérateur ». Cela signifie simplement que les joueurs sont stimulés, qu'ils réagissent à cette stimulation et sont récompensés.

« Les recherches prouvent que le conditionnement de l'opérateur est extrêmement efficace pour façonner et influencer le comportement », a-t-il ajouté. « Ce n'est pas la violence qui devient l'obsession du joueur. C'est simplement la passion croissante du jeu. »

Cet aspect débouche sur un autre problème : les jeux électroniques deviennent une véritable drogue. Les enfants ne savent plus s'amuser comme les générations précédentes l'ont fait, durant des siècles : en lisant, en jouant à d'inoffensifs jeux de société, en construisant à l'aide de blocs ou de modules et, surtout, en faisant du sport. Ce dernier aspect est d'autant plus alarmant que les enfants mènent une vie de plus en plus sédentaire.

Un autre enseignant est du même avis. David Grossman a enseigné la psychologie à West Point et fait aujourd'hui partie du personnel auxiliaire de l'Arkansas State University à Jonesboro. Il est convaincu que les jeux violents tels que *Doom* contribuent à effacer nos inhibitions. À l'appui de cette théorie, notons la différence entre les cibles des premiers jeux vidéo et les cibles actuelles : Il y a quelques années, les cibles étaient des monstres ou des extraterrestres ; de nos jours, ce sont tout simplement des humains, dont l'apparence devient de plus en plus proche de la réalité grâce aux progrès de la technologie.

Des chercheurs de l'université du Missouri ont dégagé une relation entre l'agressivité et l'irritabilité chez les enfants et la pratique des jeux vidéo violents sur de longues périodes[12].

Il ne faut pas s'étonner si l'industrie du jeu vidéo conteste la corrélation entre les produits qu'elle fabrique et la violence réelle à l'école, dans la rue et à la maison. Les porte-parole de ces entreprises nous parlent de leurs propres études, qui lient la violence chez les jeunes à d'autres facteurs tels que la pauvreté, l'absence d'intervention des parents, la maladie mentale, l'accès aux armes à feu et la toxicomanie. Certains experts estiment que l'impact de ces jeux ultraviolents sur les enfants sains d'esprit est pratiquement négligeable. D'autres, y compris ceux qui jouent eux-mêmes à des jeux violents, les considèrent comme un moyen de se défouler et non comme le modèle d'une future tragédie. Mais chez un enfant dont l'état psychologique est fragile, en raison d'une pléthore de facteurs dont nous avons parlé aux chapitres précédents, ces jeux risquent de transmettre le message que la violence et la colère sont non seulement acceptables, mais encore le but à atteindre.

De récents travaux scientifiques soulignent l'influence de l'apprentissage sur le cerveau, pendant les années de la préadolescence. Bien que la majeure partie du développement du cerveau se produise avant l'âge de six ans, les résultats des recherches suggèrent que les modèles d'apprentissage durant les premières années de l'adolescence exercent une influence sur le développement des voies permanentes du cerveau et encouragent la disparition des voies qui ne sont pas utilisées. Autrement dit, c'est un âge crucial pour le développement du cerveau. Il devient donc de plus en plus urgent de répondre à la question : la répétition constante d'un comportement symboliquement violent (jeux vidéo et télévision) a-t-elle des effets biologiques à long terme sur l'enfant ?

---

12. Anderson, C. A. et K. E. Dill. « Video games and aggressive behavior in the laboratory and in life ». *Journal of Personality and Social Psychology*, 78 : 4, 772-790, 2000.

L'avènement d'Internet

Les jeux vidéo et la télévision ne sont pas les seules sources d'imagerie négative auxquelles nos enfants sont exposés. En 1998, 17 millions d'enfants de 2 à 18 ans étaient branchés ; on prévoit que ce chiffre doublera en seulement cinq ans. Tout comme la plupart des nouveautés, Internet présente de nombreux avantages. Mais, au cours de ma carrière, j'ai pu constater qu'il est également bourré d'inconvénients.

Je me souviens d'un adolescent de 15 ans qui fréquentait une école privée dans une banlieue cossue. Un jour, dès son entrée dans ma salle de consultation, il m'a tendu une disquette : «Jetez un coup d'œil à ce truc, je viens juste de le télécharger du Net», m'a-t-il suggéré. Le disque contenait des pages et des pages d'instructions sur la fabrication de bombes. Nos entretiens ont révélé que le jeune homme passait des heures dans sa chambre, à explorer des sites au contenu plus que discutable. Sa mère n'avait aucune idée de ce qui l'intéressait, car il s'empressait de vider l'écran dès qu'elle entrait dans la chambre. Je m'inquiétais tout particulièrement de la fascination avec laquelle il me décrivait tout naturellement ses promenades dans des sites violents et pornographiques. Quelque temps après, les parents ont déménagé l'ordinateur dans la cuisine, ont installé un filtre sur Internet et limité le temps que leur fils pouvait consacrer à surfer. En dépit de ses protestations, ils ont constaté qu'au bout d'une semaine de sevrage, il était beaucoup plus calme. Les parents ne doivent absolument pas se fier au jugement de l'enfant pour déterminer si un site est convenable. En l'occurrence, l'adolescent devenait de plus en plus tendu et rebelle. L'ordinateur était devenu une véritable drogue, qui l'incitait à passer des nuits blanches, à délaisser les devoirs et à mentir. Tous ces signes sont alarmants et devraient inciter les parents à intervenir.

Autre aspect inquiétant d'Internet, on ne sait jamais qui est au bout de la ligne. Lorsque votre adolescent passe des heures au téléphone, vous savez en général qu'il s'adresse à l'un ou l'autre de ses copains. Mais sur Internet, comment savoir? Je me souviens de Sara, âgée de 14 ans, qui prétendait bavarder avec une dénommée Annette, âgée de 15 ans, alors que son correspondant électronique était un monsieur de 49 ans. Je ne crois pas qu'aucun parent ait envie de laisser ce genre de scénario s'immiscer dans la vie de son enfant.

Pourquoi en sommes-nous arrivés là?

Les parents, les enseignants, les professionnels de la santé et, sans aucun doute, les législateurs tels que moi-même, s'évertuent à concilier leur volonté d'enrayer la violence et d'encourager une attitude plus saine avec le droit de l'individu à la vie privée et à la liberté d'expression. Une législation telle que la loi sur les télécommunications de 1996, aux États-Unis, qui exige que les nouveaux téléviseurs soient équipés d'une puce V pour permettre aux parents de déprogrammer les émissions qu'ils jugent inacceptables, est une étape dans la bonne direction. Les producteurs de films, de jeux et de cédéroms pourraient également faire des efforts pour élever leurs normes. Mais ce sont les parents et non le gouvernement fédéral qui demeurent les meilleurs gardiens du développement moral de leurs enfants.

Il ne suffit pas de jeter un coup d'œil aux cédéroms des enfants pour y lire l'avertissement destiné aux parents, ou de les empêcher de regarder des films qui, selon vous, contiennent des scènes que vous jugez inacceptables. En effet, même les productions apparemment anodines sont parfois bourrées de messages indésirables.

Pendant que vous regardez la télévision avec vos enfants, demandez-vous si les personnages principaux d'un film ou d'un feuilleton présentent le type de comportement raisonnable ou d'attitude respectueuse que vous aimeriez voir chez vous. Votre enfant possède-t-il la maturité suffisante pour comprendre que les gamins insolents et précoces de son feuilleton favori sont des personnages fictifs, qu'il peut s'amuser à regarder ces émissions sans acquérir des caractéristiques que vous abhorrez? Examinez la manière dont les problèmes courants sont résolus dans les émissions que vous regardez ensemble. Les personnages utilisent-ils le bon sens et la compassion ou la colère, la manipulation, la duperie et l'hostilité? Se montrent-ils respectueux des autres ou, au contraire, passent-ils leur temps à s'envoyer des répliques sarcastiques, des insultes et autres messages d'une moralité discutable? Si ces personnages étaient vos voisins, leur feriez-vous suffisamment confiance pour leur demander de garder vos jeunes enfants? Les emmèneriez-vous en vacances avec le reste de votre famille? Si la réponse est négative, il est temps de changer de chaîne. Sinon, pensez à l'influence que ces personnages pourraient avoir sur le développement des comportements et des valeurs de votre enfant.

Nous devrions également surveiller ce que nous avons tendance à tenir pour acquis, par exemple les journaux télévisés. Les reportages, en direct ou non, font entrer la violence dans notre salon. Bien que les adolescents soient, en général, capables de faire la différence entre ce qui se passe ailleurs et ce qui se passe dans leur quartier, ces reportages peuvent effrayer des enfants de moins de neuf ans, qui ne sont pas toujours assez mûrs pour distinguer la réalité de la fiction. Lorsqu'ils regardent des journaux télévisés bourrés de mauvaises nouvelles – enlèvements, accidents, tueries, etc. –, ils ont besoin d'être rassurés par leurs parents.

Les parents – le filtre suprême – doivent surveiller de très près les loisirs des enfants, les influences auxquelles ils sont exposés. Ils doivent discuter ouvertement des aspects les moins louables de l'industrie actuelle du divertissement. Beaucoup de jeunes enfants imitent les préadolescents ou les adolescents, sans comprendre que la musique dont tout le monde parle sans arrêt est contraire aux valeurs de leur famille et, donc, aux leurs. Il incombe aux parents de les aider à admettre que l'imagerie de la musique, de l'art, des livres, de la télévision et du cinéma a un sens littéral, autant que figuré, et qu'il existe bien des moyens d'évaluer ces médias. Aidez-les à comprendre dans quelle mesure ils sont en conflit avec leur code personnel de conduite et, le cas échéant, trouvez d'autres divertissements.

La vigilance est-elle synonyme de curiosité malsaine ?

Certains parents trouvent sincèrement difficile de surveiller ce que les enfants regardent à la télévision ou de filtrer l'utilisation de l'ordinateur. Ils ont l'impression de les espionner, d'envahir ce qu'ils considèrent comme leur vie privée. Il est vrai que les enfants ont le droit d'exprimer des pensées personnelles dans une communication à un ami ou dans un journal intime. Mais s'il y a de fortes chances pour que vous sachiez parfaitement avec qui votre enfant communique par téléphone, vous ignorez tout des gens avec qui il communique par ordinateur. Et contrairement à un livre ou à une revue, le contenu d'Internet ne passe pas sous le crayon d'un réviseur, d'un éditeur ou d'un censeur.

Les parents qui comprennent cette distinction peuvent choisir plusieurs solutions. Ils peuvent commencer par discuter avec l'enfant de l'importance de la discrétion, comme mesure de précaution. Les enfants – tout comme les adultes, d'ailleurs – devraient éviter de divulguer des détails personnels sur Internet. Par détails personnels, j'entends leur adresse, l'emplacement de leur école ou de leur église, les endroits qu'ils ont coutume de fréquenter, ainsi que leur nom de famille. Les enfants ne doivent absolument JAMAIS afficher leur photo dans des sites publics, surtout si elle est accompagnée de noms. Leur famille ne devrait pas le faire non plus. Évitez également de remplir des « questionnaires » qui vous réclament des détails personnels, même si vous croyez qu'ils sont destinés à un ami. Les informations qui voyagent sur Internet ne sont pas protégées et peuvent très bien être interceptées par des inconnus. Expliquez à vos enfants que fournir ces informations est aussi dangereux qu'accepter des bonbons d'un étranger ou monter dans une voiture inconnue.

Si vous connaissez le surnom électronique de votre enfant, vous pouvez suivre les conversations qui le concernent en utilisant les moteurs de recherche. Il suffit de taper le surnom pour trouver les liens et les babillards. Les parents peuvent également installer des filtres, qui empêcheront l'enfant d'entrer sur des sites dangereux ou indésirables et leur permettront de retracer les flâneries de l'usager. La plupart des familles révèlent que leur fournisseur de service est effectivement en mesure de filtrer les informations discutables afin de les empêcher d'entrer dans les comptes «pour enfants». Cela signifie toutefois que lorsque votre collégienne de 17 ans fera une dissertation sur le cancer du sein, la toxicomanie ou les maladies transmises sexuellement, elle risque de ne pas avoir accès aux sites qui comportent les mots «sein», «drogue» ou «sexe». Vous devrez alors l'aider à faire sa recherche, mais la précaution en vaut la peine. Sinon, votre enfant sera la destinataire involontaire de courriel pornographique, l'invitant à explorer des sites peu ragoûtants. Sans compter qu'elle recevra aussi des invitations à s'enrichir instantanément ou à faire une demande de carte de crédit. Il serait également judicieux d'effectuer des recherches dans les moteurs de recherche pour enfants, tels que Yahooligans.

Surveiller ce que l'enfant voit est loin d'être facile. José, âgé de 13 ans, était en conflit permanent avec sa mère à ce sujet. L'une de ses activités clandestines consistait à surfer à la recherche de sites pornographiques. Lorsque sa mère l'a surpris, elle l'a privé d'ordinateur pendant une semaine. Sa colère et ses menaces – y compris celle de briser l'ordinateur – ont duré plusieurs jours. Lorsqu'il a compris que sa mère tiendrait bon, il a commencé à provoquer son frère et sa sœur. «On aurait dit un drogué privé de sa drogue», m'a confié sa mère, fort inquiète.

Une fois la pénitence terminée, sa mère a installé un programme conçu pour filtrer le contenu malsain. Mais José a deviné le mot de passe qui lui permettait de désactiver le logiciel. La mère a alors essayé un nouveau programme, qui minutait le temps d'ordinateur. Là aussi, le gamin a trouvé le moyen de le désactiver et passait secrètement ses nuits devant l'ordinateur. En désespoir de cause, la mère a déclaré que José ne pourrait se servir de l'ordinateur que lorsqu'elle se trouvait dans la pièce. Naturellement, il a fait son possible pour l'intimider. Mais elle en a profité pour ajouter une nouvelle règle : dès qu'il commencerait à proférer des injures, elle éteindrait l'ordinateur. Elle tint bon et, au bout de quelque temps, l'enfant a commencé à se calmer. Elle a réussi parce qu'elle a compris qu'il était tellement asservi à l'ordinateur qu'elle ne pouvait pas lui faire confiance, qu'il ne pouvait pas demeurer seul une minute.

Suggestions de surveillance des médias

- Au lieu d'autoriser les enfants à regarder la télévision pendant un nombre d'heures fixes, allez-y émission par émission. Il est sage d'interdire la télévision les soirs de semaine. D'ailleurs, étant donné que les enfants font moins de sport à l'école et que le taux d'obésité chez les écoliers est en hausse, encouragez-les à aller jouer dehors et à se mettre en forme une fois les devoirs terminés, plutôt que de les laisser se vautrer devant la télévision ou l'ordinateur.
- Imposez des limites hebdomadaires à la télévision et aux jeux vidéo. Au début de la semaine, encouragez l'enfant à lire le téléguide pour choisir les émissions qu'il juge importantes. Vous pourriez l'orienter vers les documentaires ou les émissions sérieuses susceptibles de l'aider dans ses études.
- Choisissez toujours une émission avant de zapper. Si vous ne savez pas à l'avance ce que vous voulez regarder ou si vous vous installez pour regarder n'importe quoi, vous risquez de passer plus de temps que prévu devant la télévision.
- Ne tenez pas pour acquis que parce qu'une émission est diffusée pendant la journée, elle convient aux enfants.
- Pas de télévision pendant les repas, pendant les heures consacrées aux devoirs ou quand la température est propice aux activités extérieures.

- Si la télévision est un facteur de motivation, demandez à l'enfant de gagner son temps de télévision en lisant ou en se livrant à des activités moins sédentaires. Cette technique fonctionne bien chez les enfants qui reportent toujours leurs lectures. Une heure de lecture vaudra une heure de télévision. Peut-être constaterez-vous qu'il se met soudain à dévorer livre sur livre !

- La télévision et l'ordinateur doivent être dans une pièce commune de la maison, ni dans la chambre de l'enfant ni dans une salle de jeux.

- Enregistrez les émissions que vous voulez regarder mais qui, selon vous, ne conviennent pas aux enfants, attendant que ces derniers soient couchés ou sortis pour les regarder.

- Montez-vous une vidéothèque de qualité, d'émissions enregistrées ou de jeux informatiques véritablement éducatifs. Les très jeunes enfants adorent regarder des centaines de fois des films ou des émissions favorites.

- Exploitez Internet à votre avantage. De nos jours, beaucoup de groupes de musique ont des sites Web ; il est donc relativement aisé de télécharger ou d'écouter des chansons populaires avant que vos enfants ne vous harcèlent pour les acheter. Discutez avec eux des raisons pour lesquelles vous estimez que les œuvres d'un groupe sont acceptables ou, au contraire, répréhensibles. L'absence d'avertissements destinés aux parents ne signifie pas que telle ou telle musique convient aux enfants.

- Vérifiez ce que votre enfant télécharge. Livré à lui-même, il risque de télécharger des chansons ou des vidéos que vous ne l'autoriseriez pas à acheter.

- Expliquez les aspects occultés des messages médiatiques. Jusqu'aux annonces publicitaires à la télévision qui peuvent vous servir de démonstration. Demandez aux enfants si, d'après eux, le patineur artistique dévore chaque matin les céréales dont il vante les qualités ou si le jouet fonctionne aussi bien à la maison que sur l'écran. Analysez les angles de prise de vue, les cascades, la manière dont la technologie de l'animation permet de déformer la réalité.

- Apprenez aux enfants à critiquer les annonces publicitaires. Demandez-leur de comparer les produits annoncés avec des marques meilleur marché. Refusez d'acheter des produits qui glorifient la violence et expliquez aux enfants – et au fabricant – les raisons de votre refus. Écrivez aux réalisateurs d'émissions et aux créateurs de jeux.

- Soyez un téléspectateur actif. Encouragez les enfants à réagir à ce qu'ils voient à la télévision au lieu d'accepter passivement tout ce qu'ils peuvent voir ou entendre. Enseignez-leur à reconnaître le contenu toxique, répugnant, exactement comme vous le faites. Essayez de dégager des solutions pour résoudre les conflits autrement que par la violence présentée par les médias.

- Combattez la violence par d'autres moyens. Si vous voyez des scènes sanglantes au journal télévisé, discutez d'une méthode pacifique par laquelle dont on aurait pu résoudre le problème. Dans les films ou les jeux, encouragez les enfants à déterminer si la violence est véritablement nécessaire pour mener l'intrigue ou s'il s'agit d'un carnage gratuit.

La majorité des enfants peuvent être exposés à la violence dans les médias sans que cela influence leur conception respectueuse, humanitaire de la vie et des autres. Chaque enfant réagit à sa façon. Mais il incombe aux parents de faire preuve de vigilance et d'apprendre à connaître leur enfant. Assurez-vous que la violence n'a pas laissé d'empreinte indésirable sur son code personnel de moralité. Par exemple, après une séance de Nintendo, votre enfant est-il plus agressif envers les gens qu'il côtoie quotidiennement ? Est-il brutal ou irrespectueux des autres – adultes ou enfants ? Présente-t-il des signes d'agressivité, de colère ou d'irritation qui pourraient être des symptômes d'anxiété ou de dépression ?

On ne répétera jamais assez que les parents doivent absolument rester en communication avec l'enfant pour le comprendre et exercer une influence permanente sur son développement. Dans le cas de la télévision, des jeux vidéo ou de l'ordinateur, cela signifie suivre de très près ou orienter les préférences de l'enfant, jouer aux jeux ou explorer les sites Web qui l'intéressent en sa compagnie. C'est seulement ainsi que vous dégagerez les goûts naissants de votre enfant. Et si vous les désapprouvez, vous pourrez ouvrir une discussion franche tout en l'orientant vers des goûts plus sains.

Une dernière fois, je répète que si votre enfant semble obsédé par la violence dans les médias et si vous constatez une baisse de ses résultats scolaires accompagnée de problèmes relationnels et d'une dégradation de son amour-propre, ne tardez pas à réclamer de l'aide.

Deuxième partie
STRATÉGIES D'ADAPTATION ET DE PRÉVENTION

∎

CHAPITRE SEPT

LES QUERELLES ET LA RÉSOLUTION DES CONFLITS

Si je devais nommer le principal grief qui pousse la plupart des parents à retenir mes services, ce serait celui-ci : « Mon enfant et moi ne cessons de nous disputer. Chaque suggestion, chaque requête, quel que soit le ton sur lequel elle est émise, débouche sur une querelle féroce, interminable. Parfois, nous nous disputons pour le plaisir de nous disputer ; à d'autres moments, nous nous disputons pour rien ! Mais chaque fois qu'il ouvre la bouche, cela se termine par une querelle. »

Si vous vivez avec un enfant en colère, vous vous retrouvez sans aucun doute englué dans des disputes bien plus souvent que vous le souhaiteriez. Peut-être évitez-vous d'engager la conversation avec votre enfant de peur que la discussion ne déraille trop rapidement et ne vous incite à quitter la pièce en claquant la porte : « On ne peut pas te parler » ou « Il n'y a pas moyen de discuter avec toi ! » proférez-vous, chacun de votre côté. Les frères et les sœurs font l'impossible pour éviter de provoquer l'enfant en colère, en se disant que de toute façon, ils ne sortiront pas vainqueurs de la querelle.

Par conséquent, les disputes deviennent le principal mode de communication dans la maison. Malheureusement, c'est loin d'être le plus efficace et votre exaspération est à son comble. Il ne vous arrive que rarement d'échanger logiquement des informations. En fait, vous avez tendance à ressasser des faits superflus, que tout le monde connaît déjà, ce qui rend la situation encore plus confuse qu'avant la dispute. Il est évident que les querelles absorbent bien plus d'énergie que les autres modes de discussion, font monter la tension tandis que tous les protagonistes attendent avec anxiété que le ciel leur tombe – encore une fois – sur la tête.

Les enfants en colère sont particulièrement doués pour susciter des querelles, souvent à partir de rien. Malheureusement, étant donné qu'elles sont rarement capables de résoudre les problèmes, ces joutes oratoires sont rarement productives. En lançant la balle, l'enfant a l'impression de dominer la situation, éprouve une sensation euphorique de domination, surtout s'il vous voit sortir de vos gonds. Et, s'il comprend qu'il est en train de perdre l'avantage, il sentira ce pouvoir lui échapper peu à peu. Pour le reconquérir, il ne craindra pas de «tricher», de détourner votre attention en vous empêchant de résoudre le problème et de désamorcer la colère des deux côtés.

Cela ne veut pas dire que les disputes ne sont jamais productives. Dans le meilleur des cas, elles peuvent permettre à deux personnes d'extérioriser des points de vue divergents, même sur des questions aussi triviales qu'une seconde tranche de gâteau ou l'utilisation du téléphone. Elles peuvent vous aider à trouver une solution qui conviendra à tout le monde. Mais, trop souvent, elles retombent dans des ornières familières, creusées par des mois et des années de répétition. Lorsque cela se produit, l'objet initial de la querelle est promptement oublié tandis que les deux antagonistes replongent dans des rôles aussi clairement dictés que dans n'importe quelle tragédie shakespearienne.

Pourquoi les enfants déclenchent-ils des querelles ?

Les enfants – tout comme les adultes – déclenchent des querelles pour une multitude de raisons. Bien qu'il soit agaçant de se quereller pour des raisons aussi ridicules que les corvées domestiques ou l'utilisation de la télévision, vous devrez vous souvenir qu'il est moins important de discerner l'objet de la querelle que la raison pour laquelle vous vous disputez. Si certains enfants, malgré quelques rechignements, acceptent d'aller se coucher à l'heure habituelle, pourquoi d'autres insistent-ils pour rester debout, en arguant qu'à leur âge, il est injuste de les envoyer au lit aussi tôt ? Un enfant en colère est capable d'épuiser toute la famille. Qu'est-ce qui se cache derrière un comportement aussi agressif que contradictoire ? En dégageant la raison des querelles, vous parviendrez à les résoudre lorsqu'elles se présentent.

La même querelle revient inlassablement sur le tapis. Et pourtant, nous nous demandons pourquoi son issue est invariable. J'aimerais, à ce stade, vous rappeler que l'un des symptômes de la folie est justement l'accomplissement répété de gestes identiques pour aboutir, croit-on, à des résultats différents.

Les enfants en colère ne possèdent qu'un répertoire très restreint pour résoudre des situations délicates. Par conséquent, les querelles empruntent toujours la même voie, pour aboutir au même résultat stérile. Nous devons donc enseigner aux enfants des moyens plus efficaces que les menaces et la méchanceté. Ainsi, ils rehausseront leur amour-propre et apprendront à éviter les conflits à l'avenir.

Une querelle peut être destructrice ou constructrice. Tout dépend de votre objectif et de votre technique. Elle doit également faire ressortir les coups bas auxquels les enfants se livrent et qui ont pour effet d'intensifier leur colère… et la vôtre. En apprenant à résoudre ces deux problèmes, les parents pourront dresser une carte routière, plutôt qu'un plan de bataille.

Ils pourront cerner les embûches et éviter les vieux pièges dans lesquels tout le monde tombe, avec des résultats catastrophiques.

La raison d'être de la querelle

Les enfants en colère adorent se disputer, semble-t-il. Bien qu'ils soient capables d'être charmants lorsqu'ils en ont envie, ils passent plus de temps à se quereller. C'est ce que n'importe quel parent a tôt fait de constater. Il n'est pas nécessaire que la querelle ait une raison d'être ou qu'elle porte sur un motif particulier. Et, naturellement, le parent tombe à tous les coups dans le piège.

Arrêtez-vous un instant sur les querelles dont vous vous souvenez. En prenant du recul, la plupart vous sembleront stupides. Même lorsque l'objet de la dispute a une certaine importance, la manière dont vous essayez de dénouer l'écheveau vous paraîtra dénuée de bon sens. Lorsque la discussion s'envenime et que vous perdez le fil conducteur, tout le monde finit par en souffrir.

Par conséquent, lorsque vous vous retrouverez pris dans une querelle, essayez de vous poser une question : quel est mon but ? La majorité des gens que j'ai rencontrés me répondent : gagner. Mais lorsque notre but est la victoire plutôt que la résolution du problème, certaines tendances, qui ne sont pas toutes bénéfiques, finissent par émerger.

Songez aux dernières querelles. Quel était votre but ? Gardez-le à l'esprit et comparez-le à la liste suivante. Après avoir posé cette question des centaines de fois durant les ateliers et les séances de counselling, j'ai réparti toutes les réponses en six catégories. Analysons-les l'une après l'autre pour déterminer l'influence de chaque but sur l'orientation de la dispute.

Buts habituels de la dispute

1 : Gagner.
2 : Maintenir la paix.
3 : Détruire.
4 : Se défouler.
5 : S'amuser.
6 : Partager l'information.
7 : Résoudre le problème.

BUT Nº 1 : GAGNER

Vous souvenez-vous du vieux dicton : «Ce qui compte, ce n'est pas de perdre ou de gagner, c'est la manière de jouer»? Il faudrait le reformuler : «Ce qui compte POUR MOI, c'est de gagner.» Tout le reste passe au second plan. Naturellement, le leitmotiv de ces disputes est «j'ai raison et tu as tort». Les protagonistes adoptent toute une série de techniques pour prouver qu'ils ont raison. Vous ou l'enfant essayez d'intimider, de déformer ou de manipuler. Peut-être utilisez-vous tous les coups bas possibles et imaginables pour parvenir à vos fins. La victoire consiste à convaincre votre adversaire : «J'ai raison, tu as tort, point final.»

Lorsque la victoire est la raison d'être de la dispute, nous continuons de lutter même lorsque nous avons compris que nous avions tort. L'enfant reconnaîtra peut-être plus tard qu'il avait tort, mais son but consiste d'abord et avant tout à obtenir votre reddition. Tout ce qu'il veut, c'est vous entendre dire : «Bon, d'accord, tu as gagné.»

L'ennui, c'est que ce but nous empêche d'écouter l'autre et de tirer profit de ses arguments. Si vous avez coutume de vous quereller avec un enfant qui veut gagner pour gagner, vous aurez vite compris que la raison d'être de la querelle est oubliée dans le feu de l'action. Le résultat? Il faut qu'il y ait un perdant, que quelqu'un ressente l'humiliation et la frustration de la défaite.

Lorsque les enfants en colère n'ont qu'un but, la victoire, tout ce qui les intéresse, c'est de parvenir à leurs fins. Par conséquent, si vous autorisez votre enfant à sortir le vendredi soir à condition qu'il ait terminé ses devoirs et rangé sa chambre, son objectif n'est pas d'accomplir les corvées, mais de sortir. Il combattra toutes vos tentatives de parvenir à un compromis.

Vous entendrez des excuses du genre : «Mais j'ai déjà dit à mes amis que je sortirais avec eux… Je ne peux pas revenir sur ma promesse… Je rangerai ma chambre plus tard…» Ou : «Toi aussi tu laisses tout en désordre… Pourquoi ce serait à moi de ranger?» Même si c'est vrai, la question n'est pas là. Ce qui importe ici, c'est que l'enfant a refusé de respecter les conditions précédemment fixées.

Dans ce genre de situation, l'enfant en colère adoptera toute une série de techniques jusqu'à ce qu'il découvre une faille chez son père ou sa mère. Il proférera des menaces, lancera des accusations ou jouera les martyrs pour les obliger à céder. Cela fait, il aura gagné.

En l'occurrence, la victoire lui permettra peut-être de sortir avec ses copains, mais ce n'est pas elle qui fera ses devoirs à sa place. En outre, elle renforce sa conviction selon laquelle lorsqu'il tape du pied, il parvient à ses fins. En cédant, les parents récompensent la colère.

BUT N° 2 : MAINTENIR LA PAIX

Une mère exaspérée se souvient de la querelle qui a surgi lorsqu'elle a demandé à son fils d'éteindre le jeu vidéo pour faire ses devoirs. Elle l'avait averti une heure plus tôt mais, naturellement, il avait fait mine d'oublier sa promesse. Lorsqu'elle a insisté pour qu'il abandonne le jeu, il s'est mis à hurler : «Regarde ! Tu m'as fait perdre des points ! Maintenant il faut que je recommence à zéro ! C'est de ta faute si je n'ai pas le temps de faire mes devoirs !» Pour éviter un nouvel affrontement, qui pouvait facilement se prolonger une autre demi-heure et aboutir à une autre série de devoirs inachevés, elle a adopté la solution de facilité en laissant son fils terminer le jeu… simplement pour avoir la paix.

Bien des parents évitent les querelles pour cette simple raison. Certains d'entre eux ont peur de l'enfant. Après tout, si vous savez qu'un conflit armé se prépare, l'instinct de survie vous dicte de l'éviter, n'est-ce pas ? C'est peut-être aussi la manière dont les parents résolvent habituellement les conflits : en les évitant à tout prix.

Les parents qui ont grandi dans une atmosphère inflammable, ont tendance à maintenir la paix parce que c'est ainsi qu'ils ont appris à se protéger. Peut-être ont-ils eux-mêmes eu un parent en colère ou dominateur. Ils ont appris, très jeunes, à se sauver pour éviter les affrontements. Un homme m'a raconté que tout le monde, dans la maison, craignait tellement le père, que lui-même et ses frères et sœurs étaient prêts à tout pour éviter de déclencher son courroux. Aujourd'hui adulte, il se comporte de la même manière au travail, où il a appris à jouer au médiateur dès que la tension monte parmi ses collègues. À la maison, dès qu'un conflit éclate, il cède aux enfants. Il est prêt à tout pour maintenir la paix. Par conséquent, ses enfants lui marchent littéralement dessus et son foyer est loin d'être le havre paisible dont il rêve.

Certains parents empruntent la voie de la facilité simplement pour éviter de se sentir impuissants. Une mère m'a affirmé avoir grandi au sein d'une famille relativement paisible ; par conséquent, les conflits avec ses trois enfants étaient quelque chose d'entièrement nouveau et de très angoissant. Elle était persuadée d'être dans son tort lorsqu'ils déclenchaient une querelle, ce qui l'incitait à céder à leurs exigences pour maintenir la paix. Elle se sentait ainsi plus efficace. Aussi peu logique que nous paraisse ce raisonnement, cette femme estimait qu'à partir du moment où la paix régnait dans la maison, son rôle de parent était parfaitement rempli. Elle avait tort.

D'autres parents adoptent ce rôle parce que leur vie est par ailleurs tellement stressante qu'ils n'en peuvent plus. Ils n'ont pas l'énergie nécessaire pour combattre aussi leurs enfants. Par conséquent, ils exhortent leur conjoint de céder aux enfants simplement pour avoir la paix.

Quelle que soit la raison – peur des conflits, douloureux souvenirs d'enfance, sentiment d'incompétence, stress externe –, les résultats sont toujours les mêmes : les enfants apprennent que tant que leur colère produit l'effet escompté, ils n'ont aucune raison de se calmer, bien au contraire.

Naturellement, il convient de noter que nous avons tous utilisé cette technique un jour ou l'autre, accompagnée peut-être de petits caprices. Maintenir la paix est peut-être une solution très louable si vous vous trouvez dans une situation dangereuse. Cependant, ce but ne doit pas être votre objectif à long terme, ne doit pas devenir chez vous un comportement ancré.

BUT N⁰ 3 : DÉTRUIRE

Les querelles qui n'ont pour but que la destruction tous azimuts sont les pires. Votre adversaire n'a qu'une idée, causer le plus de dégâts possibles, vous faire souffrir au maximum. C'est là que les menaces et la colère atteignent un stade explosif. Que ce soit à mains nues, à l'aide d'une arme à feu ou simplement de mots blessants, l'enfant en colère n'a qu'un désir : faire mal. La raison n'a pas sa place dans ce type de querelle. Par conséquent, il ne vous reste qu'une chose à faire : vous protéger et, si possible, protéger l'enfant lui-même.

Face à une artillerie verbale, essayez d'abord de calmer l'enfant. Parfois, cela signifie simplement tourner les talons. À d'autres moments, il serait plus efficace de parler calmement, de lui demander de se détendre et de retrouver son sang-froid. Dans de rares cas, l'enfant peut devenir violent.

Tous les enfants ont des moments de colère si forts qu'ils en perdent leur calme. Mais lorsque cela se reproduit trop souvent, ou si vous assistez à une seule crise de rage, mais dont la violence vous effraie, allez chercher de l'aide.

Les enfants qui profèrent des menaces ou qui font appel à la violence physique risquent d'essayer d'intimider leurs parents si ces derniers sollicitent de l'aide. J'ai souvent rencontré des parents qui, lorsqu'on leur décrit le comportement violent de l'enfant à l'extérieur de la maison, reconnaissent avoir prévu cet incident. Malheureusement, la colère de l'enfant les paralyse.

Aussi pénible que cela soit, nous devons tous regarder la réalité en face. Si la colère de l'enfant atteint un paroxysme qui vous fait craindre pour votre sécurité ou celle de quelqu'un d'autre, vous devez absolument aller chercher de l'aide. Il est possible, je vous l'accorde, que l'enfant adopte ce comportement, aussi enragé ou menaçant soit-il, pour vous manipuler, tout simplement. Mais si tel n'est pas le cas, les conséquences pour autrui risquent d'être catastrophiques. Vous ne pouvez pas courir ce risque.

Au cours des années, j'ai reçu des familles qui avaient renoncé à m'amener leur enfant, intimidées par les menaces qu'il proférait à leur encontre. Ce sont ces enfants qui m'inquiètent le plus et c'est pourquoi j'exhorte toujours les parents à venir au rendez-vous, même sans eux. Ces petites brutes veulent protéger leur pouvoir et, parfois, si elles sentent que ce pouvoir leur échappe, mettent leurs menaces à exécution. Vous pouvez être sûr que ces enfants ont réellement besoin de traitement professionnel. Faute de quoi, ils ne relâcheront jamais l'emprise qu'ils ont acquise sur leur famille.

Dans les cas les plus graves, un autre type d'intervention professionnelle risque d'être requis. Si votre enfant a un comportement violent, vous devrez communiquer avec la police. Il est important de noter qu'en faisant cela, vous n'invitez pas les policiers à enfermer votre enfant en prison. Vous les mettez simplement au courant d'une situation dangereuse, afin qu'ils puissent vous protéger, ainsi que l'enfant, le cas échéant. Il va sans dire que vous ne devez recourir à cette solution que lorsque le danger de violence physique est vraiment présent, pas dès que vous vous disputez avec votre enfant. Les policiers, s'ils ont reçu une formation dans ce domaine, assureront un suivi pour que toute la famille reçoive l'aide nécessaire.

Certains enfants sont parfois horrifiés de constater que leurs parents n'hésitent pas à prévenir la police. Ils reconnaissent, avec terreur, avoir complètement perdu les pédales. Pour certains, c'est une véritable révélation. Ils se rendent compte que les parents ne se laisseront plus faire. Mais ce n'est pas un simple entretien avec la police qui changera votre enfant. Même s'il semble s'être calmé, la situation n'est pas réglée. Allez chercher de l'aide.

BUT N⁰ 4 : SE DÉFOULER

Nous avons tous des moments d'énervement et d'irritation. Nous grommelons dans notre barbe ou nous claquons la porte. Les enfants aussi ont leurs mauvais moments. Peut-être sont-ils fatigués, affamés ou se sont-ils simplement cogné un orteil. Peut-être ont-ils eu une mauvaise note ou se sont-ils querellés avec un ami. Quelle que soit la raison, ils sont de mauvaise humeur et ont envie de se défouler.

Lorsqu'un enfant traverse une période noire, pratiquement tout – et rien – peut provoquer une querelle. Si nous possédions un système d'alerte perfectionné, qui nous permettrait de savoir qu'aujourd'hui, l'humeur est à la tempête, nous pourrions nous éloigner et revenir un peu plus tard, une fois l'enfant calmé. Malheureusement, nous sommes pris dans le tourbillon de sa colère et croyons avoir fait ou dit quelque chose qui l'a déclenchée.

Lorsque vous entendez un enfant grommeler «Laisse-moi tranquille!» la meilleure stratégie consiste parfois à obtempérer. Donnez-lui le temps de se calmer, si c'est possible. Il n'est pas nécessaire de crever immédiatement l'abcès. Si l'enfant est irrité au point d'avoir besoin de se défouler, en lui laissant le temps de se détendre, il sera mieux équipé pour avoir ensuite une conversation productive avec vous.

Un peu plus tard, demandez-lui de dégager les sentiments sous-jacents dont nous avons parlé aux chapitres précédents : jalousie, douleur, tristesse, etc. Vous pourriez l'aider à reconnaître ces émotions sans qu'il se défoule sur les autres, surtout s'ils n'ont rien à voir avec la raison de sa colère. Je sais, cela risque d'être difficile, surtout si votre enfant n'est pas porté à extérioriser ses sentiments. Mais efforcez-vous de savoir ce qui se passe en lui.

Il est aussi très important de choisir le bon moment. Si vous demandez à un enfant en colère de parler de ce qu'il ressent, vous risquez de recevoir une réponse du genre : « Mêle-toi de tes affaires et laisse-moi tranquille. » Attendez qu'il se soit calmé avant de poser la question. La réponse risque d'être beaucoup plus révélatrice.

S'il n'est pas possible de prendre du recul pour laisser à l'enfant le temps de retrouver son calme, peut-être devrez-vous lui rappeler gentiment la situation : « Je sais que tu es déçu de ne pas avoir été invité à la fête. Je comprends que tu sois triste. Mais ce n'est pas une raison pour passer ta colère sur ton frère. » Par ces quelques mots, vous faites preuve de sensibilité, vous orientez l'enfant vers l'émotion sous-jacente tout en fixant des limites. Ici aussi, vous rappelez à l'enfant que la colère est parfois justifiée, mais la méchanceté, jamais.

Il est normal de faire preuve de compréhension, de sensibilité à l'égard de quelqu'un qui ressent une grave déception. En l'occurrence, un petit défoulement peut être excusable. Mais n'oubliez pas de mettre en évidence les raisons de la colère une fois que l'enfant sera parvenu au stade de la retombée. Peut-être, effectivement, a-t-il de bonnes raisons d'être déçu de n'avoir pas été choisi pour faire partie de l'équipe, mais il n'est pas question de le laisser impunément provoquer une bagarre avec son frère ou sa sœur. Après un épisode de ce genre, les parents disposent d'une certaine latitude pour décider du type de mesure disciplinaire à prendre, certes, mais il ne faut jamais laisser passer un geste de méchanceté. Profitez-en pour rappeler à l'enfant que tout comportement doit demeurer à l'intérieur de limites acceptables, même si nous avons des raisons d'être irrités.

BUT N⁰ 5 : S'AMUSER

J'ai eu souvent l'occasion de m'entretenir avec des parents qui se plaignaient que leur enfant semblait décidé à déclencher des disputes sans aucune raison. Ils étaient convaincus d'avoir omis de remarquer un indice ou une blessure d'amour-propre qui avait incité leur enfant à provoquer leur frère ou leur sœur, ou à s'attaquer aux parents. En réalité, peut-être n'y avait-il rien à remarquer. Un enfant en colère peut chercher la bagarre pour le plaisir. Il insulte ses amis, ment à ses parents pour attirer des ennuis à son frère ou à sa sœur, casse leurs jouets… pour nulle autre raison que le plaisir de tourmenter les autres. C'est ce type de jalousie entre enfants de la même famille qui pousse les parents à bout.

Étant donné que ces situations aboutissent forcément à des cris, des pleurs et des punitions, sans compter des sentiments négatifs, les parents aimeraient bien dissuader leurs enfants de se comporter ainsi. Mais les enfants n'apprendront pas d'eux-mêmes à se maîtriser. Sans l'intervention des parents, la situation risque de dégénérer rapidement. Coups et blessures – tant physiques qu'émotionnels – suivront et donneront lieu à des représailles. Il faut discipliner les enfants dès qu'ils commencent à taquiner ou à tourmenter les autres. Il est également utile de faire participer les frères et les sœurs à des activités qui leur permettront de brûler une partie de leur énergie. Lorsque je me bagarrais avec mes propres frères et sœurs, mes parents avaient une réponse toute prête : « Puisque tu as tant d'énergie à dépenser, va donc nettoyer la cuisine ! »

BUT N⁰ 6 : PARTAGER L'INFORMATION

Ce type de querelle entraîne un échange d'information entre chaque protagoniste, dans l'espoir que chacun comprendra à quel point son comportement est stupide et qu'un éclair de lucidité viendra mettre un terme à cette situation. Malheureusement, il est bien rare que cette stratégie se révèle efficace. Le simple fait de parler n'élimine pas entièrement le problème.

Voici un exemple : Émilie, âgée de 14 ans, a demandé la permission de passer la nuit chez une amie. La mère d'Émilie a téléphoné à la mère de l'amie pour s'assurer de la véracité de l'invitation. Mais ce qu'Émilie n'avait pas dit à sa mère, c'était que les deux filles avaient également prévu d'aller à une fête organisée chez un adolescent. La mère n'a entendu parler de cette sortie que lorsqu'elle a surpris une conversation entre sa fille et son amie, en allant déposer Émilie. Ennuyée d'avoir été ainsi dupée, elle a promptement ramené Émilie à la maison. D'où une dispute.

Il faut préciser, à leur décharge, que toutes deux ont débrouillé calmement cet écheveau. Chacune a expliqué ce qu'elle avait fait et pourquoi. Émilie a révélé qu'elle craignait que sa mère ne soit pas d'accord et, pour cette raison, avait prévu de garder le secret jusqu'au dernier moment. La mère a décrit sa déception. Chacune a mieux compris pourquoi l'autre avait agi comme elle l'avait fait. On eût dit que la situation était réglée. Mais pas tout à fait.

Ce qu'elles ont omis de faire, c'est de dresser un plan d'action pour l'avenir : établir le comportement d'Émilie la prochaine fois que le problème se présenterait, une discussion des raisons pour lesquelles la supercherie aboutit à la disparition de la confiance, les conséquences qui en résulteraient pour Émilie si la situation se reproduisait. Bien qu'elles eussent franchi un grand pas en discutant calmement du problème, tout n'était pas résolu. Par conséquent, elles risquaient de voir resurgir une situation encore plus explosive. Le partage d'informations est bon pour le moral. Chaque partie ressent la satisfaction du travail accompli. C'est comme si nous étalions sur le comptoir de la cuisine tous les ingrédients nécessaires à la confection d'un plat. C'est un bon départ, certes, mais il faut ensuite suivre la recette jusqu'au bout. Sinon, rien ne changera.

En l'occurrence, il est possible qu'Émilie saisisse l'occasion de se rendre en cachette à une autre fête, en justifiant son acte ainsi : «Tu m'as dit que tout irait bien si je ne mentais pas. Je n'ai pas menti.» Elle pourrait également avoir la surprise d'être privée de sorties pendant un mois. À ce moment-là, elle pourrait se plaindre : «La dernière fois que nous avons discuté, tu ne m'as pas dit que tu me priverais de sorties!» Il est possible également que la mère ait tenu pour acquis que sa fille avait clairement compris ce qui l'attendait si elle transgressait le règlement. Mais, durant leur conversation, elle a omis d'expliquer ce que serait ce règlement. Par conséquent, si vous discutez avec votre enfant pour faire connaître votre point de vue, vous êtes sur la bonne voie, mais vous n'êtes pas encore parvenu à destination.

BUT N⁰ 7 : RÉSOUDRE LE PROBLÈME

Bien que la plupart des disputes ne soient pas productives et que certaines soient carrément destructrices, d'autres représentent des efforts sincères pour résoudre correctement de véritables problèmes. Lorsqu'une querelle a véritablement pour but la résolution d'un problème, vous pouvez espérer une issue positive.

Si toute votre attention est concentrée sur la découverte d'une solution, l'enfant aura plus de difficulté à vous manipuler ou à lancer des attaques efficaces. Si l'enfant constate, avec le temps, que tout ce qui vous intéresse, c'est de parvenir à une solution, il finira par vous faire confiance. Mais s'il sent que tout ce que vous voulez, c'est gagner, ou si vous ne donnez pas suite aux promesses, il se méfiera de vous. Dans ces circonstances, il se dira que passer à l'attaque est le seul moyen de parvenir à ses fins.

Vous aurez fort à faire pour résoudre ainsi le problème. Mais si vous réussissez, votre enfant aura l'impression d'avoir été entendu. Vous lui montrerez qu'une démarche réfléchie est efficace. Souvenez-vous que les enfants en colère ne savent pas résoudre les problèmes et que c'est l'une des raisons pour lesquelles ils passent si facilement à l'attaque. Vous avez ici l'occasion de lui apprendre à résoudre ses problèmes. Une discussion ne doit pas forcément aboutir à la tension et à la colère. Considérez-la comme l'occasion rêvée de communiquer avec l'enfant afin de mettre au point des stratégies que chacun de vous jugera acceptables. S'il apprend à résoudre ses problèmes, il ne se sentira plus contraint de recourir aux menaces et à la bagarre. Son amour-propre en bénéficiera et votre foyer recouvrera le calme.

La résolution des problèmes en 10 étapes

Dans le feu de la colère, il arrive que nos capacités de résolution des problèmes nous abandonnent. Quant aux enfants en colère, ils sont entièrement privés de ces capacités, même dans le meilleur des cas. Essayez donc de suivre ce cheminement ensemble et vous constaterez que votre enfant accepte beaucoup plus facilement vos décisions.

1. *Restez sur les rails*. Ce qui vous paraît être un problème facilement soluble, peut très bien être un obstacle insurmontable pour un enfant en colère. Pendant une dispute, les émotions obscurcissent le jugement et nous avons tendance à dévier du problème pour passer à l'attaque. Calmez-vous, prenez une grande respiration et retournez au problème même, en laissant de côté l'attaque qu'il a provoquée.

2. *Renseignez-vous*. Sachez exactement ce qui a causé la querelle. Il arrive que les protagonistes aient mal compris les faits. En écoutant, vous êtes déjà sur la voie de la résolution.

3. *Nommez vos objectifs*. À quoi ressemblera la situation une fois le problème réglé ? Regardez au-delà de la victoire et songez au long terme. Le but immédiat de votre enfant est peut-être de rentrer tard. Le vôtre est sans doute d'établir des liens de confiance entre vous, de sorte que vous n'ayez pas à vous ronger les sangs tous les samedis soirs. Il s'intéresse certainement moins que vous au long terme, mais un adolescent admettra qu'il est possible de fusionner son but et le vôtre si vous lui demandez d'agir de manière à vous inciter à lui faire confiance.

4. *Faites des séances de remue-méninges pour trouver des solutions.* Il n'y a jamais qu'une seule solution. Le remue-méninges fera émerger d'étonnantes suggestions. Mais à ce stade, évitez de critiquer les idées de votre enfant ; sinon vous vous retrouverez pris dans une nouvelle dispute avant que ces idées aient eu la possibilité de prendre forme. Pour le moment, il suffit de dresser une liste de suggestions aussi longue que possible.

5. *Évaluez ces idées,* l'une après l'autre, avec soin. Pesez les mérites de chacune. Laissez tomber celles qui vous paraissent impossibles à concrétiser et appliquez celles qui semblent avoir du potentiel. Vous aideront-elles à atteindre votre but ? Mettez les détails au point, du début à la fin.

6. *Recherchez les obstacles.* Il arrive qu'un plan idéal dans une situation ne convienne pas à une autre. Repassez toute la stratégie dans votre esprit. Réfléchissez tous les deux aux éventuels obstacles.

7. *Choisissez le plan qui, à votre avis, sera le plus efficace.* Mettez-le par écrit si nécessaire. Assurez-vous que chaque partie a compris tous les détails.

8. *Mettez le plan en œuvre.* Prenez le temps de le mettre à l'essai pour vous assurer de son efficacité.

9. *Revenez en arrière.* Une fois le plan mis à l'essai, revenez en arrière. Si vous omettez cette évaluation, vous risquez de provoquer une nouvelle dispute. Au contraire, demandez-vous : « Est-ce que ça marche ? » Si tel est le cas, demandez-vous pourquoi. Votre plan est-il particulièrement efficace ou son succès est-il dû à la chance ? Par exemple, votre stratégie pour inciter votre enfant à faire ses devoirs sans lambiner ne sera guère mise à l'épreuve si vous décidez de l'appliquer un soir où le professeur n'a donné aucun travail à faire à la maison. Si ça ne marche pas, faites preuve d'humilité et de bonne volonté et recommencez.

10. *Procédez aux changements nécessaires.* Si votre solution semble bien marcher, adoptez-la. Si elle ne règle pas entièrement le problème, rectifiez le tir. Et si c'est un échec flagrant, repartez à zéro. Cette volonté d'évaluer les résultats et de procéder aux changements nécessaires est capitale pour apprendre à résoudre correctement les problèmes. Faites preuve de souplesse. Toute stratégie, même la plus habile, peut échouer si le parent et l'enfant sont incapables de l'adapter aux changements de situation.

Les neuf règles d'or des réunions familiales

Une réunion familiale est un excellent moyen de résoudre les problèmes. Il doit s'agir d'une discussion ouverte et franche, axée sur la confection de stratégies créatives et l'établissement de nouvelles règles. Mais attention, une réunion familiale n'est ni une mise en accusation, ni un interrogatoire, ni un sermon. Voici quelques principes :

1. Lorsqu'un problème impossible à résoudre sur-le-champ se présente, ne vous contentez pas d'en discuter. Fixez une heure précise pour la réunion. Ne tardez pas à l'organiser, mais attendez que le calme soit revenu dans la maison.
2. Chaque membre de la famille concerné doit être présent. Il est toutefois préférable d'exclure certains des enfants s'il s'agit d'un problème très personnel ou d'un sujet embarrassant. Sinon, il est parfois utile de faire participer les frères et les sœurs, même s'ils ne sont pas directement intéressés. Ils apprendront ainsi à résoudre les problèmes en observant votre méthode.
3. Attaquez un problème à la fois. Quelqu'un doit cerner le problème et les autres donnent leur point de vue.
4. Chacun doit avoir la possibilité de s'exprimer, sans interruption, injures ou critiques. Éteignez le téléviseur et ne répondez pas au téléphone.
5. Ensuite, essayez de dégager des solutions. Entendez-vous sur des stratégies qui vous permettront d'atteindre le but que vous vous êtes fixé.
6. Dressez une liste de 5 à 10 idées. N'en discutez aucune avant d'avoir terminé la liste.
7. Pesez le pour et le contre de chaque idée. Chacun doit pouvoir donner son avis.
8. Choisissez les idées qui vous semblent les plus efficaces pour atteindre le but. Établissez la marche à suivre. Discutez de ce qu'il conviendra de faire si un des membres de la famille n'est pas d'accord.
9. Une fois que tout le monde s'est entendu sur une solution et sur les étapes à franchir pour la mettre en œuvre, clôturez la réunion sur une note positive, avec le sentiment du devoir accompli, de sorte que chacun acceptera volontiers de revenir lorsque d'autres problèmes se présenteront.

Les mauvaises tactiques

Lorsque vous vous querellez avec un enfant en colère, son incapacité à résoudre les problèmes risque de faire dégénérer l'incident. Les mauvaises tactiques, dont vous trouverez des exemples ci-après, font dévier ou complètement dérailler la discussion et aggravent la colère. Il incombe au parent de les reconnaître et de réagir en conséquence. Demandez-vous si vous ou votre enfant avez déjà eu recours à l'une de ces tactiques :

- **Le déballage.** Dans ce genre de dispute, on déballe absolument tout et il est difficile de déterminer le véritable objet de la discussion. Peut-être avez-vous commencé par faire remarquer la pile de vêtements crasseux dans la chambre de l'enfant, puis, sans savoir comment, la dispute dévie vers les devoirs, les sorties, les fréquentations de l'enfant et tout ce qui a pu se passer au cours des dernières années.
  Si vous constatez que la dispute tourne au déballage, arrêtez-vous. Il vaut mieux régler un problème à la fois. Résistez à la tentation de vous attaquer à tout en même temps. Si un autre sujet de discussion surgit, essayez de dire à l'enfant : «Je sais que c'est un problème, mais ce n'est pas de cela dont nous parlons en ce moment. Nous y retournerons plus tard, après avoir réglé cette question.»

- **La pilule empoisonnée.** Lorsqu'ils sentent que la discussion tourne à leur désavantage, les adultes comme les enfants ont tendance à sortir la grosse artillerie, espérant ainsi démonter entièrement l'autre. Parfois, il s'agit simplement d'une méchanceté pure et simple (même si le fait en question est véridique) : «Rien de tout cela ne serait arrivé si tu n'avais pas commencé à sortir avec ce type alors que tu étais encore mariée avec Papa» est le genre de pilule empoisonnée qu'il conviendrait d'avaler et non de cracher. Dans la même veine : «Tu es le portrait craché de ton père !» ou «Tu ne feras jamais rien de bon !» sont des insultes douloureuses qui empoisonneront la vie de l'enfant longtemps après que le sujet de la querelle aura été oublié. Ne lancez jamais ce genre de flèche à votre enfant et, s'il vous en lance une, dites-vous qu'il essaie probablement de faire dévier la discussion ou de dissimuler sa crainte de perdre l'avantage. Ne perdez pas de vue la question sur le tapis. Si vous êtes trop en colère, faites une pause et reprenez la discussion plus tard.

- **Déjà vu, déjà entendu.** Lorsque vous croyez qu'une affaire a été réglée une fois pour toutes, la voilà qui resurgit. Il est possible que l'enfant extériorise ainsi une vieille douleur, reliée à un événement passé. Essayez de discerner la cause. Si la question n'a effectivement pas été réglée, profitez-en pour le faire. Certaines blessures prennent beaucoup de temps à cicatriser. Il est également possible que l'enfant ne voie pas la situation sous le même angle que vous. Assurez-vous que vous avez tous les deux bien compris et allez jusqu'au bout.

- **« Miroir miroir ».** Lorsque la reine a posé la question à son miroir – « Dis-moi, qui est la plus belle ? » –, elle n'a pas apprécié la réponse. Votre enfant ne l'appréciera pas non plus. Si vous le comparez à votre petit voisin d'en face – « Pourquoi donc ne peux-tu être aussi sage que Jean ? » –, il risque de se sentir inférieur. Tout comme des comparaisons avec les autres parents – « Les parents de Jean n'en font pas une histoire, pourquoi n'es-tu pas comme eux ? » – ne peuvent que vous blesser. L'enfant souffrira d'être comparé à un autre. Félicitez-le pour ce qu'il est, aidez-le à devenir tout ce qu'il peut être, mais il doit rester lui-même et non se transformer en copie carbone de quelqu'un d'autre. Ce qui compte, ce n'est pas qu'il imite un autre enfant, mais qu'il se comporte de lui-même correctement.

- **La boule de cristal.** Lorsque l'une des parties prédit ce que l'autre va dire, une boule de cristal s'est insérée dans la discussion. En déclarant : « Je sais bien ce que tu penses », vous refermez la communication sans donner à l'autre l'occasion de répondre sincèrement. De même, des affirmations du genre : « Je sais très bien que tu vas échouer, c'est pourquoi je ne prendrai pas la peine de t'aider » ne donneront guère à l'enfant la motivation nécessaire pour atteindre un but précis. Il est normal de faire comprendre à l'enfant les conséquences désastreuses d'un comportement inapproprié, mais évitez les prédictions. Rappelez-lui ses choix et aidez-le à cerner les conséquences, positives ou non, de ses actes. Et si l'enfant vous lance une boule de cristal, passez tranquillement à côté pour revenir au sujet de la discussion.

- **Le ciel n'est pas bleu.** Certains enfants adoptent une position contradictoire simplement pour ennuyer les parents. Je me souviens d'avoir expliqué à une jeune demoiselle : « Quoi que tes parents disent, tu adoptes l'opinion contraire. Je me demande si tu leur as déjà affirmé que le ciel n'était pas bleu. » À quoi elle a répondu : « Mais il n'est pas bleu ! » Un esprit de contradiction aussi poussé signifie soit que l'enfant essaie de démontrer sa propre force, soit qu'elle se trouve en pleine préadolescence, à un âge où les enfants considèrent leurs parents comme faibles. Essayez de passer du temps avec lui, apprenez à le connaître. A-t-il l'impression d'être pris pour un bébé ? Peut-être souhaite-t-il simplement vous montrer qu'il a ses propres idées. Demandez-lui de les exprimer au lieu de vous contredire en permanence.

- **La division.** C'est ce qui se produit lorsque l'enfant prend parti pour Maman contre Papa ou pour un frère contre une sœur, et vice-versa. Peut-être affirmera-t-il à sa mère : « Papa m'a autorisé à le faire si tu es d'accord », alors que Papa a simplement dit : « Va demander à ta mère. » Peut-être réussira-t-il à convaincre Maman, au cœur tendre, d'annuler la punition imposée par Papa. Dans les familles divisées, l'enfant apprend vite que lorsqu'on dresse les parents l'un contre l'autre, on obtient tout ce qu'on veut, car Papa va faire exprès de contrarier Maman. Soyez très, très vigilant lorsque vous entendez votre enfant critiquer votre conjoint devant vous. Écoutez-le, mais assurez-vous de ne pas céder simplement pour faire enrager l'autre parent.

- **Vous êtes victime de votre imagination.** Avez-vous déjà entendu : « Mais cela n'est jamais arrivé ! » ou : « Je n'ai jamais dit ça ! » ? Cette tactique est destinée à vous démonter, tandis que vous essayez frénétiquement de vous souvenir de ce que l'on a dit ou fait, au lieu de vous concentrer sur la solution. L'enfant pourra également essayer de diminuer l'importance de l'événement : « Mais ça n'est rien ! », « Et puis après ? ». Si l'incident est arrivé, il n'y a pas à revenir là-dessus. Faites reposer votre décision sur des faits ou, tout au moins, sur ce que vous avez compris de la situation. Si votre enfant vous ment, il devra en assumer de nouvelles conséquences. Et si vous soupçonnez chez lui un comportement répréhensible, sachez que les jeunes qui se droguent, qui boivent ou qui s'adonnent à des activités illégales sont très portés au mensonge (c'est la raison pour laquelle les parents tombent des nues lorsqu'un professeur ou un policier leur révèle les faits). Suivez vos instincts et posez des questions. Il vous incombe d'enquêter sur tout ce qui vous paraît louche dans son comportement. Ne vous laissez pas démonter par des affirmations telles que : « Tu perds la boule, Maman ! » Comprenez que l'enfant essaie d'éluder vos questions.

- **En grève.** Lorsque l'enfant se referme et refuse de vous obéir, vous entendrez des déclarations telles que : « Tu ne peux pas m'obliger ! » En répondant avec des menaces, vous ne faites qu'aggraver la situation. Cependant, même s'il est vrai que vous ne pouvez l'obliger à ranger sa chambre, les conséquences de son comportement pourraient l'inciter à le modifier. Ne lancez pas des menaces vagues, du genre : « Si tu ne le fais pas, tu t'en mordras les doigts. » Faites-lui clairement comprendre les conséquences positives et négatives de son comportement : « Je ne peux pas t'obliger à ranger ta chambre, mais je peux refuser de te conduire chez ton copain jusqu'à ce que tu l'aies fait. »

- **L'enfant martyr.** Si vous entendez un enfant se lamenter : « Je serai toujours un minable », ou « Je suis un imbécile », peut-être souffre-t-il d'une blessure d'amour-propre. Mais il est tout aussi probable qu'il s'efforce de vous manipuler en vous apitoyant. Par conséquent, essayez d'analyser ses déclarations d'enfant martyr. Les utilise-t-il pour parvenir à ses fins ou recherche-t-il sincèrement votre aide ? Vous ne le saurez qu'en engageant la discussion. Imaginons qu'il vous réponde : «Je n'ai pas pu ranger le garage parce que j'avais trop de devoirs à faire et tu me grondes toujours si je n'ai pas de bonnes notes.» Si vous savez pertinemment qu'une heure auparavant, il était en train de jouer au Nintendo, vous êtes probablement en train de vous faire duper. Les enfants jouent aussi parfois les martyrs pour obtenir ce qu'ils désirent : «Je n'ai pas d'amis parce que tu ne veux pas m'acheter les vêtements dont j'ai envie.»

- **Jérémiades et lamentations.** Certains enfants ont compris que l'usure venait à bout de la résistance parentale. S'ils hurlent suffisamment fort, suffisamment longtemps, ils finissent par obtenir gain de cause, même si les parents ont déjà dit non. Ce n'est donc pas une leçon que vous souhaitez leur enseigner. Si votre enfant utilise cette tactique, essayez d'appliquer une discipline progressive. Faites-lui comprendre une dernière fois, sans équivoque, votre position et précisez clairement que vous n'avez pas l'intention de revenir sur la question. S'il insiste, il perdra dix minutes du temps autorisé pour la télévision chaque fois qu'il reviendra à la charge.

- **Le mur.** Avez-vous déjà eu l'impression de vous adresser à un mur ? Vous parlez, mais l'enfant vous ignore. C'est absolument exaspérant. Assurez-vous toutefois que vous ne vous êtes pas lancé dans un sermon exagéré. Si vous en profitez pour vous défouler, on peut comprendre que l'enfant ne réagisse pas. Exprimez clairement votre position et passez à autre chose. Il est également possible que l'enfant soit en train de ressasser une préoccupation. Si tel est le cas, mettez votre querelle de côté pour un instant. Mais s'il ne s'agit que d'une tactique pour vous mettre en colère, vous devrez peut-être réagir par une mesure disciplinaire, en le privant temporairement de sorties ou en lui interdisant une activité favorite, jusqu'à ce qu'il décide de coopérer.

CHAPITRE HUIT

LA DISCIPLINE EFFICACE

Vous ne seriez pas humain si vous ne ressentiez pas un remords occasionnel lorsque vous êtes contraint de discipliner votre enfant. Aussi méritée que soit la punition, l'enfant sera malheureux et, selon toute probabilité, vous le serez également. Il est naturel qu'un parent se sente coupable, attristé ou mal à l'aise en punissant des enfants, car au fond de nous-mêmes, nous éprouvons des scrupules à les priver de ce qu'ils veulent, même lorsque la punition est incontestablement justifiée.

Face à un enfant en colère, la situation est encore plus complexe. En effet, les enfants en colère interprètent la punition comme une attaque. Ils vous reprochent d'appliquer la discipline et se refusent à comprendre votre raisonnement ou les mérites des règles qu'ils ont transgressées. En réaction, ils contre-attaquent. Voilà pourquoi il est si important d'utiliser des techniques de discipline efficaces. C'est la manière dont vous résoudrez la situation qui se répercutera sur vos relations futures avec l'enfant, même si vous avez l'impression que les résultats désirés se font attendre.

Qui est votre modèle ?

Je demande souvent aux parents de se souvenir du meilleur enseignant qu'ils ont eu. Pourquoi cet enseignant les a-t-il aussi favorablement impressionnés et comment imposait-il une discipline à sa classe ? Personnellement, je repense volontiers à mon professeur de géométrie. Chaque jour, il nous annonçait clairement ce qu'il attendait de nous et, si nous n'obéissions pas, nous étions tous assujettis à la même discipline, du cancre de la classe au petit génie. Et il s'attendait que tout le monde réussisse.

La mauvaise note n'était pas la seule punition de ceux qui échouaient à un test. Le professeur leur apprenait à refuser l'échec. Ils recommençaient jusqu'à ce qu'ils réussissent. En outre, il savait qu'on ne travaille bien que lorsqu'on dispose de certaines heures de loisir et, souvent, trouvait le moyen de mêler travail et jeu pour que notre apprentissage soit plus divertissant.

Ce professeur demeure l'un de mes modèles. Quel est le vôtre ? Peut-être un mélange des caractéristiques que vous trouvez chez plusieurs personnes de votre connaissance ? Essayez d'imiter ces modèles face à vos enfants et oubliez le parent que vous avez vu un moment plus tôt, à la caisse du supermarché, en train de hurler à son enfant de se tenir tranquille.

La discipline sans la colère

En votre qualité de parent, votre but consiste d'abord et avant tout à prendre en main les rênes de la situation, sans pour autant écraser l'enfant. En effet, les enfants doivent connaître les règles, ils en ont besoin, ne serait-ce que pour se rebeller contre elles. Un parent efficace ne doit pas baisser les bras. Des règles claires et appliquées de manière conséquente donnent aux enfants un sentiment de sécurité et stabilisent leur petit monde. Discipline n'est pas synonyme d'oppression. Vous pouvez très bien discipliner votre maisonnée tout en laissant à l'enfant la latitude nécessaire pour prendre des décisions, explorer, grandir.

En revanche, un parent dominateur s'efforce de prévenir les mauvais comportements en dictant chaque aspect de la vie de l'enfant. La confiance n'a aucun rôle à jouer dans cette équation, lorsque les parents sont persuadés qu'il faut brimer les enfants de peur qu'ils ne commettent un impair. Tous les enfants et, à plus forte raison, un enfant en colère, se rebelleront contre un parent despotique. Une situation déjà explosive risque de dégénérer : le parent inventera des punitions de plus en plus dures tandis que l'enfant fera preuve de plus en plus d'ingéniosité pour y échapper.

Plutôt que de vous laisser entraîner dans ce genre de cercle vicieux, prenez du recul. Il y aura certainement des moments où vous devrez demander à l'enfant de faire quelque chose parce que vous en avez décidé ainsi, point final. Mais ce n'est pas forcément le cas ici. Je suis souvent impressionné par la manière dont les familles apprennent à réfléchir aux difficultés pour aider leurs enfants. Par exemple, si rien n'empêche raisonnablement votre fils de terminer sa partie de basket-ball avec ses amis avant d'aller ranger sa chambre, il serait préférable de lui apprendre à acquérir peu à peu le sens des responsabilités plutôt de rechercher l'obéissance immédiate. En revanche, si vous lui avez demandé de ranger sa chambre avant de sortir parce que vous attendez de la visite, c'est une tout autre affaire. S'il se refuse à obéir, vous devrez sans doute le punir. Comme nous le verrons, une discipline négative s'impose pour faire disparaître certains comportements.

Dans le même ordre d'idées, si vous servez du chou-fleur à votre enfant en sachant très bien qu'elle ne l'aime pas, vous serez tous deux soulagés de ne pas voir la situation dégénérer en querelle où chacun de vous s'obstinera en pure perte. Essayer de forcer l'enfant à vous obéir lorsqu'il s'agit d'une question relativement triviale risque de susciter en vous la colère, l'exaspération, le sentiment de culpabilité et, si vous abdiquez, la honte de la défaite. Vous aurez créé un conflit à partir de rien.

Avec les années j'ai aussi appris (parfois à mes dépens) qu'il était souvent plus profitable de laisser ma fille prendre certaines décisions plutôt que de lui imposer ma volonté. Si elle voulait consacrer son argent de poche à un jouet ou un vêtement quelconque, nous en discutions d'abord. Même si l'objet en question était trop cher ou de mauvaise qualité, je finissais par la laisser suivre son idée. Naturellement, lorsque quelques jours plus tard, le vêtement était en solde ou le jouet se brisait, elle ne pouvait s'en prendre qu'à elle-même. J'ai constaté que ce genre de leçon était beaucoup plus efficace qu'une dispute au magasin.

Le premier objectif de la discipline est de nous aider à garder notre calme. Lorsque nous perdons notre sang-froid, nous ne savons plus ce que nous faisons. C'est ainsi que les parents en viennent à commettre des actes qu'ils regrettent par la suite. Ils inventent des punitions ou des menaces absurdes, ils dénigrent leurs enfants et vont jusqu'à les frapper… ce qui ne fait qu'aggraver la situation. L'enfant en colère, qui a du mal à comprendre ses propres sentiments tout autant que les vôtres, risque fort de considérer votre réaction comme une menace. Il n'hésitera pas à contre-attaquer.

À moins que votre enfant ne coure un danger imminent, prenez le temps de réfléchir au problème avant de rendre votre verdict. Puis revenez vous attaquer au problème et non à l'enfant.

La discipline consiste à enseigner à l'enfant un comportement plus sain, mais souvenez-vous que le jour de l'examen final est encore lointain. La vie est jalonnée de petits tests, auxquels vous devrez vous soumettre tous les deux. Vous aurez la possibilité de rectifier le tir après chacun. Les enfants s'épanouissent lorsque nous prenons le temps de leur expliquer comment on doit se comporter, lorsque nos attentes sont en harmonie avec leur degré de développement et lorsque nous les encourageons patiemment à apprendre un peu plus chaque jour. Ils commettront des erreurs, ils contesteront votre autorité. Mais gardez à l'esprit que vous cheminez sur la longue route de l'apprentissage.

Soyez modeste dans vos ambitions. Si les problèmes sont légion, vous ne gagnerez rien à commencer par le plus gros, le plus complexe. Un enfant en colère luttera contre vos tentatives de prise en main de la situation. Mais en commençant par des questions de peu d'importance, en franchissant de petites étapes, vous acquerrez sa confiance. Il finira par comprendre que vous êtes capable de régler le problème, avec efficacité et équité. Ces petites étapes vous assureront sa collaboration.

Les cinq secrets des parents efficaces

Vos techniques de discipline doivent être équitables, simples et efficaces. Grâce à des années d'expérience, j'ai fini par mettre au point une démarche que l'on peut adapter à maintes situations. Elle repose sur cinq principes de base : les choix, la clarté, les conséquences, la communication et la persévérance. En gardant ces cinq éléments à l'esprit, vous réduirez au maximum les problèmes qui contribuent à la colère et obtiendrez de bons résultats. Examinons chacun en détail.

LES CHOIX

Nous avons tous tendance à interpréter une situation en fonction de nos priorités et nous réagissons selon nos objectifs et nos convictions. En tant que parents, nous sommes témoins d'une scène quelconque et nous devons ensuite prendre la décision d'agir ou, au contraire, de ne rien faire. Nous savons néanmoins qu'il est impossible de tout résoudre. Le moment est donc venu de faire des choix.

La manière dont nous définissons le problème influe sur le nombre et le type d'options dont nous disposons. Si vous répartissez les comportements de l'enfant en catégories – comportements que vous aimeriez le voir adopter plus fréquemment, comportements que vous aimeriez le voir abandonner et comportements qui, selon vous, peuvent rester inchangés –, vous disposerez d'une base solide sur laquelle faire vos choix. En général, les comportements les plus répréhensibles exigent des parents la réaction la plus puissante. Cependant, il ne suffit pas d'essayer de faire disparaître les comportements indésirables. Faites un effort pour encourager ceux que vous jugez souhaitables. Vous devrez parfois faire appel à des stratégies différentes pour résoudre le même type de problème : « Ne laisse pas ta vaisselle sale sur la table » revient au même que : « Place ta vaisselle sale dans l'évier ».

Le troisième type de comportement, celui que vous ne souhaitez pas modifier, possède également son importance. Aussi sombre que vous paraisse la situation, il y a sûrement quelque chose que votre enfant fait correctement, voire très bien. Lorsque l'atmosphère à la maison n'est pas des plus sereines, il est réconfortant pour un enfant de savoir qu'il fait quelque chose que ses parents jugent acceptable. Des critiques excessives détruiront sa confiance en lui et affaibliront son désir de collaborer. (Souvenez-vous que les enfants ont besoin d'enseignants et de modèles, bien plus que de critiques.)

Lorsque l'enfant reçoit un message d'approbation des parents, il devient beaucoup plus facile de mobiliser sa collaboration. Les parents éprouvent un regain de confiance, car ils constatent que le succès est possible en dépit de tous les problèmes. C'est particulièrement important au sein des familles d'enfants en colère, qui ont trop tendance à ressasser les éléments négatifs.

Souvenez-vous que malgré tous ses défauts, votre enfant a des qualités et des capacités que vous aimez et souhaitez voir s'épanouir. Par conséquent, tout en essayant de modifier certains comportements indésirables, encouragez les autres.

Les parents devront faire des choix à partir de ces trois catégories. C'est loin d'être une tâche facile. Une situation mal comprise, des convictions erronées, tout cela risque d'aboutir à une explosion et de rendre les choix difficiles.

Exercice : Que changer ? Comment changer ?

Sur une feuille de papier, tracez trois colonnes : (1) Comportements à encourager ; (2) Comportements à éliminer ; (3) Comportements à conserver. Réfléchissez un moment et remplissez chaque colonne. Ne vous préoccupez pas des détails pour le moment. Nous verrons cela plus tard.

En général, les parents dont l'enfant est difficile n'ont aucune difficulté à remplir la deuxième colonne. Certains ont du mal à remplir la troisième, surtout si le comportement général de l'enfant est problématique. Mais votre enfant fait certainement quelque chose qui a votre approbation. Si vous ne parvenez pas à remplir la première colonne, prenez quelques éléments de la deuxième et inscrivez leur contraire. Par exemple : « Ne pas mentir » pourrait devenir « dire plus souvent la vérité ». En outre, la forme affirmative accroît vos chances de succès et vous fournit un but. Voici l'exemple d'une feuille remplie par la mère d'une fillette de 8 ans :

(1) À encourager :
- Tenir la chambre propre et ranger les jouets.
- Dire la vérité et faire preuve de respect envers autrui.
- Étudier sérieusement et faire les devoirs immédiatement après l'école.
- Traiter ses amies avec gentillesse et prêter ses jouets.
- Respecter les règles du jeu.
- S'abstenir de se servir des affaires des autres.

(2) À éliminer
- Mensonges, insolence, jérémiades.
- Attaquer sa sœur.
- Interrompre Maman lorsqu'elle parle au téléphone.
- Faire un caprice au moment d'aller au lit.
- Tricher.
- Laisser la cuisine sale et en désordre.
- Critiquer tout le monde et adopter une attitude négative.

(3) À conserver
- Est gentille lorsqu'elle le veut bien.
- Montre de l'affection à son chat et aux autres personnes.
- Traite bien ses grands-parents.
- Finit son assiette.

- Ne fait rien de dangereux.
- Écrit bien, s'habille proprement.
- Peut jouer tranquillement avec son petit frère pendant de brèves périodes.

Voyez comme cette mère a réussi à remplir la troisième colonne. Ces comportements lui donnent la possibilité de complimenter l'enfant lorsque tout le reste semble aller de travers. Les comportements positifs leur donnent à toutes les deux des raisons d'être optimistes et de combattre le découragement.

Une fois que vous avez rempli vos catégories, l'étape suivante consiste à choisir les aspects sur lesquels vous commencerez à travailler. Évitez les caprices du moment ou les questions qui suscitent les plus gros conflits. Si vous vous attaquez à trop de problèmes épineux d'un coup, vous serez vite tenté d'abandonner. Au contraire, faites reposer vos choix sur les comportements les plus susceptibles de changer. Ensuite, ordonnez-les selon les facteurs suivants :

- **Ce que vous êtes vraiment *capable* de modifier.** Vous ne ferez jamais perdre à un adolescent sa dépendance à l'égard du téléphone ; si vous essayez, vous ne parviendrez jamais à le couper de ses correspondants 24 heures sur 24. Par conséquent, ne tentez pas l'impossible. Pour qu'un changement se produise, vous devez être capable de le mettre en branle. Attendez-vous de votre fille un A en mathématiques, alors que c'est la matière qui lui a toujours donné le plus de fil à retordre ? Si tel est le cas, peut-être devrez-vous faire appel à une aide extérieure, par exemple à un répétiteur, pour atteindre votre but.
- **Ce que vous *désirez* vraiment modifier.** Parfois, nous faisons des choix qui reposent sur les griefs ou les conseils des autres. Imaginons qu'un ami ou un parent ait émis des commentaires sur la tenue de votre adolescente. En ce qui vous concerne, vous vous sentez tout à fait capable

de tolérer ses jeans déchiquetés et ses cheveux teints en bleu, dans la mesure où elle sort la poubelle quand vous lui demandez de le faire. Il serait alors préférable de déplacer cet aspect en queue de liste. Vous vous y attaquerez plus tard, en vous reposant sur vos autres succès et la confiance que vous avez bâtie.

- **Ce qui convient à son âge.** Certains comportements sont caractéristiques de l'âge. Les parents qui attendent de l'enfant des capacités qui ne correspondent pas à son âge auront bien du mal à obtenir sa collaboration. Il est difficile de faire manger un bambin de 2 ans avec une fourchette. À 6 ans, il est normal que l'écriture ne soit pas encore formée. De jeunes enfants trouvent parfois difficile de se souvenir de toutes les règles de la maison. Lorsqu'un adolescent souhaite passer du temps avec des amis plutôt qu'avec la famille, les parents aussi doivent procéder à un rajustement de leurs attentes plutôt que d'exiger que tout le changement provienne de l'adolescent.

- **Ce que l'*enfant* est désireux d'accomplir.** Vous n'aboutirez à rien en vous attaquant à un comportement auquel l'enfant tient beaucoup. Enlever sa couverture favorite à un gamin de 5 ans ou annoncer à un adolescent de 14 ans, de nature plutôt solitaire, qu'il lui est désormais interdit de fréquenter telle ou telle personne, causera probablement de nouveaux problèmes. En choisissant un comportement suffisamment anodin pour que l'enfant collabore avec vos efforts, vous aurez la possibilité de bâtir un modèle de succès dont vous bénéficierez, tout autant que l'enfant. Cela ne veut pas dire que vous laisserez l'enfant libre de décider de ce qui doit rester ou de ce qui doit être éliminé. Ces comportements auxquels vous tenez tant peuvent très bien demeurer sur votre liste prioritaire. Mais vous devez démarrer du bon pied et progresser lentement d'un succès à l'autre.

LA CLARTÉ

Une fois que vous saurez par quoi commencer, traduisez vos choix en objectifs clairs, que tout le monde comprendra. «Améliore ton comportement» ou «Travaille mieux à l'école» sont des buts fort louables, certes, mais comment l'enfant (à plus forte raison le parent) peut-il évaluer ses progrès? La clarté consiste à expliquer le qui, le quoi et le quand du comportement de l'enfant. Il est probable que le pourquoi émergera à ce moment-là. En comprenant les causes d'un comportement répréhensible, il est souvent possible de l'empêcher de se reproduire.

Le qui, le quoi, le quand et le pourquoi

Les comportements répréhensibles – et leur élimination – ne se produisent pas dans l'absolu. Trouver le *qui* consistera à dresser une liste d'autres personnes – la gardienne, l'enfant lui-même, des amis, etc. – qui représentent un élément du problème ainsi que de sa solution.

Comment votre enfant se comporte-t-il envers ses différentes gardiennes? En petit diable avec l'une et en petit ange avec l'autre? Avez-vous noté une différence de comportement de l'enfant entre vous et votre conjoint? Essayez d'analyser la situation, en étudiant individuellement le cas de chacune de ces personnes. Demandez aux autres adultes leur avis sur ces différences de comportement. Certains sont-ils plus exigeants? Les autres ont-ils tendance à se prendre moins au sérieux, à être plus indulgents? Peut-être leurs normes sont-elles tout simplement différentes des vôtres.

Demandez-vous également pourquoi ce comportement vous paraît problématique. Les autres le jugent-ils ainsi? Ou y êtes-vous hypersensible pour une raison quelconque? Si tel est le cas, vous devrez modifier votre propre attitude pour résoudre le problème. Savoir que vous avez un rôle à jouer pour trouver une solution vous procurera certainement un grand soulagement.

En outre, il est essentiel de déterminer si quelqu'un d'autre que l'enfant est responsable d'une partie du problème: peut-être l'un des amis de l'enfant ou un parent désireux de faire triompher son point de vue. Analysez la contribution de cette personne à la situation et essayez de trouver les moyens de neutraliser son influence. Il est important de discerner les responsables d'une situation. Vous saurez ainsi à qui parler, qui discipliner et, surtout, de quoi vous devez tenir l'enfant éloigné.

Qui ?

Pour répondre à cette question, vous devrez commencer par comprendre le tempérament de votre enfant et bien connaître son degré de développement. Le tempérament se définit par le style individuel de chaque enfant face au monde et à ses problèmes. Un enfant au tempérament positif, au degré d'attention normal, qui n'est ni trop impulsif ni trop intense, est facile à vivre. Au contraire, les enfants hyperactifs, dont le degré d'attention est limité, qui sont à la fois soupe au lait, impulsifs et facilement distraits mobiliseront toutes vos qualités parentales, chaque once d'énergie que vous possédez. Encore plus que les autres, ils ont besoin de règles structurées et parfaitement claires, ainsi que de fréquents rappels. Heureusement, la majorité des enfants entrent dans la catégorie intermédiaire. En connaissant le tempérament du vôtre, vous ajusterez vos règles et vos attentes. Lorsqu'il faut du temps à un enfant pour s'adapter à la nouveauté, aidez-le en évitant de le propulser vers de nouvelles activités. Consacrer quatre heures à la visite d'un musée en compagnie d'un enfant incapable de se concentrer pendant de longues périodes serait une idée catastrophique. Essayez donc d'ajuster correctement vos attentes pour éviter toute exaspération.

Le tempérament est unique à chaque enfant, mais les étapes du développement nous révèlent ce qui est commun à chaque âge. Plus l'enfant est jeune (d'âge préscolaire, par exemple), plus il se voit au centre du monde et plus il a de mal à comprendre le point de vue de quelqu'un d'autre. Pour lui, les règlements sont noirs ou blancs et il ne voit pas pourquoi vous seriez autorisé à faire ce qui lui est interdit.

Au fur et à mesure que les enfants commencent à aller à l'école, leur réflexion s'élargit, bien qu'ils ne soient toujours pas capables de raisonner en adultes. Cependant, ils perçoivent de mieux en mieux ce qu'ils ressentiraient si les autres les traitaient comme eux les traitent. Leur jugement devenant de plus en plus nuancé, ils s'évertuent parfois à trouver des échappatoires dans les règlements et à vous mettre à l'épreuve chaque fois qu'ils subodorent l'existence d'une zone grise.

Tandis que l'adolescence approche, c'est l'opinion des amis qui prend le pas sur celle des parents. Il devient de plus en plus important de consacrer du temps aux copains. Certains adolescents possèdent d'emblée une maturité qui leur permet de prendre instinctivement des décisions réfléchies en dépit des pressions exercées par leurs contemporains. Mais d'autres, dont l'amour-propre est plus faible, sont plus facilement influençables.

Bien que les adolescents soient capables d'appliquer le raisonnement et la logique aux choix et à leurs conséquences, leurs capacités sont encore très limitées. La situation se complique lorsqu'on y ajoute l'instabilité émotionnelle qui accompagne la croissance hormonale. D'interminables discussions passionnées sont parfois le lot quotidien de la famille. Les adolescents prennent souvent fait et cause pour l'absurde et bondissent d'un sujet à l'autre. Mais en dépit de ces écueils, un adolescent peut se montrer très affectueux et désirer des relations harmonieuses avec ses parents et autres figures d'autorité. Il ne cherchera pas forcément querelle aux autres, mais lorsqu'une dispute se présente, il s'y accroche dans l'espoir d'une meilleure relation avec ses parents.

Par conséquent, durant votre entreprise de clarification de la situation, gardez à l'esprit l'âge et le stade de développement de votre enfant. Il ne s'agit peut-être pas d'un conflit entre votre enfant et vous, mais simplement d'un problème lié à son degré de maturité.

Quoi?

Nous voici parvenus à l'élément le plus important du travail de clarification. Utilisez des mots qui décrivent exactement la situation, le comportement que vous souhaitez modi-fier. Évitez les notions abstraites du genre «il a un comportement hautain». Ce sont des aspects concrets que vous pourrez modifier, non des abstractions. Je me souviens, à ce propos, d'une mère venue se plaindre de son fils. «Il est mauvais», m'a-t-elle affirmé. Lorsque j'ai demandé quelques détails, elle a simplement répété : « *Mauvais*, je vous dis!» J'ai insisté pour en savoir un peu plus, mais en vain : «Il est mauvais le matin, mauvais l'après-midi, mauvais toute la maudite journée!» Je voyais bien qu'elle était au bout de son rouleau, mais je n'avais toujours aucune idée de ce que le gamin pou-vait bien faire de mal, étant donné que les mots n'ont pas forcément le même sens pour tout le monde. Par conséquent, lorsque vous clarifiez vos choix, remplacez toute description floue par des pensées précises. Donnez des exemples concrets. La mère en question aurait pu se faciliter la tâche en dressant une liste : Il oublie de nourrir son chien, il ne descend pas son linge sale, etc.

Quand?

Il s'agit ici de problèmes qui se produisent à certains moments ou certains jours. Sont-ils liés à des événements particuliers? En prêtant attention aux petits faits qui précè-dent ou suivent le comportement répréhensible, nous pourrions découvrir des indices de leurs causes. L'enfant est-il plus irrité le matin que l'après-midi? Les fins de semaine diffèrent-elles des autres jours? Est-il particulièrement grognon avant les examens?

Sur un autre plan, en sachant quand les ennuis risquent de commencer, vous dis-poserez peut-être de toutes les informations nécessaires pour prendre les mesures qui s'imposent. Je me souviens d'une famille dans laquelle on se chamaillait beaucoup avant le dîner. La mère interdisait aux enfants de grignoter avant le repas pour qu'ils finissent leurs assiettes. Mais lorsqu'elle a commencé à leur permettre de prendre une légère collation une heure avant le dîner, elle a constaté une diminution sensible des chamailleries.

Dans le cas de parents divorcés il est parfois difficile pour les enfants de faire rapidement la transition – sur le plan émotionnel – entre la maison de l'un et celle de l'autre. Tout est différent : règles, intérieurs, quartiers et amis. Ils doivent laisser de côté un parent pour entrer en relation avec l'autre. Peut-être même se disent-ils que s'ils sont trop heureux chez l'un, l'autre en sera vexé. Ils éprouvent parfois un sentiment de culpabilité à trop se divertir chez l'un ou chez l'autre. Pour un enfant, même habitué à cette transition, c'est beaucoup de bouleversements. Il n'est pas surprenant que l'heure qui suit l'arrivée de l'enfant dans un foyer soit extrêmement tendue. Ce qu'il faut, ici, c'est éviter d'exercer des pressions sur l'enfant dès qu'il pose le pied à l'intérieur de la maison.

Pourquoi ?

Ici, nous essayons de cerner la motivation du comportement de l'enfant. Sachez toutefois que la réponse à cette question ne contribuera pas forcément à éclaircir la situation. J'ai constaté que les parents se faisaient parfois un sang d'encre à essayer de discerner – en vain – toutes les raisons du comportement de leur enfant. En effet, dans certains cas, ces raisons vous échapperont entièrement. Si vous perdez trop de temps à rechercher la raison d'être d'un comportement, peut-être n'agirez-vous jamais.

Lorsque vous demandez à votre enfant pourquoi il se comporte de telle ou telle manière, pourquoi il transgresse telle ou telle règle, lui arrive-t-il de vous répondre : « J'en sais rien… »? Vous avez réagi par l'exaspération et la situation s'est peut-être envenimée. Pourtant, il se peut que l'enfant vous ait répondu sincèrement, qu'il n'ait pas la moindre idée de la raison d'être de son geste, qu'il n'ait pas agi par malice, mais simplement par habitude, sans réfléchir. En outre, dans le cas de certains comportements – lancer le linge sale dans l'escalier ou gifler sa sœur, par exemple –, il n'est pas vraiment crucial de connaître le motif. Cela ne doit certainement pas vous empêcher d'infliger la punition adéquate.

Lorsqu'il est véritablement important de comprendre pourquoi un enfant agit, essayez d'aller au fond du problème. Si le geste de l'enfant se justifie – ce dont vous êtes seul juge –, la raison d'être est certainement facile à discerner. Mais il arrive qu'elle soit plus profondément enfouie. L'enfant vit peut-être une situation déplaisante à l'école ou à la maison. Pour remédier au comportement de l'enfant et maintenir la paix, vous devrez vous attaquer aux causes du problème. Il arrive qu'une rébellion soit simplement un appel à l'aide. En apportant une certaine structure à la vie familiale, vous montrerez à votre enfant que vous vous intéressez suffisamment à lui pour être sûr qu'il se comporte correctement. Demandez-vous si le problème persistant n'est que le sommet d'un iceberg. Et si vous devez agir ou aller chercher de l'aide, *n'attendez pas!*

LES CONSÉQUENCES

La discipline est un processus éducatif. Pour en tirer le maximum de profit, vous devrez déterminer l'issue des actes – bons ou mauvais – de l'enfant. L'un des objectifs les plus évidents consiste à orienter l'enfant vers des issues qui renforcent les bons comportements et diminuent la fréquence des comportements moins souhaitables. Mais, dans le meilleur des mondes, toute punition devrait être aussi une expérience d'apprentissage. Elle doit viser à aider l'enfant, pas simplement à vous permettre de vous défouler. Elle doit être adaptée à l'âge ou au développement de l'enfant. Évitez d'imposer une punition particulière – ou d'accorder une récompense – parce que c'est ainsi que vous-même avez été élevé.

Il existe de nombreux ouvrages sur la discipline. Parmi les spécialistes, les avis sont toujours divergents. Mais j'ai constaté que certaines techniques étaient efficaces pour désamorcer la colère qui surgit souvent de la discipline. Étant donné que les enfants réagissent différemment selon leur niveau de développement, je les ai regroupés par tranche d'âge. Souvenez-vous que les comportements que vous souhaitez encourager ou conserver devront faire l'objet d'une discipline positive ou récompense. Quant aux autres, il est préférable de les assortir d'une discipline négative ou punition.

Les enfants en âge préscolaire

Les louanges. Les bambins réagissent favorablement aux louanges. Si vous voyez le vôtre faire quelque chose de bien, complimentez-le. (Par exemple, lorsqu'il a de bonnes manières, accepte de partager, d'attendre son tour, de se montrer patient, ou lorsqu'il fait des efforts visibles pour garder son calme.) Il est important de le complimenter au moment voulu. Si vous attendez trop, l'enfant ne comprendra pas à quoi vous faites allusion. Naturellement, rien ne vous empêche de remettre la question sur le tapis plus tard, afin de rappeler à quel point vous étiez fier de son bon comportement.

Le bon exemple. Les jeunes enfants ont encore beaucoup à apprendre et c'est en suivant le bon exemple qu'ils apprennent le mieux. Si votre garçonnet s'énerve en essayant d'assembler les morceaux d'un casse-tête, suggérez-lui une autre méthode. Mais, par la même occasion, transmettez-lui un message : « Reste calme, détends-toi. » Souvenez-vous que votre propre comportement servira de modèle. Un jeune enfant est particulièrement porté à imiter les adultes. Il les considère avec admiration et surveille de près vos faits et gestes. Que vous rangiez vos affaires et les laissiez traîner, que vous traitiez les membres de la famille avec respect ou mépris, que vous gardiez votre sang-froid ou, au contraire, que vous soyez irritable, tous ces comportements influenceront certainement celui de votre enfant, dans une situation comparable.

Le piquet. C'est une punition que l'on inflige couramment aux très jeunes enfants. Pour qu'elle soit efficace, rappelez à l'enfant bien à l'avance le comportement que vous souhaitez éviter et ses conséquences. Vous pourriez aller jusqu'à organiser une « répétition ». Placez une chaise dans un coin, loin des sources de divertissement comme le téléviseur ou la salle de jeux. Utilisez une minuterie de cuisine (de manière à ne pas laisser languir l'enfant trop longtemps en pénitence). En général, une minute de piquet par an d'âge suffit. Si l'enfant se lève avant la fin de la punition, ajoutez une minute. Une fois la punition terminée, rappelez-lui brièvement la règle et les conséquences d'une récidive. Dites-lui quelques mots d'encouragement et envoyez-le jouer. S'il recommence, le piquet l'attend.

Il convient d'éviter d'aggraver la colère en allongeant démesurément le temps de punition. Chez la plupart des enfants, quelques séances de piquet sont nécessaires pour apprendre la leçon et comprendre que votre mécontentement n'est pas feint. Soyez patient.

Le détournement de l'attention. Cette technique n'est ni une punition ni une récompense, mais elle peut être très efficace pour tenir en main les rênes d'une situation inflammable. Utilisez la méthode du détournement de l'attention au stade de l'accumulation ou de l'étincelle, si vous constatez que les émotions sont sur le point de déborder et que l'enfant va exploser. Même s'il n'a pas transgressé de règle, lorsqu'une crise vous semble inéluctable, essayez de le distraire en lui demandant, en termes simples, comment il pense résoudre le problème qui se pose à lui. C'est une technique que vous pourriez utiliser lorsque vous voyez que l'un de vos enfants provoque son petit frère de 4 ans en lui chipant ses jouets, simplement pour le faire enrager. Ajoutez-y une pointe d'humour, suggérez des solutions, proposez-lui de partager et ainsi de suite. N'hésitez pas non plus à lui rappeler certaines règles. Parfois, c'est la seule intervention dont il a besoin.

Les listes. Le système de récompenses est efficace dans la mesure où il est simple, surtout pour encourager des comportements que vous approuvez. Dressez une liste que vous afficherez quelque part, sur la porte du réfrigérateur ou au mur de la chambre de l'enfant. Définissez le comportement en termes très simples : prendre son bain lorsqu'on le lui demande, manger avec la fourchette plutôt qu'avec les doigts, aller tranquillement se coucher. Chaque fois que l'enfant fait ce que vous lui demandez, cochez la liste et félicitez-le. Vous pouvez lui offrir un petit jouet ou un privilège spécial (une promenade jusqu'au marchand de glaces, par exemple) lorsqu'il atteint un but prédéterminé. Récompensez-le rapidement, voire immédiatement. Si vous attendez trop longtemps, votre liste perdra de son efficacité.

Les enfants d'âge scolaire

La privation. Il s'agit simplement de leur interdire une activité favorite. La punition est parfois la conséquence logique de leur comportement (par exemple, vous refusez d'aller leur louer une vidéocassette parce que la dernière fois, ils se sont disputés au club vidéo). Il n'est pas nécessaire, à cet âge, que la punition soit immédiate, comme c'est le cas avec les enfants plus jeunes. Vous pouvez la reporter de quelques jours.

Les corvées. C'est une stratégie vieille comme le monde mais toujours efficace, même avec un enfant en colère. Dans beaucoup de cas, les conséquences suivent logiquement le comportement. Laisse-t-il de la vaisselle sale dans l'évier ? Il doit vous aider à nettoyer la cuisine. A-t-il laissé des empreintes boueuses sur la moquette ? Placez-lui l'aspirateur entre les mains. A-t-il laissé traîner tous les jouets de son petit frère ? Il devra ranger la chambre du bambin avant de sortir jouer avec ses amis. Si l'enfant refuse, privez-le de ses autres activités préférées jusqu'à ce qu'il cède.

L'écriture. C'est parfois un excellent outil d'apprentissage pour les enfants en âge scolaire. Certains parents demandent aux enfants de rédiger un petit essai sur l'événement qui a suscité la punition et la manière de mieux se comporter la prochaine fois. D'autres demandent à l'enfant de recopier

10 ou 20 fois une phrase telle que : «Je dois traiter ma famille avec respect.» D'autres encore font recopier un bref passage de la Bible qui enseigne un message positif.

Les conséquences naturelles. Parfois, la meilleure solution consiste à ne rien faire. Lorsque le comportement de l'enfant a des conséquences naturelles, il peut servir d'outil d'apprentissage. Un jouet abandonné dans la cour est abîmé par la pluie, un enfant qui prend trop de temps à effectuer une corvée manquera son émission favorite, etc. Dans ces circonstances, vous n'avez rien à faire, car l'issue naturelle est une leçon en soi. Mon père m'a probablement répété plus de 100 fois de me chausser pour sortir. À partir du jour où j'ai mis le pied sur un clou, il n'a plus jamais eu à me le dire.

Les listes. Il s'agit d'une version plus complexe de la méthode dont nous avons parlé pour les tout-petits. Définissez clairement les objectifs – des corvées précises, l'heure du couvre-feu, etc. Chaque fois que l'enfant obéit, il gagne un nombre de points. Les tâches difficiles valent plus de points que les autres. Demandez-lui de dresser une liste des récompenses, en fonction du nombre de points. Il peut s'agir de privilèges (par exemple autoriser un ami à venir passer la nuit) ou d'un jouet convoité. Toutefois, n'acceptez jamais des récompenses qui ne conviennent pas à son âge ou qui sont en conflit avec les valeurs familiales, tels des jeux vidéo violents. Il peut arriver que l'enfant ait en tête une récompense véritablement somptueuse. Si vous jugez bon de la placer sur la liste, affectez-lui une valeur proportionnée à son importance. Je me souviens d'un gamin de 9 ans qui rêvait d'une Corvette : les parents lui ont donné la valeur de 200 000 points.

Quoi que vous choisissiez, il doit y avoir des éléments éducatifs. Une récompense qui exige des mois de bonne conduite n'aura que peu de valeur si l'enfant n'a pas l'endurance nécessaire pour s'accrocher. Une fois les points gagnés, ne les supprimez pas de peur de voir l'enfant abandonner.

N'exigez pas non plus la perfection. La liste est simplement là pour faire gagner des points à l'enfant, même s'il commet des erreurs occasionnelles. Mais attendez toujours qu'il ait gagné les points pour accorder la récompense. Par exemple, un enfant ne s'efforcera pas de gagner des points pour aller au cinéma si toute la famille va voir un film chaque semaine. Les récompenses devraient être particulières. Dosez-les soigneusement. Une liste trop longue risque d'intimider n'importe quel enfant.

Les adolescents

L'interdiction de sortir. Il s'agit de priver l'enfant de sa liberté de mouvement pendant une période déterminée, suffisamment longue pour que la punition soit efficace, mais pas absurde. Elle doit être proportionnée au délit, à la règle transgressée ou à la gravité du comportement que vous souhaitez éliminer. Avant d'imposer une punition sous le coup de la colère, réfléchissez soigneusement. Si vous privez un adolescent de sortie pendant une longue période, il ne vous restera plus beaucoup d'autres possibilités en matière de discipline. Je me souviens du père de deux adolescentes qui avaient transgressé l'heure du couvre-feu en septembre. Il les avait privées de sorties pour tout le reste de l'année scolaire. Résultat ? Les filles le narguaient chaque fois qu'elles transgressaient une règle quelconque : «Et que vas-tu donc nous faire, maintenant ?» Le père était pris à son propre piège. En outre, réfléchissez-y avant de priver votre enfant d'événements importants, comme le gala de fin d'année ou un match crucial. Une punition trop sévère incitera l'enfant à réfléchir à l'injustice des représailles plutôt qu'à l'infraction qui les a suscitées.

Les amendes. C'est parfois une technique efficace si l'enfant reçoit de l'argent de poche ou a un petit emploi à temps partiel. Une amende peut être infligée pour punir des délits répétés : jurer, frapper les autres, claquer des portes, laisser des aliments sur la table après un goûter de minuit, etc. Il faut attribuer un montant précis à chaque comportement répréhensible. S'il néglige les corvées, au lieu de retenir la totalité de l'argent de poche, retenez plutôt une portion pour chaque jour d'infraction. Ainsi, lorsqu'il se rendra compte de l'argent qui lui est passé sous le nez, il sera moins enclin à négliger les corvées. Sans vous montrer exagérément sévère, affectez des valeurs qui ont un sens pour l'enfant. À 14 ans, si votre adolescent perd 25 cents chaque fois qu'il oublie de sortir la poubelle, peut-être jugera-t-il que pour cette modique somme, il est préférable de laisser Papa faire la corvée à sa place.

Le service à la collectivité. Nombreuses sont les familles et les écoles qui encouragent activement les enfants à consacrer du temps à la collectivité, afin d'acquérir le sens des responsabilités. C'est aussi un moyen très efficace de démontrer les conséquences d'un comportement répréhensible. Pour dissuader ses fils de traverser en vélo le jardin du voisin, un père a eu l'idée de les obliger à ratisser les feuilles ou à tondre la pelouse dudit voisin. Les enfants ont ainsi appris le respect de la propriété d'autrui. Une autre famille a eu l'idée de faire nettoyer les rues du quartier par les enfants, afin de les dissuader de jeter des ordures et de leur apprendre la propreté.

À tout âge

La discipline progressive. Il convient d'augmenter la discipline à chaque récidive. Par exemple, la première fois qu'un enfant chipe le jouet de sa sœur, envoyez-le dans sa chambre. Précisez que la prochaine fois, la punition durera une minute de plus.

Dans le cas d'un adolescent, il est possible d'allonger la punition à chaque infraction (chaque quart d'heure de retard après le couvre-feu vaudra une journée d'interdiction de sortie, par exemple). L'enfant apprend que plus son comportement se détériore, plus la punition devient sévère.

Saisissez les bons comportements. Les enfants souhaitent désespérément être complimentés par les parents. Mais nous avons trop tendance à concentrer notre attention sur les bêtises. Pourtant, il est facile de constater l'effet extraordinaire de quelques mots de félicitations. Certains enfants provoquent des disputes simplement par ennui ou pour attirer l'attention. En saisissant au vol les bons comportements, vous leur offrez cette attention. Ils réagiront beaucoup plus favorablement s'ils savent que leurs parents sont capables de distinguer les bons moments, tout autant que les moins bons.

L'exercice. Peut-être songez-vous ici au camp disciplinaire, mais en exigeant de votre enfant irritable qu'il fasse régulièrement de l'exercice, vous constaterez que son comportement s'améliore à maints égards. Je me souviens d'une mère qui, chaque jour, faisait une petite promenade de deux kilomètres. Elle exigeait de son gamin de 10 ans qu'il l'accompagne chaque fois qu'il se montrait irritable. Non seulement l'exercice était bénéfique à un enfant déjà un peu trop replet et très sédentaire, mais encore sa mère et lui passaient ensemble un moment tranquille. Demandez aux vôtres de faire deux ou trois tours de piste à l'école ou envoyez-les faire le tour du pâté de maison.

Rien ne vaut l'entraînement. Votre enfant jette-t-il son manteau à terre dès qu'il entre dans la maison? Faites-le s'entraîner à le suspendre. Si le contenu de son sac à dos est dans un désordre tel qu'il ne retrouve jamais ses devoirs, demandez-lui de le ranger chaque soir. Je sais, les vieilles habitudes se perdent difficilement. Peut-être devrez-vous lui faire répéter le même comportement plusieurs fois de suite, tous les soirs, pour effacer la vieille habitude et imprimer la nouvelle. Mais faites preuve de persévérance. En outre, en vous montrant patient, vous faites comprendre à l'enfant que votre but n'est pas de l'opprimer inutilement, mais de l'aider à adopter un comportement souhaitable.

LA COMMUNICATION

Si vous essayez d'encourager ou d'éliminer un comportement à long terme, vous devrez communiquer avec les autres personnes qui s'occupent de l'enfant – gardiennes, enseignants, etc. – afin que tout le monde soit sur la même longueur d'onde. Malheureusement, nous avons trop tendance à croire que nos enfants devraient deviner ce que nous attendons d'eux, ce que nous jugeons acceptable ou non, de manière totalement implicite.

C'est une erreur. Il faut expliquer en termes clairs à l'enfant ce que vous attendez de lui, quelles sont les règles de la maison et quelles seront les conséquences d'une transgression. Et répétez-le souvent. Les enfants, surtout les très jeunes, ont une mémoire extraordinairement défaillante à cet égard. Si vous instaurez une nouvelle règle, essayez de la faire répéter à l'enfant, dans les termes que vous avez vous-même utilisés et non de la manière dont il croit l'avoir entendue. Pour être efficace, votre communication doit comporter une requête, une raison, un rappel et votre réaction au comportement de l'enfant. Gardez ces éléments à l'esprit pendant que vous passez en revue les règles de la maison.

Autre élément important de la communication : vous devez imprégner la vie de votre enfant de leçons positives, pas uniquement de manifestations de discipline. Si vous concentrez votre attention sur la punition, l'enfant évitera le comportement répréhensible, certes, par peur d'être châtié, mais il n'acquerra pas les valeurs morales dont il a besoin pour mener sa vie d'adulte. N'oubliez pas de démontrer votre affection. Ne tenez pas pour acquis que l'enfant sait qu'il est aimé. Dites-le-lui, sans équivoque. Consacrez-lui du temps, car un geste vaut mille mots.

Enseignez-lui la manière dont il doit traiter les autres. Écoutez-le vous confier ses pensées, voyez ce qu'il comprend de vos leçons. Il emportera votre message avec lui, bien après avoir quitté la maison. Prenez le temps de communiquer. Si vous avez su présenter vos désirs avec clarté et définir les conséquences, votre communication n'en sera que plus facile.

Les quatre règles de la communication parent-enfant

1. Si vous voulez que l'enfant fasse quelque chose, demandez-le-lui, exactement comme vous aimeriez qu'on vous le demande. C'est une règle d'or. Commencez par lui faire comprendre que vous attendez sa collaboration. Vous lui apprenez également à s'exprimer avec respect.

2. Le cas échéant, donnez une raison. Lorsque vous décidez d'instaurer une nouvelle règle, de modifier des plans ou de lui rappeler les récompenses ou les conséquences de ses actes, il est généralement nécessaire de donner une raison. Naturellement, si l'enfant connaît déjà les règles, il n'est pas utile de revenir chaque fois sur leur raison d'être.

3. Si l'enfant ne montre pas de velléités de collaboration au bout d'un laps de temps raisonnable, un petit rappel s'impose. Il est facile d'être distrait par une autre activité. Demandez à l'enfant de vous regarder droit dans les yeux ou de vous répéter ce que vous venez de dire afin de vous assurer qu'il vous a parfaitement entendu.

4. Enfin, réagissez. Si l'enfant collabore avec vous, un mot gentil ou une petite tape dans le dos seront les bienvenus. S'il se montre rétif, prenez la mesure disciplinaire qui s'impose. Une douzaine de rappels ne lui apprendront pas à écouter et risquent seulement de vous irriter.

LA PERSÉVÉRANCE ET LA LOGIQUE

Aucun effort de discipline ne sera fructueux s'il n'est pas assorti de persévérance. La communication avec les autres personnes qui s'occupent de l'enfant vous permettra de persévérer dans votre programme de discipline.

Évitez de laisser l'enfant échapper à la punition parce que vous êtes trop fatigué pour sévir ou trop faible pour assumer vos choix et leurs conséquences.

Dans notre vie effrénée, refuser de faire des exceptions est parfois très difficile. Mais en l'absence de persévérance et de logique dans la discipline, l'enfant recevra des messages brouillés, ne saura pas distinguer ce qui est bien de ce qui ne l'est pas. Il acceptera donc moins facilement les conséquences de ses actes, le jour où vous vous déciderez à le punir, et sa colère sera justifiée. Après avoir fait des choix clairs et précis, défini les conséquences et communiqué tous les détails de la situation à l'enfant, il vous sera beaucoup plus facile d'être persévérant. Si vous estimez que le comportement de l'enfant ne change pas assez vite, demandez-vous si vous suivez réellement votre programme. Si tel n'est pas le cas, l'enfant n'est guère à blâmer.

Souvenez-vous que pour savoir ce qui est efficace, il convient de faire des essais. En outre, avec les enfants, il faut savoir être persévérant. Suivez scrupuleusement votre programme, en dépit des écueils inévitables. Parlez-en autour de vous, demandez conseil le cas échéant. Mais si votre objectif est d'aider votre enfant à changer, vous devrez vous accrocher assez longtemps à votre programme pour voir apparaître les changements souhaités. Il vous arrivera peut-être de retourner à une étape précédente, si les changements tardent à se produire (choix ou clarification). Demandez-vous si vous avez choisi la bonne cible et si vos objectifs sont réalistes.

Prenez des notes, relisez-les chaque jour pour voir si vos méthodes sont efficaces. Il peut arriver qu'un changement se produise un jour, alors que vous étiez prêt à tout abandonner la veille. En revoyant vos actes et leurs résultats à l'aide des quatre règles, vous aurez la possibilité de suivre chaque étape, de déterminer ce qui marche et ce qui ne marche pas. Mais sachez que même les plans les plus soigneux ne se révéleront pas fructueux si vous manquez de persévérance. Si vous avez du mal à suivre la logique de votre programme, vous trouverez peut-être utile de revoir vos acquis de chaque jour. Et n'abandonnez pas dès que vous voyez poindre le succès. Persévérez jusqu'à ce que le comportement visé fasse désormais partie de la vie quotidienne.

Où aller chercher de l'aide

En sus des divers CLSC au Québec et Centres de santé en Ontario, voici quelques ressources :

- Centre national d'information sur la violence dans la famille (www.hc-sc.ca/hppb/violence familiale) de Santé Canada. C'est la principale ressource documentaire dans ce domaine. Plus de 150 publications et une collection de vidéos, intitulée *Prévenir la violence familiale*, sont à la disposition du public, dans les bibliothèques municipales ou par prêt entre bibliothèques.

- Centre d'information sur la santé de l'enfant, de l'Hôpital Sainte-Justine (www.hsj.qc.ca/CISE), (514) 345-6680. Conseils, publications, vidéos sur la santé physique et mentale des enfants, la discipline, les problèmes scolaires, le métier de parent, etc.

- Centre canadien pour la violence faite aux femmes et aux enfants (www.uwo.ca). On y offre des ressources documentaires, un service d'aide, d'orientation et de counselling, ainsi qu'une liste des maisons d'hébergement et de transition pour femmes et enfants victimes de violence. (519) 661-4042.

- Réseau canadien de la santé (www.canadian-health-network.ca). Documentation, rapports, brochures à l'intention du public.

- Association pour la santé des adolescents (www.acsa.caah.ca). Ressources documentaires, recommandations, rapports, guides et brochures à l'intention du public. (514) 345-9959.

- Association québécoise de suicidologie (www.cam.org/aqs). Offre une aide pratique en cas d'urgence et de la documentation destinée au public sur la prévention du suicide. (514) 528-5858.

Et enfin :

- Association des CLSC du Québec (www.clsc-chsld.qc.ca) : (514) 931-1448.
- Association des Centres de santé de l'Ontario (www.aohc.org) : (416) 236-2539.

CHAPITRE NEUF

LES VICTOIRES QUOTIDIENNES

Si vous avez un enfant en colère ou simplement maussade, vous savez à quel point les tâches les plus banales – ranger les jouets, aller au lit, mettre la table, faire les devoirs – se transforment chaque jour en batailles interminables. Vous avez l'impression qu'il serait plus facile de négocier la paix dans le monde que d'inciter votre famille à faire preuve d'esprit d'équipe.

La plupart des enfants renâclent lorsque les parents leur imposent une tâche. Mais souvenez-vous des 10 caractéristiques des enfants en colère, dont nous avons parlé au chapitre trois. Ces enfants tombent beaucoup plus facilement que les autres dans le piège d'un comportement négatif. Songez-y lorsque vient le moment de résoudre ce qui vous semble être un problème banal. Le but de chaque parent, en lisant ce chapitre, devrait être de mobiliser la collaboration de l'enfant et non de laisser les conflits s'envenimer. Je n'insisterai pas sur un aspect en particulier, mais j'espère que les suggestions présentées ici vous permettront de faire de votre intérieur une paisible retraite plutôt qu'un champ de bataille.

Dans ce chapitre, nous mettrons en relief des problèmes courants, susceptibles de déclencher des explosions familiales : jalousie entre enfants, mensonges, rangement des jouets, caprices en public, corvées, etc. Nous parlerons de l'enfant qui abdique, de celui qui refuse de se lever le matin ou d'aller se coucher le soir, de l'éternel grognon, de celui qui chipote dans son assiette et de l'enfant qui fonctionne à la vitesse de l'escargot. En ce qui concerne les adolescents, nous discuterons de la grossièreté du langage, de l'argent de poche, des devoirs et d'autres casse-tête de cet âge difficile.

Mauvaises habitudes et vaisselle sale

Souvenez-vous de la dernière fois où votre enfant est venu chercher une collation dans la cuisine. A-t-il tout rangé derrière lui ou, au contraire, laissé la vaisselle sale sur la table… par terre ou dans son lit? Peut-être avez-vous vociféré, hurlé, menacé, supplié… mais c'est toujours la même histoire: l'enfant n'entend pas, oublie l'heure, n'est pas motivé pour vous aider. Il est également possible qu'il fasse exprès de laisser la vaisselle sale. En l'occurrence, il s'agit peut-être d'une manifestation d'agressivité passive qui exige de vous une démarche entièrement différente. Ce type de comportement peut être corrigé par la discipline, en incitant l'enfant à changer.

Les mauvaises habitudes sont une tout autre histoire. Les enfants – et les adultes – les conservent automatiquement, sans jamais songer aux conséquences. Plus d'un enfant a pris l'habitude d'abandonner une tâche à moitié terminée sans même y penser. Les parents sont exaspérés, ils ont parfois l'impression que l'enfant les provoque, mais ni les discussions ni les punitions ne semblent produire l'effet escompté. Notre cerveau ressemble beaucoup à un logiciel; une fois formulé, le logiciel se répète inlassablement jusqu'à ce que quelqu'un reprogramme l'ordinateur. Par conséquent, lorsqu'un enfant a une mauvaise habitude, la seule formule consiste à «reprogrammer» sa réponse dans chaque situation particulière.

Dans le cas de la vaisselle, expliquez à vos enfants que la prochaine fois qu'ils la laisseront traîner, ils pourront s'attendre à un cours sur le ménage. Reprenez tout depuis le début : les enfants apportent leur vaisselle à la cuisine, la lavent, la rincent, l'essuient et la rangent. Dotés d'instructions complètes, ils ne pourront plus s'en tirer avec des excuses du genre «j'savais pas» ou «tu m'l'as jamais dit...».

Ensuite, faites répéter toute la séquence à l'enfant entre deux et cinq fois de suite. Faites-lui sortir une assiette du buffet, l'installer sur la table de la cuisine, la laver, l'essuyer, la replacer, etc. Si les assiettes sales continuent de s'accumuler, rappelez à l'enfant que c'est en forgeant qu'on devient forgeron. Chaque fois qu'il oublie, augmentez le nombre de répétitions. Vous l'aiderez à reprogrammer son ordinateur cérébral.

Les enfants apprennent généralement assez vite en suivant cette démarche, mais j'en ai connu qui n'ont abdiqué qu'à la vingtième répétition. Peu à peu, ils comprendront qu'ils perdent plus de temps à renâcler qu'à accomplir la tâche correctement du premier coup. Vous pouvez utiliser cette démarche pour aider l'enfant à perdre n'importe quelle mauvaise habitude qui semble ancrée dans son comportement.

Les querelles enfantines

La jalousie entre enfants de la même famille existera toujours. Parfois, il est préférable de les laisser régler leurs problèmes entre eux. À d'autres moments, l'intervention des parents s'impose. Cinq rôles s'offrent à vous : le complice, le juge, l'arbitre, le spectateur ou l'enseignant.

Ce que vous pouvez faire de pire, c'est devenir le *complice* des enfants. Voici ce que dit un complice : «Mais tu l'avais bien mérité lorsque ta sœur t'a flanqué ce coup de poing !» ou : «Pourquoi donc ne te venges-tu pas?» Lorsqu'un parent prend fait et cause pour l'un des enfants contre l'autre, il n'arrange rien, au contraire. Personne ne gagne et la situation ne fait que s'aggraver.

Adopter le rôle de *juge* est parfois la meilleure démarche, lorsque les parents prennent le temps d'écouter toutes les parties, laissant à chacun la possibilité de s'exprimer. Ensuite, ils rendent un verdict équitable. Le juge préside la discussion, empêche les enfants de s'interrompre mutuellement, s'assure qu'il détient tous les faits. C'est sa décision qui fait autorité. Par conséquent, lorsque les enfants se disputent, le juge les réunit pour une audience et reprend l'affaire depuis le début. Oui, il faut du temps, mais c'est justement l'un des aspects positifs de cette démarche. Le temps que vous consacrez à entendre toutes les parties est extrêmement précieux pour apprendre aux enfants à ne pas émettre de conclusions hâtives ou erronées. Les enfants ne peuvent retourner jouer tant que la question n'est pas réglée. Enfin, vous pouvez utiliser cette «audience» comme le moyen de ramener le calme. Les enfants apprécient de pouvoir parler sans être interrompus par leurs frères et sœurs. Si les esprits s'échauffent, le juge rappelle tout le monde à l'ordre et recommence à écouter et à questionner jusqu'à ce que les parties aient vraiment l'impression d'avoir pu démontrer leur point de vue.

Le rôle de l'*arbitre* est utile lorsque les parents n'ont pas toujours le temps d'écouter toutes les doléances ou lorsqu'ils ont surpris l'un des enfants en flagrant délit de transgression de l'une des règles. Dans ces circonstances, la punition survient automatiquement. Mais ici aussi, l'équité est importante. Tout comme un arbitre n'est pas obligé d'écouter de longues explications, le parent peut agir sur-le-champ : «Je t'ai vu faire. Tu connais la règle. Point final.»

Le *spectateur* demeure détaché de la situation. Lorsque les enfants connaissent parfaitement les règles, il y a des moments où la meilleure démarche consiste, pour les parents, à ne pas se mêler de la situation. Rappelez aux enfants ce qu'ils doivent faire et laissez-les se débrouiller.

Naturellement, vous pouvez toujours décider d'intervenir à n'importe quel moment. N'ignorez pas une situation qui exigerait votre intervention.

Si les enfants en viennent aux coups, il peut être nécessaire de stopper la bagarre. S'ils décident de résoudre leur problème, voyez comment ils s'y prennent. S'ils ont besoin d'aide, intervenez. Mais dans la mesure du possible, laissez-leur la possibilité d'appliquer les stratégies de résolution des problèmes que vous leur avez enseignées.

Enfin, vous pourriez adopter le rôle d'*enseignant*. Selon cette démarche, c'est toujours l'enfant qui assume la responsabilité, mais à une différence près : demandez à vos bagarreurs de rédiger leur description du problème en y ajoutant une ou deux idées pour le résoudre. Le parent, dans le rôle d'enseignant, jugera la qualité du travail, ordonnera la refonte de certains passages avant d'autoriser les enfants à reprendre leurs jeux. En incitant les enfants à écrire, vous les encouragez à réfléchir et à assumer la responsabilité de la solution. C'est beaucoup plus productif que de les reléguer simplement dans leur chambre. Pendant qu'ils écrivent, ils se calment. Si votre fillette est portée au sarcasme – « le seul problème, ici, c'est mon frère, il suffirait de t'en débarrasser » –, faites ce qu'un bon instituteur ferait : le travail est inacceptable, il faut le refaire avant de le rendre. Assurez-vous qu'ils mettent en œuvre la solution jusqu'au bout. Toute résolution prendra du temps, mais avec un peu de patience, il est possible d'apprendre aux enfants à s'entendre, à résoudre et à prévenir les problèmes.

Le mensonge

Il est bien difficile à un parent d'admettre que le doux bambin qu'il a élevé comme la prunelle de ses yeux sera un jour capable de malhonnêteté ou de supercherie. Au demeurant, nombreux sont les enfants qui mentent comme ils respirent pendant des années jusqu'à ce que les parents les détectent. Chacun de nous doit un jour remettre en question la véracité des dires de son enfant et, bien que ce genre de soupçon soit très inconfortable, personne ne gagne à se fermer les yeux.

Les enfants en colère sont particulièrement portés au mensonge, car ils assument très rarement la responsabilité des dégâts qu'ils provoquent autour d'eux. Ils mentent pour se tirer d'affaire, pour attirer des ennuis à quelqu'un d'autre, pour mobiliser l'attention, pour obtenir quelque chose ou parce qu'ils ont mal interprété une décision ou une situation. Certains scénarios sont innocents, d'autres dangereux. Si vous vous y prenez mal, vous ne réussirez qu'à envenimer la situation.

Dotés d'une imagination débordante, tous les enfants ont tendance à fabuler. Les bambins en âge préscolaire, qui ont encore du mal à distinguer la réalité du monde de l'imaginaire, entrent dans cette catégorie. Lorsqu'un tout-petit vous raconte une belle histoire, n'hésitez pas à lui montrer que vous avez compris qu'il s'agit d'un conte, voire à le complimenter sur sa créativité et son imagination. Un peu plus âgés, ils ont tendance à exagérer, à embellir leur histoire tandis que leur imagination et leur mémoire commencent à s'influencer l'une l'autre, un peu comme dans le cas des fameuses histoires de pêche ! À ce moment-là, il serait bon de rappeler à l'enfant de s'en tenir à la réalité. Vous devrez utiliser votre jugement pour savoir jusqu'où vous le laisserez vagabonder dans l'imaginaire. Mais apprenez-lui la valeur de la vérité pour obtenir la confiance des autres. Un enfant auquel on fait confiance sera bien plus respecté de ses contemporains qu'un fabulateur invétéré.

Un mensonge, c'est beaucoup plus grave. C'est une déformation délibérée de la vérité. Votre réaction dépendra de la motivation de l'enfant ou de la raison d'être du mensonge :

- **Mensonges destinés à le tirer d'affaire.** Ce sont des variations sur le thème : « Je n'ai rien fait. » Lorsque vous êtes sûr que l'enfant est fautif, n'argumentez pas inutilement. Appliquez la mesure disciplinaire qui s'impose comme conséquence de son acte. Naturellement, s'il a en plus menti, vous devrez imposer des pénalités supplémentaires. Évitez de conclure un marché, du genre : «Si tu dis la vérité, je ne te punirai pas.» Les enfants ont tôt fait d'apprendre qu'en se confessant après avoir menti, on évite les punitions. Au contraire, dites-lui : «Si tu as fait quelque chose de mal, tu devras en assumer les conséquences. Mais si, en plus, tu mens, les conséquences seront d'autant plus graves.»

- **Les mensonges destinés à attirer des ennuis à quelqu'un d'autre.** C'est une stratégie que les enfants de la même famille utilisent couramment les uns contre les autres. Ils «révèlent» une sottise commise par un frère ou une sœur et s'amusent ensuite à regarder les parents punir injustement leur rival. C'est un type de supercherie particulièrement difficile à détecter, car le mensonge a généralement l'air particulièrement plausible. Considérez-le comme une méchanceté d'un enfant envers un autre. Faites comprendre à l'enfant que vous ne tolérerez pas ses mensonges.

- **Les mensonges destinés à lui faire obtenir quelque chose.** C'est une forme de manipulation. Exemples : «J'ai besoin d'argent pour acheter un cadeau d'anniversaire à mon ami», «Papa a dit oui si tu es d'accord», «Tous les amis ont ce CD, les paroles sont très bien»... Ou encore : «Nous allons nous réunir chez mon ami, mais ce n'est pas vraiment une fête, ses parents seront là tous les deux.» En l'occurrence, la meilleure solution consiste à vérifier les dires de l'enfant avant de l'accuser de mensonge ou de le punir. Si vous constatez qu'il a menti, faites-lui bien comprendre que désormais, vous ne le croirez plus automatiquement et vérifierez tout ce qu'il dit. Cela signifie qu'il lui faudra plus de temps pour obtenir ce qu'il veut, même s'il dit la vérité, surtout s'il ne vous est pas possible de vérifier immédiatement ses dires. C'est le prix à payer pour avoir trahi votre confiance. Assurez-vous qu'il rende ce qu'il a obtenu grâce à ses mensonges (de l'argent ou un jouet). Faites appel à votre jugement pour lui faire confiance à l'avenir, mais n'hésitez pas à le mettre occasionnellement à l'épreuve afin de rebâtir la confiance entre vous.

- **Les mensonges destinés à mobiliser l'attention.** Ce sont des histoires abracadabrantes sur ses succès sportifs ou ses rencontres de personnages célèbres. Les enfants mentent ainsi pour impressionner leurs amis et redorer leur amour-propre. Mais lorsque la vérité surgit, les amis rejettent le fabulateur. Si votre enfant invente des histoires à dormir debout simplement pour se rendre intéressant auprès de ses amis, il a besoin de votre appui. Dans ces circonstances, il n'est généralement pas approprié de punir, car être rejeté par ses contemporains lui fera suffisamment mal. Ce dont ces enfants ont besoin, c'est d'être mieux compris par les adultes. Montrez-leur d'autres moyens de s'attirer la confiance des autres enfants et de nouer des amitiés.

Range tes jouets !

Avec les enfants viennent les jouets et, souvent, le désordre. Plus d'un parent, après avoir trébuché à maintes reprises sur des piles de jouets abandonnés, finit par exploser et menacer de tous les envoyer à la poubelle s'ils ne sont pas rangés sur-le-champ. Cette tactique, loin d'avoir les résultats escomptés, débouche sur des cris, des pleurs et des grincements de dents des deux côtés.

Menacer de jeter les jouets ne rime pas à grand-chose. Conservez vos poumons pour imposer des solutions qui aideront l'enfant à ranger les jouets, à ne pas encombrer les parties communes et à atténuer les frictions au sein de la famille.

L'idée de jeter pêle-mêle tous les jouets dans un grand coffre a généralement des résultats catastrophiques. Le jouet favori se trouve toujours au fond, ce qui incite l'enfant à tout déballer avant même d'avoir commencé à jouer. Le secret, c'est le rangement. Placez les petits jouets dans de petits coffres ou sur des étagères. Si vous constatez que certains sont délaissés par vos enfants, donnez-les à des œuvres de bienfaisance ou suggérez aux enfants d'organiser une vente de jouets qui leur permettra de recueillir des fonds pour s'acheter quelque chose qui leur fait envie. Commencez à leur apprendre, dès l'âge de 2 ou 3 ans, à ranger chaque jouet au fur et à mesure qu'ils n'en ont plus besoin.

Lorsque vous décidez de faire un grand ménage de jouets, accordez aux enfants un délai raisonnable. Il est parfois utile d'avertir les tout-petits cinq minutes à l'avance. Vous pourriez même faire du rangement un jeu, dans la mesure où cela ne devient pas une habitude. Si l'enfant a tendance à abandonner son désordre, il est temps de prendre d'autres mesures. Une méthode consiste à le laisser décider qui s'occupera du rangement. S'il accepte de s'en charger, parfait! Mais s'il n'a encore rien fait dans un délai raisonnable, commencez tranquillement à placer tous les jouets dans un grand sac que vous irez mettre sous clé. La prochaine fois, s'il montre un peu plus d'enthousiasme pour le rangement, complimentez-le et autorisez-le à reprendre l'un des jouets que vous avez enfermés. Chaque fois qu'il rangera ses affaires, il aura le droit d'aller chercher un autre des jouets tenus sous clé.

Même s'il faut du temps à l'enfant pour comprendre ce que vous attendez de lui – souvenez-vous, votre tâche consiste à reprogrammer une habitude ancrée –, tôt ou tard, vous réussirez. Le secret, c'est de garder votre calme, de suivre votre plan à la lettre et de résister à l'envie de gronder ou de dénigrer votre enfant. Et s'il oublie l'existence de l'un des jouets que vous avez mis sous clé, donnez-le. Il en aura un de moins à ramasser la prochaine fois.

L'abandon

Les enfants en colère plongent souvent dans la frustration et manquent des ressources nécessaires pour s'adapter à une situation contrariante. Ils finissent par prendre l'habitude de décrocher si les adultes et autres personnes qui détiennent une autorité sur eux n'essaient pas de leur faire comprendre que la persévérance est une qualité précieuse, toujours récompensée. Que faire si votre enfant, après vous avoir supplié de l'inscrire à l'équipe, décroche dès la première remontrance de l'entraîneur ? Comment enseigner à un enfant à honorer ses engagements, y compris ses promesses de travail bénévole ? Essayez ces tactiques :

- Aidez les enfants à choisir sagement leurs engagements, tels que les emplois ou les activités sportives, selon leur âge et leurs capacités. Si l'enthousiasme initial de votre garçonnet se transforme en répugnance, expliquez-lui que ses coéquipiers et son entraîneur comptent sur lui. Persuadez-le de terminer au moins la saison, en lui faisant comprendre qu'il ne sera pas obligé de s'inscrire la saison suivante. Mettez l'accent sur ses progrès, aussi petits soient-ils, et fixez des buts raisonnables («je tirerai plus souvent au but» et non «je marquerai un but à chaque tir»). Lorsqu'il les atteint, complimentez-le.

- Ne surchargez pas les enfants d'activités et ne les laissez pas bourrer leur emploi du temps de sports, de gardes d'enfants, d'engagements paroissiaux ou communautaires. La collègue avec laquelle j'ai rédigé ce livre m'a révélé avoir été très impressionnée par l'esprit d'entreprise d'une adolescente de sa connaissance, qui avait distribué un peu partout des circulaires pour annoncer qu'elle offrait un service de garde d'enfants. Mais l'enthousiasme de Loriann n'avait pas tardé à s'émousser, car la gardienne ne se présentait jamais. Son excuse habituelle était un engagement préalable, qu'elle avait complètement oublié. Après lui avoir laissé, en pure perte, la chance de se rattraper, Loriann a fini par trouver une gardienne dont le comportement n'était pas aussi désinvolte. L'adolescente n'a d'ailleurs pas tardé à perdre toute sa clientèle. Il était évident que son emploi du temps était bien trop chargé pour lui permettre de répondre à ses obligations.

- Surveillez l'emploi du temps et les engagements de votre enfant en le questionnant. Si vous avez l'impression qu'il n'a pas suffisamment de temps pour étudier, jouer ou se détendre, dites-le-lui. Mais au bout du compte, l'enfant devra peut-être apprendre sa leçon lui-même. Des déceptions, des mauvais résultats se répercutent de la même manière chez un enfant que chez un adulte.

- Essayez de savoir si l'enfant a d'autres raisons, plus secrètes, de vouloir abandonner une activité. Subit-il des taquineries? Manque-t-elle de confiance en elle? Est-il vraiment dépourvu du talent nécessaire pour jouer dans la pièce de l'école ou est-il déçu de n'avoir pas reçu le rôle principal? Votre fille a-t-elle besoin d'un équipement de meilleure qualité pour bien jouer? Votre fils est-il si empoté qu'il n'arrivera jamais à rien, même en persévérant? Assurez-vous toutefois qu'il n'abandonne pas à la première difficulté.

Le coucher

L'atmosphère familiale la plus paisible peut se transformer en ouragan dévastateur lorsque le moment vient d'aller au lit. Certains enfants font des scènes qui peuvent durer des heures. Ils deviennent de plus en plus pleurnicheurs au fur et à mesure que le temps passe. Quant aux parents, ils s'énervent de plus en plus alors qu'ils ont besoin d'une certaine tranquillité pour se reposer ou terminer les corvées, sans compter de temps pour dormir ! Bien qu'il soit peut-être plus simple de laisser l'enfant debout une demi-heure de plus au lieu de déclencher une bataille alors que tout le monde est déjà épuisé, n'oubliez pas que les bambins ont besoin d'un certain nombre d'heures de sommeil. Les enfants qui dorment suffisamment sont généralement plus heureux que les autres. En vous assurant que le vôtre est bien reposé, vous préviendrez maintes crises de colère.

Si votre enfant est encore très jeune, essayez d'instaurer un rituel de détente. Fixez l'heure du coucher et tenez-vous-y, chaque soir. Évitez les jeux brutaux le soir et ne lui donnez pas de collation sucrée avant de l'envoyer au lit. Au contraire, ayez une conversation tranquille sur les événements de la journée. Donnez-lui un bain chaud, faites-le se brosser les dents, lisez ensemble une histoire calme et souhaitez-lui une bonne nuit. Couchez-le dans son lit. Les parents qui donnent aux enfants l'habitude de s'endormir avec eux ont encore plus de difficultés ensuite à les faire réintégrer leur chambre.

À l'heure du coucher, assurez-vous que tout est calme dans la maison. Le téléviseur à tue-tête, des conversations ou des rires trop forts donnent aux enfants l'impression qu'ils ratent quelque chose et les incitent à se lever pour se joindre aux adultes. Je me souviens d'une mère qui avait coutume de laver la vaisselle une fois son enfant couché. S'il se levait, elle lui offrait le choix : aider à la vaisselle ou retourner au lit. Le premier soir, il avait opté pour la vaisselle. Ensuite, il avait préféré retourner au lit. Vous pourriez également consacrer ces moments à lire au lit, payer des factures ou vous livrer à toute autre activité silencieuse.

Il n'est pas rare que les enfants de moins de 7 ans aient peur de l'obscurité. Ne les taquinez jamais sur l'existence des monstres, car à leurs yeux d'enfants, ces créatures effrayantes ne sont que trop réelles. Si, en dépit de vos efforts, il persiste à croire que des monstres le guettent, tapis dans les recoins sombres de la chambre, exploitez son imagination. Utilisez un vaporisateur pour imprégner la chambre d'une odeur imaginaire qui repousse les monstres. Encouragez l'enfant à discuter de toutes les stratégies possibles pour les chasser. Fabriquez des «panneaux d'interdiction» et apposez-les aux murs de la chambre. Les prières pourraient aussi donner à l'enfant le courage de repousser ses frayeurs.

S'il fait un cauchemar, prenez le temps de le rassurer. Sinon, après le couvre-feu, les enfants doivent rester au lit, sans exception. Plus de collations, plus d'histoires. Les conversations, qui sont parfois le moyen de reporter le sommeil, doivent également être bannies. S'il se lève, raccompagnez-le tranquillement au lit. Soyez gentil et compréhensif, mais ferme. Et s'il vient se glisser dans votre lit pendant la nuit, vous seriez bien inspiré de le reconduire au sien, aussi fatigué que vous soyez.

Lorsque tout le monde se couche à l'heure, non seulement la famille est plus reposée, mais encore elle dispose de suffisamment de temps pour se préparer le matin. (Vous souvenez-vous de la famille frénétique ? Sa situation s'améliorera sensiblement lorsque tout le monde ira se coucher à l'heure.)

Lorsqu'ils atteignent l'adolescence, les enfants commencent à manquer de sommeil. Ils se couchent tard, en raison de leurs nombreuses activités, mais doivent se lever tôt pour aller à l'école. Le manque de sommeil contribue à l'irritabilité et rend l'apprentissage difficile. Fixez une heure raisonnable pour le couvre-feu. Si votre enfant s'obstine à rester debout très tard, retirez-lui le téléviseur, le téléphone et l'ordinateur. C'est une conséquence logique et une punition très efficace.

Les pleurnicheries

Y a-t-il un remède contre les pleurnicheries ? Mais oui !

Pleurnicher est l'un des moyens que les enfants en colère (*tous* les enfants, en fin de compte) utilisent pour transmettre un message. Si les pleurnicheries signifient que quelque chose ne va pas, commencez par régler cette question. Si votre enfant se met à pleurnicher parce qu'il a compris que c'était le moyen le plus sûr de vous faire réagir lorsque vous étiez occupé, essayez de discerner les moments où il réclame d'une voix plus agréable. A-t-il faim ? S'ennuie-t-il et a-t-il besoin d'attention ? Est-il trop seul, réclame-t-il de l'affection? Est-il fatigué de se promener dans le centre commercial en votre compagnie? Préférerait-il rentrer à la maison faire un petit somme? Si les pleurnicheries traduisent un besoin réel, ce n'est ni en les ignorant ni en réprimandant l'enfant que vous réglerez le problème. Répondez aux besoins de votre enfant. Recherchez la cause.

Il arrive cependant que les enfants pleurnichent parce qu'ils ont appris que c'était le meilleur moyen d'obtenir non pas ce dont ils ont besoin, mais ce qu'ils veulent, un jouet, une gâterie, etc. Chaque fois que vous cédez, vous endommagez la relation que vous entretenez avec votre enfant, car vous confirmez l'efficacité d'un outil exaspérant de manipulation. Au lieu de vous enfermer dans un cercle vicieux de pleurnicheries – réprimandes – pleurnicheries – réprimandes, aidez votre enfant à mieux communiquer et disciplinez-le lorsqu'il commence à pleurnicher.

À cet égard, le jeu de rôles pourrait vous être très utile. Installez quelques objets sur un plateau. En manière de plaisanterie, faites la démonstration de deux moyens de réclamer ces objets: la première fois en utilisant un ton pleurnichard et la seconde d'une voix normale, raisonnable.

Ensuite, demandez à l'enfant de vous imiter. Dites-lui que la première fois qu'il réclamera sur un ton pleurnichard, vous le lui ferez remarquer. La deuxième fois, la réponse sera: «Non pour le moment.» Répétez l'exercice à quelques reprises jusqu'à ce que l'enfant ait parfaitement compris la règle. Lorsqu'il aura appris à réclamer d'une voix agréable, donnez-lui l'objet.

Enfin, mettez votre stratégie en pratique. Rappelez-lui une fois pour toutes que les pleurnicheries ne sont pas acceptables et répliquez: «Non pour le moment» s'il persiste. Si vous avez pris l'habitude de céder ou de vous mettre en colère, il vous faudra du temps, à tous les deux, pour changer d'attitude. Souvenez-vous des quatre règles d'or des parents (demandez, raisonnez, rappelez et répondez) dont nous avons parlé au chapitre huit.

Les petits lambins

L'une des armes les plus efficaces de l'arsenal passif-agressif consiste à lambiner. Votre enfant ramasse-t-il tout ce qu'il trouve sur son chemin afin de l'examiner attentivement? Vous mourez d'envie de lui intimer de se dépêcher. Mais les enfants jeunes ou curieux ont besoin de plus de temps que les autres, et les parents seraient bien avisés d'en tenir compte.

Parfois, l'enfant lambine parce que c'est pour lui le moyen d'explorer ce monde fascinant qui l'entoure. Mais au fur et à mesure qu'il grandit, l'habitude de lambiner se transforme en procrastination. Les enfants demandent la permission de faire encore une partie sur l'ordinateur, de regarder la fin de l'émission. C'est à ce moment-là que le parent doit agir. Essayez de leur faire commencer plus tôt la tâche en question (se préparer à aller au lit, par exemple). Suggérez à l'enfant d'enregistrer l'émission, s'il la juge importante. Il est possible que vous soyez contraint de limiter le temps accordé aux jeux vidéo ou à la télévision si les enfants continuent de lambiner.

Vous feriez bien de donner un petit rappel à votre enfant: «Dès que l'émission sera terminée, ce sera le moment de partir; par conséquent, prépare ton sac pendant les annonces.» Fixez une limite ferme à l'enfant qui vous demande s'il peut faire «encore une partie». Je me souviens d'un adolescent de 14 ans, devenu si habile aux jeux vidéo qu'il parvenait à faire durer une partie plus d'une heure. Par conséquent, fixez des limites adaptées à votre enfant.

La grossièreté

Vous arrive-t-il de jurer pendant les moments exaspérants que vous consacrez à votre enfant en colère? Pire, votre innocent bambin a-t-il commencé à vous imiter, aux moments les plus inopportuns?

Il n'y a rien de répréhensible à laisser échapper un juron occasionnel. Mais si la grossièreté est devenue un problème dans la maison, vous devrez en chercher la cause profonde. Vous risquez fort de la trouver chez vous. Si vous pouvez affirmer, en toute honnêteté, que vous ne dites jamais rien de grossier, examinez de près l'entourage de votre enfant. Peut-être entend-il des grossièretés chez ses amis, chez ses grands-parents ou à la télévision.

Pour changer une habitude, il faut d'abord admettre son existence. Même si vous avez pris de bonnes résolutions, vous n'ignorez pas que les mauvaises habitudes ont tendance à revenir subrepticement. Collaborez avec l'enfant pour formuler un plan qui vous permettra d'éliminer la grossièreté dans son langage, mais aussi dans le vôtre. Chacun de vous devra rappeler à l'autre ses résolutions.

Ensuite, imposez des conséquences à la grossièreté. En toute équité, vous devriez vous les imposer également et immédiatement. Dans certaines familles, on perçoit une amende dès que la règle de non-grossièreté est transgressée par l'un ou l'autre. Versez un petit montant et demandez à votre enfant d'en faire autant, chaque fois que l'un de vous prononce les mots interdits. Donnez l'argent à un organisme de bienfaisance, afin que personne, dans la famille, ne profite de cet argent.

Enfin, exercez-vous. Avec l'enfant, imaginez que vous vous trouviez dans une situation où vous pourriez être tenté de vous défouler par quelques jurons. Trouvez un autre mot et entraînez-vous à l'utiliser. Il pourrait s'agir de quelque chose de drôle, susceptible d'atténuer la tension nerveuse (étant donné que nous avons surtout tendance à jurer lorsque quelque chose nous exaspère). Brisez la vieille habitude et remplacez-la par un autre type de geste. Vous pourriez même vous exercer ainsi à la patience.

Soyez ferme dès que vous commencez à entendre des grossièretés ou que vous êtes gêné parce que votre enfant vient de lâcher quelques jurons au moment le plus inopportun. Si vous extirpez cette mauvaise habitude dès le départ, vous économiserez tous beaucoup d'argent…

Les crises au moment des repas

Personne n'a envie de manger dans une atmosphère tendue. Ni la diges-
tion ni l'ambiance n'y gagnent. Si chaque repas devient un champ de bataille
ou si vous vous souciez de la nutrition de votre enfant, il est temps de mettre
en œuvre des stratégies efficaces au moment des repas.

Examinez les messages que vous transmettez sur la nourriture et l'ali-
mentation. Obligez-vous tout le monde à terminer son assiette? Insistez-
vous pour que les enfants mangent des aliments pour lesquels ils ont déjà
exprimé une certaine aversion? Peut-être est-il acceptable de refuser certains mets au menu, mais votre cuisine n'est pas non plus celle du Ritz-
Carlton. Certes, vous préparez ce que vous croyez être des repas équilibrés
qui devraient plaire à tous les membres de la famille, mais soyez réaliste. La
plupart des enfants font la grimace devant les légumes. D'ailleurs, les papilles
gustatives des petits sont plus sensibles que celles des adultes. Par conséquent, si vous voulez obliger un bambin de 4 ans à adorer les choux de
Bruxelles, vous vous préparez à des querelles sans fin. Essayez des aliments
d'un goût plus fin – des carottes par exemple – ou confectionnez une purée
de légumes à laquelle vous ajouterez des pommes de terre et un peu de
yaourt.

Les repas des jeunes enfants peuvent se transformer en un moment de
gaieté si vous faites preuve d'un peu de créativité. Il n'est pas difficile de
donner une forme amusante à un sandwich en découpant le pain à
l'emporte-pièce. Glissez en catimini quelques légumes dans un chaudron
de chili. Les enfants adorent les trempettes; profitez de la mode des mélanges
allégés au yaourt, qui contiennent du calcium et peu de gras.

Faites preuve d'originalité. Commandez un repas exotique et organisez
un pique-nique sur le tapis de la salle de séjour. De temps à autre, confectionnez un petit-déjeuner à l'heure du dîner. À l'extérieur, choisissez un res-
taurant familial, où les craies de couleur sont considérées comme aussi

importantes que les ustensiles. Choisissez une table près de la fenêtre. Demandez que l'on attende, pour apporter les boissons, que les plats soient sur la table afin que les enfants ne se bourrent pas de liquide. Et si vous devez faire la queue trop longtemps pour avoir une table, allez ailleurs.

En sus de la nourriture, les repas sont aussi le moment où la famille se retrouve. Les rituels familiaux, tels que les repas ou les traditions des Fêtes, donnent aux enfants des valeurs solides. Profitez de ces moments privilégiés. Éteignez le téléviseur, interdisez aux enfants d'emporter leur repas dans leur chambre. Posez-leur des questions et incluez-les à la conversation. Évitez les longues conversations entre adultes qui excluent les enfants. Exploitez ce moment pour faire comprendre aux enfants l'importance de la famille. Mettez-vous à jour sur ce qui s'est passé dans la vie des uns et des autres. Faites du repas un moment agréable et vous constaterez que les enfants ont hâte de venir s'asseoir autour de la table.

La bataille des devoirs

Les enfants qui ne donnent pas la pleine mesure de leurs moyens, «sous-performants», pour employer le terme technique, ressentent souvent une telle frustration à l'école qu'ils se retirent dans leur coquille. La colère, notamment, joue un rôle important, car ils ont peut-être abdiqué pour se défendre contre l'échec ou adopté un comportement passif-agressif face aux devoirs.

Lorsque son amour-propre est en lambeaux, l'enfant préférera être puni pour abandon plutôt que se retrouver, une fois de plus, face à un échec. Par conséquent, la punition seule ne semble pas avoir beaucoup d'effet sur les sous-performants. Un enfant frustré aura l'impression de dominer la situation : «J'aurais pu mieux faire si j'avais étudié, mais je n'avais pas envie de travailler.» En réalité, il ne fait que refouler son chagrin. Certains l'expriment différemment : «Ce n'est pas la peine d'essayer. J'échouerai de toute façon, alors pourquoi me fatiguer?» Quelle que soit la raison, la punition à elle seule ne suffira pas à leur faire tourner la page pour repartir à zéro.

Certains sous-performants se défoulent sur les autres enfants. Ils en veulent aux condisciples qui ont des bonnes notes et vont jusqu'à les brutaliser, comme pour dire : « Tu as peut-être des A, mais ça ne m'empêchera pas de te casser la figure ! » Une fois de plus, lorsque les problèmes atteignent ce stade, peut-être sera-t-il nécessaire de consulter la direction de l'école ou un conseiller pédagogique. Les parents devraient surveiller la manière dont ils se comportent à l'égard des bons élèves et des autres adultes qui ont réussi leur vie, car ils servent de modèles à leurs enfants. Le parent qui critique fréquemment les bons élèves enseigne à ses enfants un message non seulement désagréable, mais encore dangereux.

Les parents doivent aussi suivre de très près les « surperformants ». Ces enfants s'imposent tellement de pressions pour avoir les meilleures notes qu'ils finissent par associer leur réussite à leur amour-propre et cessent de prendre plaisir à étudier. Ils deviennent irritables et se trouvent perpétuellement au bord de l'étincelle. Les parents devraient donc surveiller leurs premiers de classe. Essayez de discerner la colère liée à l'étude, le manque de sommeil causé par la hantise des bonnes notes, les réactions disproportionnées aux plus petites erreurs. Ces enfants ont besoin qu'on les aide à modifier l'image qu'ils ont d'eux-mêmes. En outre, il faut leur redonner le sens des réalités. Si votre fillette a eu une mauvaise note parce qu'elle n'avait pas appris sa leçon, elle étudiera plus assidûment la prochaine fois. Mais si elle a fait de son mieux, vous devrez absolument lui montrer que vous appréciez ses efforts.

Les mauvaises habitudes sont souvent responsables de problèmes à l'école et des batailles au moment de faire les devoirs. Les enfants voudraient bien réussir, mais ils ne savent pas comment s'y prendre. Critiques et harcèlement aggravent la situation et débouchent sur des bagarres. Les élèves négligents ont plus besoin de conseils et de méthodes que de punitions ou de critiques perpétuelles. Si vous n'avez pas le temps de vous occuper de votre enfant ou si votre intervention aboutit généralement à une dispute, trouvez-lui un répétiteur qui saura lui inculquer une meilleure méthode, l'aider à organiser ses travaux et exploiter ses capacités d'apprentissage.

Pour faire les devoirs, il faut absolument s'organiser. Une fois l'enfant rentré à la maison, assurez-vous qu'il dispose de tout le matériel nécessaire : cahiers, livres, papier, etc. Vous devrez probablement procéder chaque jour à une inspection soigneuse jusqu'à ce qu'il adopte une méthode. S'il lui manque quelque chose, ramenez-le à l'école ou communiquez avec un condisciple pour vous procurer ce dont il a besoin. Les parents qui ne sont pas rentrés du travail au moment où les enfants arrivent de l'école devront dresser une liste de condisciples pour répondre à des situations d'urgence.

Fixez une heure précise pour les devoirs, peut-être après une petite récréation. Les enfants doivent se défouler physiquement pour brûler leur énergie en rentrant de l'école. Donnez-leur un léger goûter, mais interdisez-leur de se vautrer devant le téléviseur. Si vos enfants ont pris l'habitude de négliger leurs devoirs, vous devrez leur inculquer de meilleures habitudes. Précisez que l'étude vient avant le jeu, ce qui signifie que la télévision, les jouets et les jeux à l'extérieur ne seront autorisés qu'une fois les devoirs terminés. Vérifiez le cartable de l'enfant et assurez-vous que tous les devoirs sont prêts à être emportés à l'école le lendemain, avant de l'envoyer jouer dehors. Et n'oubliez pas de complimenter l'enfant.

Il est possible de convaincre un enfant d'étudier. « J'ai oublié les devoirs à l'école » et « Toute la classe a échoué au test » peuvent vraiment se transformer en : « Maman, j'ai eu la meilleure note en maths ! » Si votre enfant se retrouve prisonnier de l'attitude défaitiste dont nous avons parlé un peu plus haut, contez-lui quelques anecdotes véridiques. Walt Disney, par exemple, a été un jour licencié par le rédacteur en chef d'un journal au motif qu'il manquait d'imagination… ce qui ne l'a pas empêché de persister. On dit qu'Isaac Newton était un cancre et que les professeurs d'Albert Einstein s'inquiétaient de son avenir. Quant à Abraham Lincoln, il avait quitté l'école très jeune. Mais tous ces gens-là ont persisté. Enseignez ces modèles aux enfants. Peut-être auront-ils l'opiniâtreté nécessaire pour résister à la tentation de décrocher.

Ces anecdotes, ainsi que d'autres, pourraient avoir une profonde influence sur l'enfant en transformant son attitude négative. Ma collaboratrice, Loriann, m'a rapporté une discussion qu'elle avait eue avec l'un de ses fils. Il était rentré à la maison avec un bulletin désastreux et doutait de ses capacités. Loriann lui a expliqué que dans sa jeunesse, elle avait eu, elle aussi, de mauvaises notes en lecture, en anglais et en sciences sociales. Aujourd'hui, elle dévore les livres et les écrit. Elle a été jusqu'à publier un ouvrage d'histoire des États-Unis! En ce qui me concerne, me croirez-vous si je vous affirme avoir échoué à mon premier examen de psychologie, à l'université? Je vous assure que cela m'a donné un véritable coup de fouet. Parfois, si nous osons révéler à nos enfants le chemin tortueux que nous avons nous-mêmes parcouru pour réussir, ils auront moins peur de surmonter leurs propres difficultés.

Faire de vos enfants des dévoreurs de livres

Pourquoi parler de la lecture dans un livre sur les enfants en colère? Tout d'abord, sachez que la lecture exercera peut-être une profonde influence sur l'avenir de votre enfant. C'est aussi une activité qui exige de l'attention et de la tranquillité et, pour un enfant en colère ou impulsif, l'obstacle le plus insurmontable à la réussite scolaire. En outre, la lecture favorise la sensation de confort et de relaxation, par opposition aux comportements potentiellement agressifs dont nous avons discuté dans le chapitre consacré aux médias.

Entourez les enfants de livres et de revues. Encouragez-les à lire des articles sur des sujets qui les intéressent et enseignez-leur à chercher les informations. Si votre enfant reporte toujours le moment de lire ou se met en colère chaque fois que vous lui suggérez d'ouvrir un livre, recueillez ensemble de la documentation dans Internet (activité partagée, si précieuse pour encourager vos tête-à-tête), imprimez-la et demandez-lui de vous la relire un peu plus tard.

Dès leur plus jeune âge, emmenez les enfants à la bibliothèque et dans les librairies. Les enfants qui sont exposés aux livres depuis leur naissance acquièrent un vocabulaire plus étendu que les autres, adoptent une attitude plus positive à l'égard de la lecture et réussissent mieux à l'école.

Faites de la lecture une habitude familiale. Prévoyez un moment tranquille chaque jour, peut-être juste avant l'heure du coucher. Si votre enfant refuse d'aller se coucher, notamment, vous pourriez lui lire une histoire afin de le calmer et d'encourager un sentiment d'intimité entre vous et lui. Si vous le désirez, assortissez la lecture d'une récompense, mais n'insistez pas sur cet aspect, car la lecture même devrait être considérée comme une récompense. Toutefois, si vous y tenez, étant donné que les enfants estiment généralement injuste qu'on limite le temps consacré aux jeux vidéo, vous pourriez en faire un encouragement à lire. Plus ils liront de livres, plus ils pourront passer de temps à jouer. Souvenez-vous que dans la vie de l'enfant, les livres offriront à la fois un réconfort et le moyen de résoudre bien des problèmes. Pour tous les enfants, notamment les enfants en colère, la lecture est l'une des occupations les plus saines dont ils peuvent meubler leur emploi du temps.

Sorties et voyages

Qui n'a jamais été mortifié de voir son enfant exploser en public, à l'épicerie ou ailleurs ? Chez les enfants en colère, ces crises sont encore plus fréquentes que chez les autres. En apprenant à surveiller les signes avant-coureurs de l'explosion, comme nous en avons discuté plus haut, vous réduirez la fréquence des crises. Mais si le temps ou les pressions vous empêchent d'agir, voici quelques stratégies :

Limitez les possibilités de crises. Aussi mal commode que cela soit, si vous souhaitez faire vos courses dans le calme, profitez des moments où l'enfant est à l'école, avec l'autre parent ou chez la gardienne. Mais il n'est pas toujours facile de discerner les prémices de la tempête qui commence à bouillonner chez votre enfant. Certains jours, il sera angélique dans la voiture et démoniaque dès son entrée dans un magasin. Étant donné que vous ne pouvez éviter entièrement ces sorties, vous devrez vous y préparer.

Les très jeunes enfants sont faciles à distraire. Conversez avec lui et faites-le participer aux achats. Même s'il est coincé dans le harnais du chariot, présentez-lui deux marques différentes du même produit et demandez-lui son avis. Faites-le sourire. Si le choix n'a guère de conséquences, suivez son opinion. Il se sentira heureux et valorisé. Vous pourriez aussi lui poser des questions : «Tu ne crois pas que ce serait amusant de faire du maïs soufflé, ce soir ?» Vous pourriez en profiter pour prendre en catimini le produit allégé plutôt que le maïs enrichi au beurre. Ne vous sentez pas coupable, après tout, vous faites un effort pour rendre l'expédition aussi amusante et intéressante que possible.

Les enfants en âge scolaire apprécient parfois les leçons d'économie domestique, surtout si vous vous exprimez de manière claire et sans détours : «Ces céréales sont attirantes à cause de leur emballage coloré, mais si nous achetons un paquet à 4,25 $ au lieu de la marque du magasin, nous ne pourrons pas acheter en plus ceci ou cela...» Enseignez-leur à lire les étiquettes, pour distinguer les produits les plus avantageux et expliquez-leur vos critères. S'ils participent, ils auront moins de temps pour pleurnicher et s'énerver.

Dans la mesure du possible, passez par les couloirs «sans bonbons» du supermarché et inscrivez votre enfant à la garderie ou à la salle de jeux du magasin.

Si de longues périodes d'attente sont nécessaires, apportez des jouets, des livres et une collation. Vous les tiendrez occupés et vous ferez des économies, tout en protégeant votre santé mentale. À l'avance, définissez ce que vous considérez comme un comportement correct. Si les enfants se refusent à s'asseoir dans le siège qui leur est destiné ou à fixer leur ceinture, vous êtes en droit de refuser de démarrer tant qu'ils s'obstinent. Expliquez calmement les règlements de sécurité et le code de la route auxquels, en tant que parent et conducteur, vous devez obéir. Remerciez sincèrement les enfants qui se sont bien comportés durant une sortie : «Merci d'avoir été sages. J'ai pu conduire tranquillement sur des routes encombrées et vous m'avez été très utiles. »

Avant de partir pour un long trajet en voiture, réunissez un attirail : livres, jouets, baladeurs. En route, écoutez certains des postes de radio destinés aux enfants, au lieu de leur imposer vos chansons favorites. Ayez des attentes réalistes. Il n'est pas sage de réserver un vol à l'aube si vous avez des bambins avec vous. Mais si vous n'avez pas le choix, mettez-les au lit très tôt et chargez la voiture avant de les réveiller. Dans le même ordre d'idées, si vous oubliez de prendre des vêtements de rechange ou la poussette, ne soyez pas trop déçu si votre tout-petit s'oublie en route ou se fatigue à marcher.

Couvre-feu et voiture

Il est inévitable qu'en raison des possibilités très réelles d'accident et des implications morales (liberté, maturité, mobilité), des querelles surgissent entre parents et adolescents à propos de l'utilisation de la voiture familiale. Aidez votre enfant à comprendre que la voiture, c'est un privilège et non un droit enchâssé dans la constitution. Faites-leur comprendre, dès le départ, l'importance d'un comportement responsable. Rappelez-leur que le taux d'accident automobile, chez les adolescents, est extrêmement élevé (c'est d'ailleurs leur principale cause de décès). La conduite n'est pas un jeu.

Participez à la formation des conducteurs. En supervisant 40 à 50 heures de conduite, vous réduirez largement les risques d'accident. Si votre enfant démontre de la fureur au volant, vous devrez le surveiller de plus près ou lui retirer le privilège de la voiture. N'oubliez pas, par la même occasion, de surveiller votre propre comportement au volant. Si vous êtes porté à perdre votre sang-froid, votre enfant risque fort de vous imiter. Une autre tactique de responsabilisation consiste à demander à l'enfant de participer financièrement aux frais occasionnés par la voiture, même si vous n'avez guère besoin de cette contribution. Demandez-lui de payer une petite partie de l'essence, de la prime d'assurance et des frais d'entretien.

Dans de nombreux États américains, il est interdit aux adolescents de conduire après une certaine heure. Renseignez-vous et respectez ces lois. Si vos enfants transgressent le couvre-feu, retirez-leur le privilège de la voiture. Et s'ils vous gratifient de l'argument traditionnel – «les parents de Jackie la laissent rentrer plus tard» –, gardez votre calme et tenez bon. Vous êtes responsable de vos enfants, non de ceux des autres. Affirmez-leur que vous étudierez la question, mais que vous avez vos idées à ce sujet et que la sécurité est votre première préoccupation. Vous pourriez décider de leur accorder une période de grâce, surtout s'ils ont une raison valable d'être en retard ou s'ils ont fait un effort pour vous joindre. Mais n'en faites pas une habitude, sinon cela voudra dire que vous les récompensez pour avoir transgressé le couvre-feu.

Amis et confiance

Quel adolescent n'a jamais souhaité transgresser le couvre-feu pour rester un peu plus tard à une fête ou une sortie nocturne? Lorsque votre enfant était encore petit, vous appréciiez probablement le répit qu'offrait une nuit passée chez l'un de ses amis. Mais aujourd'hui, vous vous demandez ce qui se passe durant ces soirées que vos adolescents jugent irrésistibles.

Il ne faut pas prendre à la légère l'influence extraordinairement profonde que leurs contemporains exercent sur nos enfants. Au fur et à mesure qu'ils acquièrent de la maturité, les enfants découvrent ce que signifie l'appartenance – ou, plus tristement, la non-appartenance – à un groupe. Ils nouent avec leurs amis des liens qui semblent beaucoup plus étroits que ceux qu'ils entretiennent avec vous et les autres membres de la famille.

Ne vous alarmez pas, c'est normal. Mais malgré cela, il vous faut continuer d'imposer des limites. Si vous avez des doutes sur ce que vos enfants et leurs copains trament lorsque les parents sont absents, vous êtes en droit de les exprimer. Expliquez aux adolescents que vous souhaitez en apprendre davantage sur la famille ou la situation des amis (soirée, invitation à passer la nuit, etc.) avant d'accorder votre autorisation. Vous pourriez même essayer de persuader votre fils ou votre fille de gagner votre confiance dans des situations que vous jugez douteuses, mais dans lesquelles les autres enfants semblent avoir plus de latitude : demandez-leur de vous téléphoner à une heure précise ou rendez-leur une petite visite surprise.

Naturellement, vous subirez des protestations, plus ou moins vives. Rappelez-leur que la confiance entraîne des récompenses et que plus vous en saurez sur leurs activités, plus vous serez tranquille.

Lorsque des membres de la famille s'en mêlent

Les amis et membres de la famille, dotés des meilleures intentions du monde, non seulement se mêlent de nos affaires, mais encore sont capables de saper à la base nos programmes de discipline les mieux conçus. Peut-être se souviennent-ils d'avoir été élevés par des parents plus stricts, qui se contentaient de leur donner des fessées et n'avaient jamais entendu parler d'autres stratégies. Ou, au contraire, prennent-ils parti pour votre enfant, le dressant contre vous. Si vous ne mettez pas les choses au point, vous risquez de ramener de chez Grand-Mère un enfant particulièrement grognon. Lorsque cette situation vous empêche de faire respecter les règles avec conséquence, elle aboutit à la récompense des caprices et à la manipulation par la colère. Il est alors temps de redresser la barre.

Tout parent reçoit des conseils de sa famille ou de sa belle-famille. Lorsqu'un membre de la famille prend le dessus sans l'approbation des parents, ceux-ci craignent que leur autorité ne s'émiette dans l'esprit de l'enfant. À la prochaine apparition du problème, les parents constatent que les règles ont perdu leur force, les attentes sont floues et la confusion règne.

Les parents ne détiennent plus l'autorité suffisante pour imposer la discipline.

C'est à vous de décider de l'importance à accorder à des conseils inopportuns. Si votre enfant a tendance à vous manipuler constamment pour échapper aux corvées, le conseil de Grand-Maman – «Avance-lui donc son argent de poche!» – ne vous conviendra certainement pas. Prenez le temps de mettre les choses au point avec les membres de la famille. Peut-être recueillerez-vous quelques suggestions utiles tout en vous faisant des alliés.

Il est également possible qu'au fond de vous-même, vous recherchiez encore l'approbation de vos parents. Vos efforts de discipline risquent d'en pâtir. Avez-vous le sentiment de n'avoir jamais vraiment reçu cette approbation parentale? Ou évitez-vous d'écouter leurs conseils parce que vous êtes encore en conflit et, donc, incapable de faire preuve d'objectivité à leur égard? Si vous avez grandi dans les critiques perpétuelles, peut-être êtes-vous encore coincé dans vos tentatives personnelles pour vous réaliser malgré eux? Ne commettez pas l'erreur de placer ce désir d'approbation au-dessus des besoins de votre enfant. Ce qui compte, c'est de lui enseigner à maîtriser sa colère, à respecter les limites et, par-dessus tout, à vous respecter.

CHAPITRE DIX

LES GUERRES DU DIVORCE

Nous connaissons tous les statistiques. Cinquante pour cent des premiers mariages et 60 p. 100 des remariages se terminent par un divorce. D'après un rapport du bureau du recensement des États-Unis, publié en 1998, près de 10 p. 100 des Américains adultes (19,4 millions) sont divorcés. La conséquence de ces mariages rompus est que 28 p. 100 (soit 20 millions) des Américains mineurs vivent avec un seul parent, généralement leur mère.

Ces statistiques quantifient ce que nous savons déjà, soit que des millions d'enfants ont vécu les conflits entre leurs parents. Cette amertume se traduit par le sentiment de culpabilité, la tristesse et, surtout, la colère.

Beaucoup de parents affirment qu'après le divorce leur vie est plus épanouie, plus paisible et plus productive, car les problèmes conjugaux ont disparu. C'est notamment le cas lorsque le mariage était particulièrement orageux : violence, abandon, rupture réelle des communications, etc. Cependant, lorsque les enfants sont des variables de cette équation, le divorce engendre rarement l'harmonie parfaite.

Je puis vous assurer que le divorce exerce une profonde influence sur le développement des enfants. Si votre monde se dérobait soudain sous vos pieds, ne ressentiriez-vous pas au moins une certaine colère ?

Les recherches prouvent que le divorce se répercute de manière négative sur chaque aspect du développement de l'enfant et, notamment, ses
capacités sociales et émotionnelles, ainsi que son apprentissage. Certains
parents trouvent les moyens d'atténuer la douleur et réussissent à aider les
enfants à surmonter les problèmes. Mais, dans l'ensemble, on note chez les
enfants du divorce des taux plus élevés de dépression que chez les autres,
un comportement sexuel inapproprié, l'usage de stupéfiants, des difficultés
scolaires et la délinquance.

Le simple mot «divorce» suffit à évoquer au sein des familles les images
les plus affligeantes. Ce n'est pas seulement la fin d'un mariage désastreux,
mais pour beaucoup, c'est le début d'une longue et dangereuse remontée
vers la guérison. La situation est particulièrement épineuse pour les enfants,
qui sont incapables de réunir leurs parents, en finir avec les disputes, sta-
biliser leur vie. À court terme tout au moins, la plupart des enfants vont devoir
faire face à des difficultés d'ordre psychologique, plus ou moins graves. C'est
la manière dont les parents s'adaptent au divorce qui déterminera, pour une
large part, la réaction des enfants.

La résolution des difficultés entre les parents

Heureusement, les effets à long terme du divorce ne sont pas nécessairement catastrophiques. La plupart des familles peuvent récupérer, voire tirer
profit de leurs expériences. À cet égard, la responsabilité incombe aux
parents.

«Si vous m'aviez affirmé, il y a quinze ans, que je m'adapterais au divorce
de mes parents, je vous aurais traité de menteur», a déclaré Donald, homme
d'affaires de 25 ans. «Mais avec les années, j'ai pu constater que leur but
était justement de nous aider à surmonter tous les obstacles. En dépit de la
souffrance et de la douleur que nous n'avons pu éviter, ils ont réussi dans
leur tâche.»

Si vous êtes divorcé ou en instance de divorce, surveillez de près vos enfants pour déceler le premier signe de colère et faites un effort pour l'abriter des conflits inhérents à une séparation : finances, droit de visite et autres détails pratiques. Ne forcez pas l'enfant à prendre parti ou à vous appuyer dans vos disputes contre votre ex-conjoint. N'oubliez jamais que s'il est possible de rompre des liens matrimoniaux, la relation entre l'enfant et ses parents est indissoluble. La blessure que recevra votre enfant sera aussi profonde que celle que vous prévoyez d'infliger à votre ex-conjoint.

Plus que jamais, c'est le moment de placer les besoins de vos enfants au premier rang de vos priorités. À moins que la communication n'ait été entièrement rompue, essayez de collaborer avec votre ex-conjoint pour régler les milliers de petits détails de la vie quotidienne de manière à éviter que votre enfant ne porte le fardeau de votre propre colère et de votre tristesse. Dans certains cas, l'intervention d'un professionnel – conseiller matrimonial ou tout autre arbitre – serait utile.

Toutefois, que vous décidiez de vous débrouiller seuls ou avec l'aide d'un spécialiste, les transitions les plus réussies comportent les quatre éléments suivants :

- Redéfinir la relation matrimoniale. Vous n'êtes plus des conjoints, mais vous demeurez des parents. Au cœur des bouleversements émotionnels provoqués par un divorce, vous devez renouveler vos engagements parentaux. Et ce, même s'il vous est impossible de vivre en couple.
- Réorganiser la maison (travail, finances, logement) pour assurer la stabilité. Vous allez devoir assumer des tâches supplémentaires. Vous ne partagerez plus ni la cuisine, ni les courses, ni le bricolage, ni le jardinage et encore moins le carnet de chèques. Les adultes doivent réfléchir à la manière dont ils assumeront ces nouvelles responsabilités tout en consacrant le temps nécessaire à leurs enfants.

- Entretenir vos compétences parentales pour aider les enfants à s'adapter au divorce, tout en vivant les étapes naturelles de leur développement. Il n'y a pas que les adultes qui sont emportés dans un tourbillon émotionnel au moment d'un divorce ; les enfants aussi. Les parents doivent comprendre que les enfants ont d'autant plus besoin d'eux à ce moment-là et qu'il leur faut mettre de côté leurs propres affres. Qu'il s'agisse de lire une histoire, leur apprendre à faire du vélo ou leur offrir une oreille compatissante, vous devez être disponible si vous voulez avoir des enfants équilibrés. Il est hors de doute que lorsqu'on traverse soi-même des souffrances, il est difficile d'être à l'écoute des autres. C'est pourquoi vous devrez faire un effort conscient. Demandez à des amis de vous le rappeler. Lisez des ouvrages sur les enfants du divorce ainsi que des articles sur le développement normal des petits.

- Apportez les ajustements nécessaires à votre vie professionnelle et sociale et veillez à votre santé. Prenez soin de vous. Votre définition changera, au travail, auprès de vos relations. Certains amis vous tourneront le dos. Vos débouchés professionnels et votre situation financière changeront peut-être. Vous devrez résoudre des problèmes nouveaux, liés aux enfants, à la pension alimentaire et au droit de visite. C'est une situation difficile, que vous continuiez à vivre seul ou avec un nouveau partenaire. Ces quatre responsabilités exigeront beaucoup d'effort, mais en sachant ce que vous devez affronter, vous vous adapterez tout en aidant vos enfants à traverser ces moments pénibles.

En suivant ces quatre conseils, vous faciliterez ce qui sera indubitablement une transition douloureuse. Souvenez-vous que si vous vous sentez perpétuellement coincé, triste ou en colère, un traitement professionnel vous aidera peut-être à aller de l'avant. Quel que le soit le type d'aide que vous recevrez, vos enfants aussi en tireront des bénéfices.

Comment atténuer votre colère?

Il arrive fréquemment que les adultes soient aveugles à la colère qui imprègne leur divorce. J'ai eu l'occasion de rencontrer beaucoup d'anciens conjoints qui niaient l'existence de cette colère, bien que leur amertume fût évidente aux yeux de tous ceux qui les entouraient. Les conflits entre parents blessent les enfants sur plusieurs plans. Pour commencer, l'enfant extériorise des émotions que toute la famille ressent, mais ne se décide pas à montrer. En l'occurrence, il est plus facile d'aider l'enfant que les adultes. Les conflits entre parents se répercutent de manière désastreuse sur la discipline, notamment lorsque l'un essaie de saper l'autorité de l'autre ou refuse d'appuyer ses efforts. Les enfants imitent souvent les gestes colériques et agressifs des parents et se créent eux-mêmes des problèmes pour distraire les parents de leur discorde.

La colère se manifeste également par un comportement dépourvu de conséquence. Par exemple, l'un des parents peut refuser de se faire appeler «Papa» ou «Maman» et demander aux enfants d'utiliser son prénom. Si votre fille se plaint de son père, peut-être prendrez-vous immédiatement parti pour elle, même si, en général, elle a tendance à adopter le point de vue du père.

Les parents extériorisent parfois leur colère en ignorant le calendrier des visites. Si le vôtre est précis et régulier, respectez-le pour montrer à l'enfant que même si le mariage a fait naufrage, votre amour de parent se perpétue. Ma collègue, Loriann, a rédigé un ouvrage intitulé *Surviving Separation & Divorce*, dans lequel elle écrit ce qui suit: «Les enfants attendent avec impatience l'arrivée du parent avec lequel ils ne vivent pas. Il est possible, naturellement, que ce parent soit en retard, à cause de son travail ou des embouteillages. En outre, il mérite d'avoir une vie en dehors de la relation parent-enfant. Mais votre engagement à l'égard de votre enfant doit être prioritaire. (…) Malheureusement, bien des parents ne se préoccupent guère d'arriver à l'heure… lorsqu'ils arrivent. Leur but est soit de faire enrager leur ex-conjoint, soit de démontrer quelque chose.» Qu'il s'agisse d'une guerre ouverte, d'insultes ou de gestes passifs-agressifs, tout est néfaste à l'enfant. Analysez votre comportement dans la mesure de vos moyens et rectifiez le tir si vous y décelez des manifestations de colère.

Les enfants pris entre deux feux

Judith S. Wallerstein est une autorité sur les effets du divorce. Elle a fondé un organisme, le Center for Family in Transition, en Californie, et, dans plusieurs ouvrages, elle décrit ses recherches, notamment une étude, étalée sur vingt-cinq ans, portant sur les répercussions du divorce sur les enfants[13]. Dans l'un de ses premiers livres, *Second Chances*, elle décrit sept tâches qui incombent aux enfants du divorce[14].

- Comprendre ce que le divorce signifie dans la famille
- Reprendre leurs activités habituelles
- S'adapter à la disparition du mariage de leurs parents
- Gérer leur propre colère
- Gérer le sentiment de culpabilité ou la conviction qu'ils sont responsables de l'échec du couple
- Accepter la permanence de la séparation
- Apprendre à courir des risques pour réussir dans la vie et nouer des relations saines

---

13. Wallerstein, J., Lewis, J. M. et Blakeslee, S. *The Unexpected Legacy of Divorce,* Hyperion, 2000.
14. Wallerstein, J. et Blakeslee, S. *Second Chances : Men, Women and Children a Decade after Divorce,* Houghton Mifflin, 1989.

Ce sont les parents qui sont les mieux équipés pour aider les enfants à remplir ces tâches. Un mariage ne se bâtit pas en un jour. Un divorce exige autant, sinon plus de travail.

Certains facteurs peuvent nous aider à prévoir les problèmes des enfants. Par exemple, ceux qui vivent dans un foyer où les conflits demeurent vifs après le divorce auront plus de difficultés que les autres à s'adapter, tant que les parents seront en colère et les querelles fréquentes. Les symptômes psychologiques présentés par les enfants avant la séparation permettent en général de prédire les problèmes qui se présenteront plus tard. Naturellement, l'âge et le stade de développement émotionnel de l'enfant sont fondamentaux.

La gamme des réactions enfantines

Que le divorce soit paisible ou amer, les enfants peuvent manifester toute une gamme de réactions émotionnelles. Certains sont soulagés que les querelles cessent avec la séparation des parents. Mais la plupart interprètent différemment la situation. Ils se montrent impatients, énervés, irascibles. Ils peuvent aussi plonger dans la déprime, se renfermer dans leur coquille, devenir lunatiques. Il peut même leur arriver de nier la séparation.

Même lorsqu'ils ont été victimes de violence, les enfants sont parfois chagrinés par le divorce. Un mauvais parent est encore un parent. Il est possible qu'un enfant ait longtemps souhaité résoudre différemment les problèmes de la famille et soit désespéré par la perte d'un parent idéal, imaginaire.

Chez certains enfants, les résultats scolaires se dégradent, mais chez d'autres c'est exactement le contraire qui se produit. Si l'enfant doit faire la navette entre deux maisons, il risque de consacrer moins de temps aux études. En outre, les exigences des parents, à cet égard, sont parfois différentes. Certains enfants font exprès d'avoir des mauvaises notes, simplement pour extérioriser leur colère. En revanche, le soulagement de la tension provoque chez d'autres une amélioration des résultats. Peut-être se plongent-ils dans l'étude pour échapper aux pressions ou pour jouer aux petits anges.

La séparation et le divorce sont souvent accompagnés de changements du comportement. Chez les tout-petits, les caprices et les larmes augmentent parfois d'intensité. D'autres se mettent à désobéir, pour exprimer leur colère et leur rancune. Un enfant tout à fait charmant peut se mettre à jurer et à manquer de respect envers les autres. Je me souviens de la mère de deux adolescents, qui ne cessaient de lui donner des ordres et de la critiquer. Lorsqu'elle leur a demandé pourquoi ils se comportaient ainsi, sa fille lui a répondu : « Papa nous a dit que c'était comme ça que tu lui parlais, alors tu mérites qu'on te parle de cette façon. » Le père avait appris aux enfants à blâmer la mère pour le divorce et à se défouler sur elle.

Il arrive que les enfants fassent un effort pour adopter un comportement irréprochable et se rendre utiles dans la maison. En général, c'est lorsqu'ils espèrent réconcilier leurs parents. Ils ont l'impression que s'ils font le ménage, s'ils se montrent angéliques, leurs parents n'auront plus de raison de se disputer. Aussi gracieux que soient ces enfants en apparence, l'exaspération mijote en eux car leurs efforts se révèlent vains. Comme vous le devinez, cette exaspération aboutit à la colère.

Les réactions varient en fonction de l'âge

Les réactions d'un enfant au divorce vont dépendre de son âge. Les bambins éprouvent un sentiment d'impuissance, tandis que les plus âgés ont tendance à se blâmer. Attendez-vous à une certaine régression chez les petits : retour aux couches, anxiété causée par la séparation, etc. Les enfants d'âge scolaire réagissent par la colère et la tristesse. Ils ont peur d'être abandonnés, se font du souci pour un parent (surtout si la famille a vécu dans la violence) et vivent des conflits de loyauté. Les adolescents adoptent un air de maturité totalement factice ou se replient sur eux-mêmes, allant jusqu'à devenir de véritable reclus. Il est important de garder ces réactions à l'esprit lorsqu'on essaie d'atténuer les retombées du divorce.

À chaque âge, les enfants s'expriment différemment. Un enfant qui pleure ou qui exprime des craintes n'est pas forcément maltraité. Mais, comme nous le verrons un peu plus loin, les gestes du parent peuvent déclencher les réactions des enfants.

Les préadolescents et les adolescents se sentent parfois poussés à grandir et à mûrir. Ils assument des tâches d'adultes dans la maison ou adoptent le rôle de confident de l'un ou l'autre parent, dans l'espoir de soulager son chagrin. Ils ne comprennent en général que trop bien les restrictions budgétaires qui accompagnent souvent un divorce et craignent de ne pas pouvoir continuer leurs études à l'université, d'autant plus que les obligations parentales cessent une fois que les enfants atteignent leur majorité. Lorsqu'un parent, qui a lui-même fait des études universitaires, se refuse à offrir le même privilège à ses enfants, il s'expose à leur colère.

À cet âge, les enfants acceptent parfois difficilement que leurs parents, qui ont recouvré leur liberté, partent à la recherche de nouveaux partenaires. Comme le rappelle Judith Wallerstein, beaucoup d'enfants du divorce, une fois adultes, sont mal équipés pour choisir des partenaires qui leur conviennent. Peut-être acceptent-ils la première relation qui se présente. Dépourvus d'un modèle adéquat pour négocier les conflits inévitables, ils gâchent souvent leurs propres unions. Ils réagissent par la fuite, ce qui accentue encore le sentiment de perte.

Enfin, si le divorce révèle un aspect encore méconnu de l'un des parents, les enfants – adolescents ou adultes – le remarqueront inévitablement. Pour tous les enfants, les parents doivent être des gens respectables. Par conséquent, s'ils apprennent l'existence de peccadilles ou autres faits déplaisants, ils en souffriront, quel que soit leur âge.

À quoi jouent les parents ?

Je me suis entretenu avec un groupe d'enfants de familles récemment divorcées. Ils se plaignaient des jeux auxquels leurs parents se livraient pour les monter contre leur ex-conjoint... des jeux qui débouchent sur la douleur et la colère. J'ai été frappé par la franchise de ces révélations. De toute ma carrière, je n'ai jamais eu autant envie de prendre un parent à part, de le forcer à me regarder dans les yeux et de lui enjoindre de se comporter en adulte. En effet, les parents sont souvent aveuglés et n'ont pas vraiment conscience de la portée de leurs actions pendant un divorce. Je vais vous faire part ici des réflexions de ces enfants, que je n'aurais pu mieux exprimer moi-même :

• Cesse de critiquer Maman (ou Papa) ou de t'en plaindre. Et lorsque nous faisons quelque chose qui te déplaît, cesse de nous dire que nous sommes les dignes enfants de notre mère (ou de notre père). Ça nous fait mal, parce que nous savons que tu ne l'aimes pas. Cela veut-il dire que tu veux aussi te débarrasser de nous ?

• Aussi en colère que tu sois, cela ne veut pas dire que Maman (ou Papa) soit quelqu'un de mauvais. Une fois de temps en temps, essaie de dire quelque chose de positif à son sujet, pour que nous ne soyons pas obligés de cacher notre affection pour elle (ou lui).

• Lorsque nous te disons que nous nous sommes bien amusés chez Maman (ou Papa), ne fais pas la grimace, ne tourne pas le dos. Nous ne voulons pas te mentir et te raconter que c'était horrible, simplement pour te faire plaisir.

• Nous ne sommes pas des espions. Ne nous fais pas subir un interrogatoire en règle chaque fois que nous rentrons de chez Maman (ou Papa).

• Si tu crois que nous nous plaignons trop de Maman (ou de Papa), dis-le-nous. Nous voulons que tu te comportes comme un vrai parent et que tu nous reprennes si nous faisons quelque chose de mal.

• Ne cherche pas querelle à Maman (ou Papa) lorsque nous sommes là. Attends que nous soyons absents.

• N'envoie pas des messages à Maman (ou Papa) par notre intermédiaire. Si tu n'es pas assez mûr pour lui dire de vive voix ce que tu penses, crois-tu que c'est à tes enfants de le faire à ta place ?

• Nous sommes des enfants. Nous ne sommes ni tes messagers, ni ton meilleur ami, ni ton psychothérapeute, ni ton avocat, ni même le juge.

• Cesse d'essayer d'acheter notre affection avec des cadeaux. Nous préférerions passer des moments heureux avec toi.

> - Ne nous empêche pas de communiquer avec Maman (ou Papa). Malgré la situation, nous continuons de l'aimer, même si ce n'est pas ton cas. Ne nous abandonne pas simplement parce que tu as peur de tomber sur Maman (ou Papa) lorsque nous allons lui rendre visite. Essaie de t'adapter. Comme nous.
> - Et, enfin, cesse de nous demander avec quel parent nous voudrions vivre. Ce que nous voulons, ce sont des parents qui s'entendent. Si les adultes ne sont pas capables de résoudre leurs problèmes, pourquoi attendent-ils des enfants qu'ils résolvent les leurs?

Problèmes courants du divorce

Nous allons discuter maintenant plus en détail de certains des problèmes décrits par les enfants. Étant donné que beaucoup de parents divorcés nouent des relations nouvelles, nous aborderons ensuite cette question.

ATTÉNUER LES CONFLITS

Les parents disposent de maints outils pour placer les enfants au cœur d'une bataille entre adultes. Par exemple, ils utilisent l'enfant comme messager. Peut-être avez-vous l'impression qu'un simple message tel que : «Dis à ton père que tu dois rentrer au plus tard à 17 heures dimanche» est totalement anodin. Pourtant, il peut déboucher sur plusieurs problèmes : Et si l'enfant oublie de le transmettre au père? Qui est à blâmer dans ces circonstances? Et si Papa a prévu des activités qui risquent de se prolonger au-delà de 17 heures? Qui doit décider de l'emploi du temps? Qu'est-ce que l'enfant doit faire de plus important que passer du temps avec son père?

En l'absence d'une communication directe entre les parents, les quiproquos ne demandent qu'à surgir. L'enfant commence souvent par entendre le message négatif. L'autre parent risque de rétorquer impulsivement : «Et pour qui donc se prend-elle?» ou quelque chose d'aussi blessant.

Pour épargner à l'enfant l'embarras d'une situation fausse, les parents devraient communiquer directement. Si c'est impossible, utilisez un intermédiaire sur lequel tout le monde s'entend. Ou, en cette ère de courrier électronique, envoyez un message qui vous permet d'éviter toute conversation personnelle susceptible de dégénérer en dispute. D'autres problèmes surgissent lorsque la communication n'a lieu que dans un sens. Ni vos courriels ni vos questions directes ne reçoivent de réponses. Une fois de plus, il est possible que l'autre parent réagisse par une colère passive-agressive. Étant donné que vous n'avez de mainmise que sur votre propre comportement, assurez-vous de ne pas tomber vous-même dans le piège.

Il existe un autre moyen d'entraîner l'enfant dans le conflit : critiquer l'autre parent avec l'intention de retourner l'enfant contre lui. Vous pouvez, certes, répondre aux questions de l'enfant sur le divorce, en termes qu'il est susceptible de comprendre à son âge, mais ne lui racontez pas n'importe quoi. Il est très louable d'expliquer que vous ne vous entendiez plus avec son père (ou sa mère). Mais affirmer que l'autre parent est quelqu'un de mauvais n'est pas acceptable. Si vous avez été victime de violence conjugale, peut-être éprouverez-vous le besoin d'expliquer à l'enfant la différence entre les relations saines et les autres. Mais ce sera de votre part un acte funambulesque. Si vous n'avez pas envie d'endommager la relation de votre enfant avec l'autre parent, mieux vaut vous abstenir. Dans la plupart des cas, il est inutile de révéler à l'enfant des détails nocifs sur l'autre parent. Si vous hésitez sur la conduite à tenir, discutez-en avec une personne susceptible de vous fournir un point de vue objectif.

HEURS ET MALHEURS DES VISITES

L'enfant du divorce doit souvent s'adapter à une nouvelle maison, un nouveau quartier, se faire de nouveaux amis. Les parents aident l'enfant à s'orienter dans un environnement nouveau en le lui faisant visiter et en l'inscrivant à des activités locales. Ainsi, le quartier devient un élément de la vie de l'enfant. Beaucoup de parents séparés s'efforcent de continuer à habiter à proximité l'un de l'autre, simplement pour limiter les bouleversements de la vie de l'enfant. C'est aussi plus facile aux enfants de sauter sur leur vélo pour rendre une petite visite impromptue à l'autre parent.

Inversement, d'autres parents s'éloignent le plus possible, afin de rendre les visites plus difficiles. La vie force parfois les familles recomposées à déménager, mais quitter la région simplement pour éloigner votre enfant de l'autre parent aura des effets désastreux. J'ai également connu des familles qui s'étaient séparées légalement, mais continuaient à vivre sous le même toit. Cette situation embrouille généralement les enfants qui ne perçoivent pas la différence entre la famille intacte et la famille séparée. Dans le cas d'une discorde permanente, de violence ou d'autres problèmes de comportement, je ne conseille jamais aux parents divorcés de continuer à partager le même domicile.

Naturellement, les visites sont parfois stressantes lorsque deux maisonnées appliquent deux ensembles de règles complètement différents. Si, dans une famille, on abhorre le désordre tandis que dans l'autre, on le tolère, attendez-vous à des remarques telles que : «Mais Papa ne dit rien lorsque je mange devant la télé!» qui aboutiront à des querelles entre l'autre parent et l'enfant. Évitez les comparaisons et aidez l'enfant à accepter l'idée que les règles peuvent différer d'une maison à l'autre.

LES AUTRES CONSÉQUENCES

L'éducation des enfants est équilibrée lorsque deux parents sont présents. Les pères ou les mères divorcés doivent souvent assurer eux-mêmes cet équilibre, en tant que chefs d'une famille monoparentale. Rien ne va plus lorsqu'un parent cesse de faire confiance à l'autre. Pour soulager le fardeau des décisions délicates, essayez de consulter un autre adulte, en qui vous avez confiance. Pensez aux règles les plus efficaces pour l'enfant. Il est possible que vos réactions soient excessives ou que vous ne perceviez pas l'ampleur du problème. Il arrive très souvent qu'un ami impartial (qui possède, si possible, une certaine connaissance des enfants) confirme vos décisions, soulageant ainsi votre fardeau.

Enfin, la discipline pâtit lorsque les parents assouplissent les règles, de peur d'être rejetés par les enfants. Malgré tout, les enfants ont besoin de limites rationnelles. Elles apportent stabilité et conséquence à un enfant dont la vie se retrouve sens dessus dessous.

LES NOUVELLES RELATIONS

Lorsque les parents ont de nouveaux compagnons, les enfants doivent s'adapter à leur présence. Malheureusement, beaucoup réagissent par la mélancolie ou la colère ouverte. Bien que certains enfants soient enthousiasmés à l'idée de former de nouveau une famille avec le nouveau conjoint de l'un des parents, d'autres se montrent hostiles. Ils considèrent ce nouveau partenaire comme un obstacle à une éventuelle réconciliation de leurs parents. Les adolescents sont souvent victimes de stéréotypes vieux comme le monde – la jeune femme à l'affût du compte en banque de leur père – ou craignent d'être détrônés par les enfants du premier mariage du nouveau conjoint (ou, pire, par d'éventuels demi-frères ou demi-sœurs !).

Les enfants sentent la colère et la jalousie d'un parent envers le nouveau partenaire de son ex. Ils croient que s'ils se surprennent à aimer cette personne, ils trahiront l'autre parent. Par conséquent, ils dissimulent leurs sentiments ou prennent parti pour un parent contre l'autre. Toutes ces situations sont fort pénibles pour les enfants. Si possible, chaque parent devrait donner à ses enfants la permission d'aimer le nouveau partenaire de son ex-conjoint. Il soulagera les tensions et maintiendra la communication.

Essayez cependant de faire preuve de bon sens. N'étalez pas vos nouvelles relations. Pour commencer, les enfants sentiront bien que vous le faites exprès, surtout si c'est pour faire enrager l'autre parent. En outre, vous mettez la capacité d'affection des enfants en danger. S'ils s'attachent à quelqu'un que vous n'hésiterez pas à expulser de votre vie, ils auront l'impression de revivre le divorce. En troisième lieu, ce n'est pas un bon modèle de comportement à offrir à vos enfants.

J'ai discuté avec des enfants qui savent très bien ce que cela veut dire, lorsqu'on les relègue devant le téléviseur tandis que Papa et sa nouvelle petite amie ahanent derrière des portes closes. Les enfants doivent ainsi faire face de manière prématurée à des questions sexuelles. Franchement, ces parents devraient apprendre à se maîtriser un peu. Pour des adolescents, il est très bizarre de voir Papa se mettre sur son trente et un avant un rendez-vous galant ou Maman embrasser son nouvel ami alors qu'eux-mêmes commencent justement à explorer leur propre sexualité. Certains enfants se mettent à fantasmer tandis que d'autres sont très embarrassés.

Je ne veux pas dire que des parents divorcés devraient s'abstenir de nouvelles relations. Au contraire. Mais ils feraient bien de se montrer discrets, jusqu'à ce qu'ils soient sûrs que la relation a un avenir. Parfois, les parents s'empressent de présenter leurs nouveaux partenaires aux enfants simplement pour susciter la jalousie de l'ex-conjoint ou lui donner une bonne leçon. Procédez par étapes. Une avalanche d'activités ou de repas en compagnie de ce nouveau venu risque d'intimider les enfants. Échelonnez soigneusement ces rencontres et ne vous appesantissez pas.

Songez aussi que si votre nouvelle relation devient permanente, vous formerez une famille recomposée. Cette situation n'est pas toujours facile pour les enfants, surtout si leurs besoins sont délaissés par des parents amoureux ou s'ils doivent accepter la présence d'une nouvelle famille. Dites à vos enfants qu'ils seront toujours très importants pour vous, que vous ferez preuve d'équité et que vous souhaitez continuer à communiquer avec eux. Cela suffit parfois à prévenir les crises de colère et les problèmes de comportement.

Quelques conseils à l'intention des parents

Voici une liste destinée à nourrir votre réflexion et votre discussion. J'espère que ces conseils vous aideront à comprendre les répercussions d'un divorce sur la colère d'un enfant.

* Ne vous précipitez pas. Si vous n'êtes pas certain de vouloir une sépa-ration, lisez quelques-uns des livres recommandés en bibliographie. Même si le divorce demeure la meilleure solution, vous serez mieux pré-paré. N'hésitez pas à discuter de vos sentiments avec un conseiller matrimonial.
* Annoncez la nouvelle aux enfants avec autant de ménagement que pos-sible. Dans son livre, *Divorce Book for Parents*, Vicky Lansky explique que lorsque des parents annoncent aux enfants qu'ils vont divorcer, l'effet est le même que lorsque quelqu'un hurle « Au feu ! » dans une salle bondée. Les parents, précise-t-elle, forment un tout aux yeux des enfants, qui ne s'imaginent pas qu'ils puissent avoir un jour deux mai-sons, deux garde-robes, deux vélos et, peut-être, quatre couples de grands-parents. Tout en vous montrant aussi sincère que possible, choi-sissez vos mots avec soin (revoyez les conseils relatifs à la colère des parents, un peu plus haut dans ce chapitre).
* Rassurez les enfants. Affirmez-leur souvent qu'ils ne sont pas respon-sables du divorce. Quel que soit leur âge, ils ont besoin d'être rassu-rés. Si vous avez de jeunes enfants, procurez-vous un ouvrage sur cette question (voir la bibliographie en fin de volume).
* Surveillez vos paroles. Évitez de porter des jugements péjoratifs. Rava-lez les qualificatifs tels que « cette salope », « cet abruti », « ce crétin »,

etc. N'écrasez pas les enfants sous le jargon juridique. Des expressions telles que «garde des enfants» et «pension alimentaire» ne figurent pas au vocabulaire d'un enfant. Mais soyez honnête, surtout si le divorce doit entraîner des bouleversements, un déménagement, un changement d'école et d'autres conséquences évidentes. Ne mentez jamais, n'essayez jamais d'acheter les enfants ou de leur faire des promesses creuses (souvenez-vous que la famille indulgente contribue à la colère de l'enfant).

- Envisagez la psychothérapie ou le counselling, tant pour vous que pour les enfants. Dans plusieurs États américains, le tribunal exige que les enfants soient guidés par des professionnels. Les parents doivent suivre des séances éducatives, qui leur apprennent à arbitrer les disputes, à évaluer les effets du divorce sur les enfants, y compris la dépression.

- Essayez l'arbitrage pour régler les questions de garde d'enfants et de droit de visite. Il s'agit d'une méthode souvent plus économique et moins traumatisante que le recours à une décision judiciaire. L'arbitre écoute les deux parties afin de mettre au point une entente sur toutes les questions qu'engendre la séparation : finances, visites, compétences parentales, etc. (Notez que l'arbitrage n'est généralement pas efficace dans les cas de violence domestique, où l'équilibre des forces a été rompu et l'un des conjoints cherche à être prépondérant.)

- Si vous décidez de vous réconcilier, soyez extrêmement prudent. Les enfants ont peut-être de faux espoirs à cet égard. Si vous vous séparez une deuxième fois, ils risquent d'être beaucoup plus ébranlés. Jusqu'à ce que vous soyez réellement persuadé que votre mariage a d'excellentes chances de survie, il serait peut-être préférable de ne rencontrer votre ex-conjoint qu'à l'insu des enfants.

- Apprenez à connaître les amis de vos enfants. Tous les jeunes, y compris les adolescents, aiment à faire partie d'un groupe. Lorsque les liens familiaux se distendent, les enfants ont parfois tendance à s'intégrer dans un groupe louche. Les adolescents sont quelquefois attirés par les stupéfiants, l'alcool et les relations sexuelles.

- Protégez les enfants. Il y aura plus à faire dans la maison et, à certains moments, la solitude se fera sentir. Il n'y a rien de répréhensible à confier des tâches domestiques aux enfants, au contraire. Mais évitez les corvées qui ne sont pas tout à fait de leur âge. Évitez d'en faire vos confidents. Vous les obligez ainsi à mûrir trop vite.

- Demeurez logique, surtout en ce qui concerne la discipline, les habitudes de la maisonnée et les démonstrations d'affection. À tous les âges, les enfants ont besoin de vivre dans une atmosphère rationnelle. Ils ont besoin de vous, ils ont besoin de suivre votre exemple. Gérez rationnellement votre propre colère. Peut-être serez-vous étonné d'apprendre qu'ils ont besoin de fixer des limites à leurs propres erreurs de comportement. Répétez souvent le principal message de ce livre : La colère se justifie quelquefois, la méchanceté, jamais. (Et tâchez de ne perturber qu'au minimum la routine quotidienne.)

- Encouragez-les à entretenir une relation suivie avec l'autre parent. Même s'il présente certains traits de caractère que vous abhorrez, ne compromettez pas ses liens avec les enfants.

- Conservez vos propres liens avec les enfants. Les garçons ont besoin de votre présence, les filles ont besoin de parler. Si vous acceptez de jouer avec lui, votre fils s'ouvrira peut-être à vous. Filles et garçons apprécieront votre présence aux manifestations organisées par l'école. Tenez donc votre agenda à jour et faites de ces occasions une priorité.

- Ne soyez pas chiche sur les gâteries. Tous les enfants méritent d'être gâtés de temps à autre. Par gâteries, j'entends les séjours au camp d'été, l'inscription aux éclaireurs ou à un petit orchestre, les cours de natation, etc. S'ils ont besoin de cours particuliers, trouvez un répétiteur. Si vos enfants sont plus âgés, envoyez-les à l'université. Certains parents en colère privent les enfants de ces gâteries, bien qu'ils disposent à la fois des moyens financiers et du temps nécessaires. Ne croyez pas que tout cela incombe forcément au parent avec lequel vivent vos enfants et auquel vous versez une pension alimentaire. Si vous avez les moyens, allez-y. Ce sont aussi vos enfants. Quelques gâteries supplémentaires ne leur feront aucun mal, au contraire.

Beaucoup d'enfants souffrent du divorce de leurs parents, mais beaucoup finissent par survivre. Le comportement des parents joue un rôle prépondérant. Aussi douloureuse que soit la séparation pour les parents, ils doivent demeurer à l'écoute des sentiments des enfants. Car quelle que soit la situation... les enfants, d'abord !

CHAPITRE ONZE

COMMENT RÉUSSIR
DANS SA TÂCHE DE PARENT

Une mère, Marthe, est arrivée un jour à mon cabinet, échevelée et en retard d'une demi-heure. La journée avait été jalonnée de catastrophes et elle éprouvait le besoin d'en parler. Assise dans mon cabinet, elle m'annonça que c'était sa première pause depuis 6 heures du matin.

Tandis que Marthe s'apprêtait à aller chercher son fils à l'école ce jour-là, pour le conduire à son entraînement de basket-ball, son départ en coup de vent avait été interrompu par le bruit d'une cascade d'eau dans la salle de bain. Danielle, âgée de 2 ans, avait été exagérément prodigue de papier-toilette. Vous devinez ce qui était arrivé : un gros bouchon suivi d'une inondation. Pendant que Marthe maniait frénétiquement le débouchoir, son chien, malade, vomit sur les chaussures de sa maîtresse. Le jeune Dominique, âgé de 4 ans, avait fort envie d'aller à la toilette mais, celle-ci étant bouchée, il décida d'utiliser le sol du vestibule. Marthe dut se hâter de tout essuyer avant de changer de chaussures. Le bouchon devrait attendre. Elle lança leurs manteaux aux enfants avant de les faire sortir de la maison à toute vitesse.

Assourdie par le tintamarre ambiant, elle n'avait pas entendu le télé-phone. Qui eût cru que Martin, 12 ans, choisirait justement cette soirée pour jouer les enfants sages! Marthe lui avait répété des centaines de fois de la prévenir par téléphone de tout changement d'emploi du temps… mais en vain. Ce jour-là, par hasard, il s'était souvenu de la consigne et avait cons-ciencieusement téléphoné pour expliquer à sa mère que l'entraînement de basket-ball était annulé. Désireux d'épargner un trajet inutile à Marthe, il avait pris l'autobus pour rentrer. Marthe, pendant ce temps, se morfondait dans le stationnement de l'école. Affamé en rentrant, Martin avait calciné une pizza dans le four. Pour évacuer la fumée, il avait ouvert la porte de la cuisine. Le chien en avait profité pour s'enfuir. Au moment même où Marthe, enfin de retour, ouvrait la porte d'entrée, le jeune Martin se trouvait à la salle de bain, en train de tirer la chasse de la toilette déjà bouchée! «Comment survivre à une journée pareille?» me demanda Marthe au début de notre séance.

Il est parfois difficile, comme je l'expliquai à Marthe ce jour-là, de voir les bons côtés de la tâche de parent sans s'abandonner à l'exaspération et à la colère. Comment réussissons-nous à tolérer le désordre et la saleté, l'étourderie et les sottises de tous les jours? Les héros des feuilletons télé-visés d'autrefois semblaient être capables de gérer mieux que la plupart d'entre nous les moments les plus chaotiques de l'existence… et sans même sourciller. Mais les temps ont changé. À notre époque, il faut expliquer aux enfants que des gens se retrouvent sans abri et qu'ils meurent du sida ou que nos héros empruntent la voie de l'autodestruction. Je sais bien que la société évolue tous les jours, des actes de violence apparemment inexpli-cables commis par des adolescents jusqu'aux escapades présidentielles. Les enfants grandissent dans un monde perturbé, qui peut faire d'eux des adultes cyniques et méfiants. L'omniprésence d'Internet et son influence croissante nous interdisent désormais d'abriter les enfants des maux de ce monde, parce que notre quartier, ce n'est plus simplement le pâté de mai-son, c'est toute la planète!

Les tâches qui incombent aux parents évoluent elles aussi plus vite que les coupes de cheveux de Madonna. Rien d'étonnant à ce que les doutes s'emparent de nous. Devons-nous donner des fessées, hurler, enfermer, mettre au piquet, récompenser, acheter, menacer, complimenter? Et comment savoir si nous n'avons pas porté un préjudice irrémédiable à notre enfant?

Mes amis, il faut adopter un point de vue positif. Optimiste. Enthousiaste. Nous devons demeurer convaincus que notre tâche est cruciale et digne que nous lui consacrions toute notre énergie.

Les méthodes contenues dans ce livre vous aideront, mais elles ne suffiront pas à vous faire traverser les moments difficiles, surtout si vous êtes les parents d'un enfant irritable. Mais sachez que les convictions et les valeurs auxquelles vous tenez sont des éléments cruciaux pour élever un enfant en colère. Elles influeront sur votre comportement : les situations qui vous inquiètent et celles que vous tolérez. En connaissant la différence, en sachant distinguer entre ce qui a de l'importance pour vous et tout le reste, vous aurez le sentiment de savoir exactement où vous allez dans un monde sans but.

Nos convictions font de nous des optimistes ou des pessimistes. Elles nous apportent l'espoir ou le malheur, elles nous aident à remplir notre tâche de parent ou, au contraire, nous mettent des bâtons dans les roues. Elles colorent notre interprétation de toutes les situations. Elles nous aident à nous adapter dans des moments difficiles et nous permettent de maîtriser la colère qui surgit dans la famille, à l'école et dans la société au sens large. Les convictions positives nous aident à fixer aux enfants – tout autant qu'à nous-mêmes – des objectifs positifs. Je me souviens d'un participant à l'un des ateliers qu'il m'est arrivé d'animer. Il s'était vanté : «Mes enfants marchent droit, car ils savent que s'ils s'écartent du droit chemin, ils recevront une fessée.» Il avait élevé la main droite pour montrer l'instrument de sa discipline parentale.

– Et si ça ne marche pas ? s'était enquis un autre parent.

– Oh, mais j'ai une stratégie de rechange, avait-il annoncé, en levant la main gauche.

De petits rires étouffés s'étaient fait entendre, jusqu'à ce que quelqu'un demande :

– Dans ce cas, que faites-vous donc ici ?

Sa mine s'était allongée.

– Parce que mes enfants ont plus d'idées que j'ai de mains, avait-il avoué.

C'était là un homme aux choix limités. La discipline par intimidation ne menant visiblement nulle part, il s'était inscrit à mon atelier.

Il existe véritablement des stratégies de rechange, qui sont plus susceptibles que les vieilles méthodes d'améliorer la qualité de notre vie familiale. En fait, les familles qui ont mis au point une large gamme d'options ont tendance à vivre plus paisiblement. Un parent suffisamment endurant pour rectifier son tir lorsqu'une méthode n'est plus efficace auprès des enfants – parce qu'ils savent comment y répliquer ou parce qu'ils sont désormais trop âgés pour qu'elle ait un effet – se sent libéré.

Il y a des moments pour tenir bon et des moments pour changer de stratégie. C'est pourquoi j'encourage les parents à partager leurs bonnes idées et à en chercher de nouvelles, en lisant, en assistant à des ateliers et en discutant. Prenez en considération les options qui résolvent des problèmes à long terme, plutôt que celles qui vous permettent de régler des difficultés ponctuelles. Si votre fille a pris l'habitude de dire des grossièretés, enseignez-lui un vocabulaire respectueux d'autrui. Ce sera un objectif plus rationnel et un enseignement plus durable que simplement l'empêcher d'utiliser certains mots. Si votre fils convoite les CD d'un groupe dont les chansons prônent la violence, ne vous contentez pas de lui interdire de les acheter. Prenez le temps d'écouter tranquillement avec lui les paroles, en lui expliquant pourquoi vous les jugez nocives. Aidez-le à découvrir des groupes aux chansons plus intéressantes.

Vous connaissez certainement les vieux dictons : «Qui aime bien châtie bien» ou «Sage comme une image». Chaque famille acquiert ses propres convictions et valeurs. Quelles sont les vôtres? Il faut espérer que vos convictions sont saines, productives. Analysez-les l'une après l'autre, pour dégager leur impact sur la manière dont vous envisagez l'avenir.

Conviction	Résultat à court terme	Résultat à long terme
«Je ne peux plus supporter les caprices de mon enfant et je suis prêt à n'importe quoi pour le faire taire.»	Les caprices cessent lorsque le parent cède.	– Caprices fréquents – Sentiment de culpabilité du parent qui abdique – Laxisme – Manque de logique / absence d'attentes claires pour l'enfant
«Si mon enfant se met en colère lorsqu'il n'obtient pas ce qu'il veut, ce n'est pas la fin du monde.»	L'enfant se met en colère.	– Il apprend que ses parents gardent leur sang-froid. – Il apprend que vous ne vous laisserez pas intimider. – Vous acquerrez confiance en vous.

La philosophie de chaque parent est modelée par l'expérience, les espoirs et les rêves qui précèdent la naissance, ainsi que les découvertes qui la suivent. Les parents ont souvent des convictions qui leur créent des ennuis et les empêchent de connaître le succès.

Nos attitudes revêtent une importance cruciale. Elles nous permettent de garder notre calme, d'être des parents efficaces. Attitudes et convictions influent sur nos sentiments et sur notre comportement. Lorsque nous ne connaissons pas de méthode particulière pour résoudre un problème, ce sont nos convictions qui nous dictent la manière d'agir. C'est pourquoi il est essentiel que les parents acquièrent quelques convictions saines qui leur permettront de faire face à un enfant en colère.

Attitude n⁰ 1 : Enseignez-lui l'indépendance

C'est l'un des grands paradoxes de l'éducation : les enfants dépendent des parents dont le rôle consiste à leur apprendre à être indépendants. Lorsque les parents en font trop pour leurs enfants, ceux-ci n'apprennent pas à se débrouiller seuls. Autrement dit, s'ils sont capables de faire quelque chose, laissez-les agir. Ce principe s'applique tout autant aux enfants en colère. Peut-être est-il plus facile, moins embarrassant de tout cacher, de ne jamais tenir votre enfant pour responsable d'actes répréhensibles – insolence envers les professeurs, brutalité à l'école, violence à l'égard d'un petit frère ou d'une petite sœur –, mais vous condamnez ainsi votre enfant à une existence étriquée, dans laquelle les choix et les possibilités seront toujours très limités. Si vous glissez sur les conséquences de sa colère, peut-être croyez-vous qu'elle finira par s'atténuer, que la crise sera moins violente la prochaine fois. Ce que les parents doivent comprendre, c'est que la colère qui bouillonne au plus profond d'un enfant est toujours présente à l'âge adulte. Cet enfant pourra devenir une mère hostile, un mari violent, un employé (ou un patron) insolent, soit un adulte qui n'aura jamais appris à garder son sang-froid ou à ravaler ses méchancetés.

Sur la voie de l'indépendance, il est fréquent que les enfants trébuchent… incitant les parents à les relever une fois de plus. Parfois, il est plus profitable de laisser votre adolescente se rendre compte d'elle-même que son petit ami n'est pas vraiment l'homme idéal, qu'il n'est pas raisonnable de consacrer toutes ses économies à l'achat d'une voiture en mauvais état ou qu'en passant la moitié de la nuit à bavarder au téléphone, elle risque d'échouer à ses examens. Les enfants doivent apprendre seuls les leçons de la vie. En intervenant chaque fois qu'un obstacle se dresse sur leur route, vous encouragez la dépendance. Si vous voulez que votre enfant mûrisse, vous devrez le laisser se débrouiller seul.

Attitude n⁰ 2 : Apprenez-lui à jouir de la vie et à apprécier le succès

Les enfants réussissent lorsqu'on leur apprend à viser le succès et à donner la pleine mesure de leurs capacités. Si votre adolescente est convaincue qu'elle est capable de résoudre ses problèmes ou d'obtenir la meilleure note aux examens, c'est l'indice d'un amour-propre en bonne santé. Cela s'applique tant à l'enfant en colère qu'à celui qui est atteint du TDA et doit travailler cinq fois plus que les autres. Rien ne les empêche de réussir aux examens et d'avoir des bonnes notes.

Cependant, ce n'est pas en insistant uniquement sur le résultat final que vous les ferez réussir. Il serait encore plus judicieux de leur apprendre à jouir de tout ce qui les conduira au succès et à respecter cette démarche. Par démarche, j'entends l'étude avant un examen, l'apprentissage d'un instrument de musique, l'entraînement sportif ou les recherches nécessaires à un devoir de sciences. Il ne s'agit pas seulement de gagner, mais d'apprendre à maîtriser de nouvelles compétences, de devenir plus fort, plus agile, plus astucieux. En sus des bonnes notes, l'enfant doit être fier d'avoir acquis ses nouvelles connaissances.

Attitude n⁰ 3 : Pensez comme un enfant

Groucho Marx a dit un jour : « Les enfants seraient plus heureux en ce monde si les parents étaient eux aussi obligés de manger des épinards. » Fred Rogers remarque que les parents ont tendance à oublier l'époque où eux aussi avaient de la difficulté à atteindre l'interrupteur. En sachant comment pense un enfant, les parents apprennent quand et comment réagir.

Je me souviens d'une promenade en compagnie de ma fille, alors qu'elle était très jeune. Nous faisions quelques pas, puis elle s'arrêtait pour regarder une brindille, ramasser un caillou ou, simplement, bayer aux corneilles.

Je commençais à être agacé de la voir flâner ainsi. J'aurais bien voulu qu'elle se dépêche un peu, mais j'avais beau la persuader d'avancer, quelques mètres plus loin, elle s'arrêtait de nouveau.

Au début, je tâchai de l'inciter à marcher un peu plus vite. Mais je ne tardai pas à me souvenir que ce qui est, pour un adulte, une simple promenade, devient pour un enfant un voyage d'exploration. Je me souvins de mon année de maternelle, où tout était objet d'émerveillement : examiner la couleur d'une feuille, dessiner un objet, apprendre à lire. Je compris ainsi que ma promenade et celle de ma fille avaient deux raisons d'être entièrement différentes. Tous les parents font ce genre de découverte. En nous souvenant des cruelles taquineries que nous avons subies dans notre enfance, nous pourrons apprendre aux enfants à se faire des amis. Le souvenir des affres de l'adolescence devrait nous aider à mieux comprendre celles de nos enfants. Ces réminiscences permettent aux parents de nouer des liens avec les enfants, de savoir quand parler et quand écouter, quand fixer des limites. J'ai un jour aidé une mère harassée à comprendre, en un éclair de lucidité, que traîner deux jeunes garçons dans les magasins de prêt-à-porter féminin ne pouvait qu'être affreusement ennuyeux pour eux. Au lieu de les punir de leurs jérémiades, elle a pris l'habitude de les confier à une gardienne. Tout le monde y a gagné.

Attitude n° 4 : Choisissez soigneusement vos paroles

Nous avons trop tendance à plonger dans le jargon parental... vous savez à quoi je fais allusion, ces expressions qui se transmettent d'une génération à l'autre. Je vous suggère de les remplacer par quelques louanges. Lorsque votre enfant veut quelque chose au motif que son meilleur ami l'a déjà, vous lui demandez : «Et si ton ami se jetait du haut d'un pont, ferais-tu pareil?»

Les enfants traduisent cette question ainsi : «Ton ami et toi êtes deux idiots.» Mais si vous aviez utilisé des termes plus positifs (en vous débarrassant d'un cliché éculé), peut-être auriez-vous transmis votre message et suscité moins de rancœur : «Je sais que la famille de Sébastien ne voit aucun inconvénient à ce qu'il joue avec tel ou tel objet, mais dans notre famille, nous avons un point de vue différent et je ne suis pas prêt à faire ce choix.»

Il arrive que les parents ouvrent un dialogue faussé dès le départ. Le père annonce : «J'en ai assez de vous et de votre désordre.» L'enfant interprète : «Papa pense que nous sommes des souillons... Papa n'aime pas nous avoir ici... Nous lui gâchons la vie.» Ce que les enfants comprennent est probablement très différent du message que le père voudrait transmettre. L'humour, en ces circonstances, fait merveille : «J'ai entendu dire que le service de l'hygiène publique faisait une inspection du quartier. Vous feriez mieux de vous préparer», pourrait dire le père. Ou un petit compliment : «Je sais que vous voulez aider votre mère, qui vit des moments stressants au travail. Pourquoi ne pas ranger un peu votre chambre. Votre aide serait précieuse.»

Au lieu d'utiliser des mots blessants, montrez votre préoccupation : «Mais enfin, pourquoi as-tu fait cette bêtise ?» pourrait devenir : «Je crains que tu ne fasses erreur. Peut-être aimerais-tu en discuter ?»

Limitez les sermons. Lorsque vous étiez enfant, combien de fois avez-vous entendu de tirades qui débutaient par : «Quand j'avais ton âge...» Rien de tel pour décourager un enfant. Pourquoi ? Parce que votre situation n'avait probablement rien de commun avec celle de vos enfants. Ils veulent savoir comment s'y prendre aujourd'hui et non comment vous vous y êtes pris il y a vingt ans.

Vos propres expériences vous seront utiles pour expliquer aux enfants comment vous vous êtes tiré de certains mauvais pas ou pour leur faire connaître l'histoire de la famille. Mais il n'est pas judicieux d'en faire une arme qui vous servira à dénigrer votre enfant.

En outre, les parents peuvent aborder des sujets tabous ou simplement engager des conversations anodines en passant du temps avec leur enfant.

Ainsi, ils désamorceront la tension qui imprègne parfois la communication. Il suffit parfois de prêter attention à leurs faits et gestes pour ouvrir une discussion qui, en d'autres circonstances, n'aurait pas eu lieu. Conduisez votre enfant à l'entraînement de soccer. Jouez au ballon, faites du vélo, découvrez un jeu vidéo ou un jeu de société que vous appréciez tous les deux. Vous serez surpris de la facilité avec laquelle les enfants font part de leurs angoisses, de leurs craintes et de tout ce qui les met en colère.

Attitude n⁰ 5 : Apprenez à rire

Un soir, au sénat de Pennsylvanie, les débats se sont éternisés jusqu'à 4 heures du matin. La fatigue et la mauvaise humeur commençaient à se faire sentir. Un collègue, Bob Jubelirer, m'a murmuré : «En définitive, Tim, rien de tout cela n'a d'importance. Tout ce qui compte, c'est la famille.» Et Jacqueline Kennedy a dit un jour : «Quelqu'un qui gâche l'éducation de ses enfants ne fera pas grand-chose de bon dans la vie.» Elle avait raison. Mon ami Bob aussi. Élever des enfants est une tâche que l'on doit prendre au sérieux.

Cependant, j'ai vu des gens se flageller pour des erreurs relativement mineures. J'en ai connu d'autres, qui insistent tant pour obtenir la perfection qu'ils sont incapables de jouir du plaisir unique que procure la présence d'un enfant. La vie est bien trop courte pour prendre chaque instant au sérieux. Même lorsque nous faisons un faux pas, il est sain de pouvoir en rire. La colère, le chagrin, la rancune finissent par nous aveugler. L'humour nous aide à ouvrir les yeux et à apprendre. À cet égard, je me souviens d'un couple venu suivre une thérapie conjugale.

Édouard et Liza étaient souvent en train de se disputer lorsqu'ils arrivaient au cabinet. Édouard avait beaucoup de mal à supporter le stress de la vie quotidienne et se trouvait souvent au bord de l'explosion. Il semblait éprouver du remords, mais ne tardait guère à blâmer ses filles «impossibles», âgées de 10 et 12 ans, et son épouse, qu'il considérait comme res-ponsable de ses problèmes.

Un jour, Édouard m'a narré un incident qui s'était produit alors que ses filles avaient invité des amies à passer la nuit à la maison. Vers deux heures du matin, il avait été réveillé par des rires étouffés. Fatigué et en colère, il était descendu. En s'approchant de la porte du salon, il avait eu la surprise d'entendre sa propre voix. Sa fille était en train de projeter des scènes, enregistrées à son insu sur vidéocassettes. «Et là, dit-elle à ses amies, vous allez voir, il perd complètement les pédales.» Les gamines pouffaient de rire en regardant sur l'écran Édouard occupé à hurler et à réprimander frénétiquement son chien. Naturellement, Édouard s'est senti terriblement embarrassé à l'idée que les autres puissent le voir dans cet état. «Je ne m'étais jamais rendu compte à quel point j'avais l'air d'un imbé-cile!» Au fur et à mesure qu'Édouard poursuivait son anecdote, je l'aidai à voir le côté humoristique de la situation. L'une des fillettes s'était excla-mée: «Ton père est vraiment marrant!» à quoi l'aînée d'Édouard avait répondu: «Oui, il s'énerve un peu trop quelquefois, mais nous l'aimons bien quand même. J'espère seulement que je ne serai pas dans les parages le jour où son cerveau explosera!» À retenir: Les enfants aimaient incondi-tionnellement leur père.

Édouard a, grâce à cet incident, comprit l'impression qu'il produisait sur les autres. Mais, surtout, il a appris à jouir de la compagnie de ses filles au lieu de se quereller constamment avec elles. En dépit du comportement de leur père, les enfants se rendaient compte qu'il les aimait. Bien sûr, elles lui rendaient son affection.

Attitude n⁰ 6: Soyez un parent paisible dans un monde en colère

Personne n'a encore mis au point une méthode d'éducation des enfants sans défaut et facile. Peut-être est-ce parfaitement normal. Après tout, les enfants doivent apprendre à surmonter les épreuves que leur réserve un monde imparfait, souvent en colère.

Lorsqu'un enfant se trouve au cœur d'une tragédie, les journalistes poussent les hauts cris : «Mais où donc étaient les parents?» Je suis sûr que les parents d'un enfant responsable d'actes aussi horrifiants ne sont pas fiers, mais plutôt catastrophés. Capturés dans l'éclair des projecteurs médiatiques, ils sont abasourdis et terrifiés. Ils s'efforcent, comme le reste de la population, de comprendre, d'interpréter les maigres indices. Mais au lieu de me demander en quoi les parents ont échoué, je préférerais me poser une autre question : «Comment aimer encore plus nos enfants, tout en fixant les limites appropriées à notre temps?»

De fait, l'un des secrets d'une éducation réussie, en cette ère de violence, consiste à comprendre que nous pouvons aimer nos enfants tout en leur fixant des limites. Contrairement à l'opinion populaire, il est impossible de maîtriser les enfants en colère par la punition. Commencez par fixer des limites, avant de laisser échapper des paroles de colère, avant de laisser des actes hostiles se commettre. Vous aurez sur le comportement de votre enfant une influence beaucoup plus profonde que si vous vous contentiez de le punir.

La punition joue le rôle de pansement. Mais pourquoi ne pas empêcher l'enfant de se blesser, tout simplement? Par exemple, en réprimandant vertement nos enfants après les avoir entendus proférer une injure raciste ou les avoir vus gifler un camarade, nous remédions à la situation, certes, mais temporairement. En revanche, si nous apprenons à nos enfants à témoigner du respect à autrui, à communiquer ouvertement et à résoudre les conflits, nous les équiperons de mécanismes d'adaptation et d'un système de valeurs dont ils profiteront toute leur vie.

Le mot de la fin

Dans ce livre, j'ai recueilli des idées et des suggestions afin de vous aider à comprendre et à aider l'enfant en colère. Comme je l'ai mentionné dans l'introduction, il y a plus de dix ans que je souhaite rédiger un ouvrage sur la colère enfantine. L'idée m'est venue bien avant que certains de nos enfants explosent, au grand désarroi de la société. Mais bien que leurs actes fassent les manchettes, nous n'apprendrons pas grand-chose si nous ne voyons que l'angoisse au lieu de chercher les réponses. Nous ressentons une émotion profonde, certes, et c'est parfaitement normal. Mais j'affirme qu'une fois le premier chagrin passé, nous devrons prendre des mesures positives.

Adopter une législation pour éliminer la brutalité ou la violence est fort louable. Mais c'est au sein de la famille que s'accomplit la tâche la plus importante de communication avec nos enfants et non au sénat. La réponse à nos questions se trouve à la maison. Les parents ont plus d'autorité chez eux qu'un psychologue ou un politicien.

Il est facile de jeter le blâme sur un aspect quelconque de la société, mais nous avons tous un rôle à jouer. Chaque parent qui ignore ce que son enfant regarde à la télévision, à quels jeux vidéo il joue, ce qu'il recherche sur Internet, ce qu'il fait à l'école et quels sont ses amis devrait commencer par chercher les réponses au sein de la famille avant d'explorer les influences extérieures.

Les enfants ont besoin de limites. C'est aux parents et aux écoles qu'il incombe de les fixer. Naturellement, les enfants contestent ces limites, c'est dans leur nature. Mais les parents doivent absolument les imposer et, surtout, ne pas abdiquer lorsque la tâche leur paraît insurmontable. Notre société a sacrifié le bon sens sur l'autel de la psychologie populaire, qui l'a incitée à repousser trop loin ces limites. Certains comportements sont peut-être courants chez les enfants, mais nous devons éviter de confondre ce qui est courant et ce qui est acceptable.

J'ai beaucoup appris en examinant les succès et les échecs de différentes familles. Et, comme elles, je continue d'apprendre. Je ne prétends pas connaître toutes les réponses, mais je sais que l'espoir, pour l'avenir de notre société, naîtra de la puissance des liens familiaux. Cela, j'en suis absolument convaincu.

Élever des enfants n'est pas facile. La route est longue, parfois cahoteuse et parfois lisse, souvent traître. Ce n'est pas un sprint que les enfants exigent de nous, c'est un marathon. Nous connaissons tous des échecs et des succès en chemin. Nous ressentons toute la gamme des émotions, de l'épuisement à l'euphorie. Certains jours se révèlent satisfaisants, d'autres, au contraire, décourageants. Pour les enfants aussi, la route est longue. Si votre enfant est en colère, qu'il s'agisse d'une crise ponctuelle ou d'une rancœur qui s'éternise, gardez à l'esprit les stratégies contenues dans ce livre, qui amélioreront votre qualité de vie.

Même aux moments les plus sombres de l'existence, votre affection et vos gestes déterminent la santé et le bonheur futurs de votre enfant et, il faut l'espérer, des autres enfants aussi. Si vous faites en sorte d'imprégner la vie d'un enfant de votre influence bénéfique, vous réussirez dans votre tâche de parent.

Remerciements

La longue gestation de ce livre s'est divisée en trois étapes. Au cours de chacune, plusieurs personnes ont joué un rôle crucial, non seulement en me permettant de donner forme à mes idées, mais encore en m'aidant à conserver ma motivation.

J'ai commencé par explorer mes débuts en psychologie, médecine et développement de l'enfant. J'ai eu de nombreux mentors pendant ces années : Dennis Maceoko et Jim Goodwin de la Wheelin Jesuit University, Janice Gibson et Mark Strauss de l'University of Pittsburgh, Heidi Feldman, pédiatre au Children's Hospital de Pittsburgh, Mark Scherr, neurologue auprès de Rainbow Babies et du Children's Hospital de Cleveland, Bradley Bradford, pédiatre au Mercy Hospital de Pittsburgh. En particulier, Ron David, néonatologue autrefois employé par la John F. Kennedy School de Harvard et aujourd'hui fonctionnaire à Washington, m'a consacré maintes soirées de discussion sur la recherche relative aux enfants et les moyens d'éclairer leurs perspectives d'avenir dans un monde bien sombre.

La deuxième étape a consisté à vulgariser mes connaissances scientifiques pour les rendre accessibles aux parents. Mes amis, de la presse écrite et parlée, n'ont cessé de m'interroger : «Oui, mais qu'est-ce que ça veut dire?» J'aimerais en remercier quelques-uns, avec lesquels j'ai participé à des télé-actualités et des émissions spéciales : Patrice King Brown, Jan Getz, Drew Monior, Bruce

Kaplan, Mary Flynn et Paul Kelvyn, de KDKA-TV, qui m'ont permis de m'adresser à de nombreuses familles. Phil Musick, de WTAE-Radio, m'a accueilli dans son émission, a partagé son micro avec moi chaque semaine pendant des années, a invité les auditeurs à appeler et à se fier à mes réponses. Lui-même auteur, Phil m'a encouragé à écrire. Lynn Squilla, réalisatrice, continue de m'interroger sur les enfants, ce qui m'oblige à poursuivre mes recherches. J'ai eu le plaisir de participer à quelques-unes de ses meilleures réalisations.

Je n'oublierai jamais Michael Field, autrefois de WQED-TV, qui m'a encouragé à poursuivre mes objectifs, en politique comme en psychologie. À ce propos, je dois beaucoup à Bob Jubelirer, président intérimaire du sénat de Pennsylvanie. Sa passion pour tout ce qui touche à la famille m'encourage à traduire les connaissances scientifiques en questions de droit et de politique. Le juge Max Baer, des tribunaux d'Allegheny County, m'a renseigné sur les problèmes de garde d'enfants et de divorce.

Dernière étape, mettre noir sur blanc le fruit de mes recherches. Des piles de notes sur des conférences, des articles scientifiques ou autres, des entretiens professionnels avec des familles, et ainsi de suite. J'ai passé des nuits blanches penché sur mon clavier, pendant que ma femme et ma fille dormaient paisiblement. J'ai rédigé certaines parties du livre juste avant de décider de me présenter au sénat.

Mes tâches sénatoriales m'ont obligé à reporter mon projet, jusqu'à ce que Loriann Hoff Oberlin s'y intéresse. Sans elle, le manuscrit serait resté dans un tiroir. Je lui suis très reconnaissant d'avoir pris la peine de le corriger et de le façonner pour la publication. Je remercie Jeff Herman d'avoir acheminé le produit fini vers un éditeur.

La détermination et la confiance qui transparaissent dans ces pages m'ont été inculquées par mes parents, qui ont élevé 11 enfants sans rouler sur l'or. Comme toutes les familles, nous avons ri ensemble, nous nous sommes querellés, nous avons tout partagé. Mais c'est le dévouement de mes parents et leur foi qui demeurent mon inspiration.

■ Bibliographie recommandée ■

Chapitre 5 : La colère profonde

ANTIER, E. *J'aide mon enfant à se concentrer.* Paris, Laffont, 1999.

BOUCHARLAT, J. *Les enfants caractériels.* Paris, PUF, 1981 (un peu dépassé mais intéressant pour étudier l'évolution des perceptions en vingt ans).

CHRÉTIEN, L. et M.-J. *Se faire écouter d'un enfant têtu.* Montréal, Le Jour, 1999.

COMPERNOLE, T. *Du calme : Manuel pour l'éducation des enfants hyperactifs.* Paris, Belin, 1997.

COTTER, P. *L'enfant manipulateur.* (Trad. de l'anglais par C.-M. Clozel). Montréal, Tristar, 1997.

DUBÉ, R. *Hyperactivité et déficit d'attention chez l'enfant.* Boucherville, 1992.

DUMAS, J. *L'enfant violent.* Paris, Fayard, 2000.

FABRE, N. *Ces enfants qui nous provoquent.* Paris, Fleurus, 1997.

GEORGE, G. *Mon enfant s'oppose : Que dire, que faire ?.* Paris, Odile Jacob, 2000.

GREENSPAN, S. *Enfant difficile, enfant prometteur.* (Trad. de l'anglais par B. Arman). Paris, Lattès, 1990.

KOPLEWICZ, H. *Dessine-moi ta douleur.* (Trad. de l'anglais par C. Bouchareine). Paris, Martinière, 1999.

PELLETIER, E. *Déficit de l'attention sans hyperactivité.* Outremont, Quebecor, 2000.

SAUVÉ, C. *Apprivoiser hyperactivité et déficit de l'attention.* Montréal, Hôpital Sainte-Justine, 2000.

Voir aussi les publications du Centre national d'information sur la violence dans la famille, ministère de la Santé et du Bien-Être social, Ottawa, Canada.

Chapitre six : Les messages des médias et de la société

ALLARD, C. *L'enfant au siècle des images.* Paris, Albin Michel, 2000.

BATON-HERVÉ, E. *Les enfants téléspectateurs.* Paris et Montréal, L'Harmattan, 2000.

CLUZEL, J. *Télé-violence.* Paris, Plon, 1978.

ERISKSEN TERZIAN, A. *Télévision et sexisme.* Fribourg, Delval, 1988.

JOSEPHSON, W. *Étude des effets de la violence télévisuelle sur les enfants.* Ottawa, ministère du Patrimoine canadien, 1995.

LEDINGHAM, J. E. *La violence dans les médias : ses effets sur les enfants.* Ottawa, Centre national d'information sur la violence dans la famille, 1998.

PHILLIPS, P. *Cinquante-deux activités pour occuper vos enfants sans télévision.* (Trad. de l'anglais par R. Beaudouin). Saint-Hubert, Un monde différent, 1994.

SPEARS, G. *Les sexes et la violence dans les médias.* Ottawa, Centre national d'information sur la violence dans la famille, 1993.

TISSERON, S. *Enfants sous influence.* Paris, A. Colin, 2000.

Voir aussi les publications et vidéos du Centre national d'information sur la violence dans la famille, ministère de la Santé et du Bien-Être social, Ottawa, Canada.

Chapitre dix : Les guerres du divorce

CLOUTIER, R., FILION, L. et H. TIMMERMANS. *Les parents se séparent.* Montréal, Hôpital Sainte-Justine, 2001.

DESMEUSES-BALLAND, S. *Le divorce vécu par les enfants.* Paris, Plon, 1993.

GARDNER, R. *Les enfants et le divorce : un livre pour les enfants.* (Trad. de l'anglais par Sidac), Sainte-Foy, Saint-Yves, 1988.

LEMOINE, Ph. *Souriez, vous êtes divorcés !* Paris, Laffont, 2001.

SHRIVER, M. *Dix vérités que j'aurais souhaité connaître avant d'amorcer ma vie d'adulte.* (Trad. de l'anglais par L. Lamontagne), Varenne, AdA, 2001.

VAN CUTSEM, C. *La famille recomposée entre défi et incertitude.* Ramonville, Erès, 1998.

WALLERSTEIN, J. *Pour dépasser la crise du divorce.* (Trad. de l'anglais par L. Hawkes). Toulouse, Privat, 1989.

WEYBURN, D. *Nous divorçons : Que dire à nos enfants ?* (Trad. de l'anglais par M. Perron). Montréal, Éditions de l'Homme, 2000.

Table des matières